JN221736

y-knot

これからの
広告コミュニケーション

広瀬盛一・岸谷和広・田部渓哉・峯尾圭 著

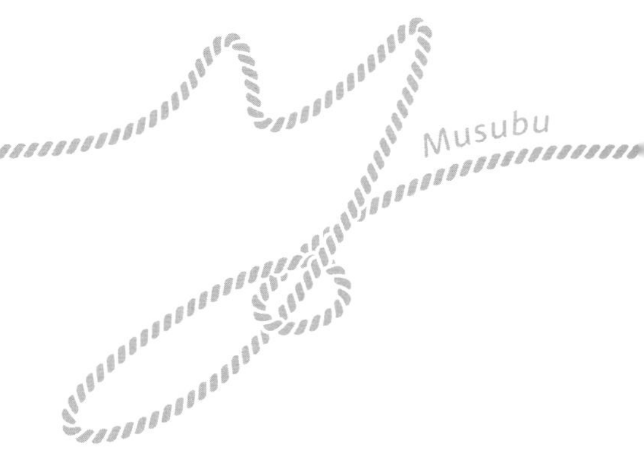

有斐閣

デザイン　高野美緒子

はしがき

広告コミュニケーションは多くの人にとって身近な存在である。自宅，学校，職場，そして移動中もなんらかの広告に，日常的に触れている。思わず見入ってしまうような広告もあれば，不要な情報として認識されてしまう広告もあるだろう。広告が消費者の目にとまり，耳に入るまでには，多くの人の関わりがある。本書は，広告を中心とするコミュニケーション活動を学ぶ初学者をターゲットにしている。

広告は，新聞やテレビといったマスメディアの発展とともに，産業として，社会的なシステムとしての発達を遂げてきた。新聞，雑誌，ラジオ，テレビといった４つのメディアは，マスコミュニケーションの中心的な存在として認識されるようになり，マスマーケティングを展開する企業である広告主にとって，広告コミュニケーションのメッセージを伝えるための主要な広告媒体となっていった。一度に多くの読者や視聴者にメッセージを届けられるマスメディアの存在が，大量生産大量消費を前提とする企業のマーケティングの求めるところと一致した結果，広告は一大産業として飛躍した。

広告のスペースとして利用可能な場所を所有する鉄道などの公共機関や店舗を所有する流通業なども，広告媒体を開発した。自動車社会が発展するにつれて，主要な道路脇には広告看板が設置された。バス停，駅の構内，映画やゲーム内の広告媒体，小売店舗内なども広告媒体として活用されている。このようにして，多様な広告媒体が登場することになった。

スマートフォンやタブレットなどの普及により，インターネットを活用したオンライン・メディア上のデジタル広告が急速な発展を遂げてきた。デジタル広告は，マスメディアと比べて参入障壁が低く，多くの企業がなんらかの形で広告産業に関わろうとしている。自らがメディアのように情報発信したり，広告で収益を上げることもできる。オンライン・メディアの発展は，広告コミュニケーションに対する組織の関わり方を大きく変えたといっても過言ではない。

現在では広告産業において培われてきたビジネスモデルが，さまざまな形で応用されて新しいコミュニケーションの手段を生み出してもいる。スポーツのスポンサーシップやスタジアムなどの命名権（ネーミング・ライツ），映画などのなかで用いられる商品の提供といったプロダクト・プレイスメントなどに応用されている。このように，企業がターゲットに向けて行うコミュニケーションの様態は多様化している。

複雑化した広告コミュニケーションを理解するためには，広告，マーケティング，マーケティング・コミュニケーション，マスコミュニケーション，消費者行動，社会学などの幅広い領域の知見が必要になる。広告コミュニケーションの計画立案し，実施するためには統合型マーケティング・コミュニケーション（IMC）という概念の理解も欠かせない。本書は，IMCの視点から広告コミュニケーションを捉えようとしている。

本書の構成は，広告コミュニケーションを理解するための前提知識を扱う第1パート（第1～3章），広告コミュニケーションの企画立案や実施に関わる主要な要素を扱う第2パート（第4～6・10章），多様なメディアについて扱う第3パート（第7～9章），広告コミュニケーションにおけるステークホルダーや社会との関わりについて扱う第４パート（第 11～13 章）からなっている。

本書の主要な読者である学生にとって，広告コミュニケーションを理解するためには何が求められているのかを，４人の著者が議論しながら本書の構成や内容を考えてきた。多くの読者にとって身近な存在であろうデジタル広告についてもページを割いて説明をしているが，広告コミュニケーションの本質的な内容についても理解してほしいと思い，理論的な説明や議論についても丁寧に記述するように心がけている。各章に用意したコラムも，理解を深めるためのきっかけにしてほしい。本書が，広告コミュニケーションへの興味を高めるきっかけとなることを著者一同期待している。

本書の執筆にあたり，快く取材に応じてくださったアート・ディレクターの浅葉克己さん，資料を提供いただいた関係各社にこの場を借りて感謝の意を表したい。最後に，有斐閣書籍編集第２部の渡辺晃さん，柴田守さんには，出版の機会をいただき，本書の企画から執筆にいたるまで長期間にわたって筆者らを辛抱強く支えていただいた。ここに敬意を表するとともに，心よりお礼申し上げたい。

2024 年 11 月

著 者 一 同

著 者 紹 介

広 瀬 盛 一（ひろせ もりかず）　担当：序章，第2・5・6・9（共著）章

現職：東京富士大学経営学部教授

2002年，早稲田大学大学院商学研究科博士後期課程単位取得退学，早稲田大学産業経営研究所を経て，現職。

主著：

Effects of Displacement–Reinforcement between Traditional Media, PC Internet and Mobile Internet: A Quasi-Experiment in Japan（共著）. *International Journal of Advertising*, 28, pp. 77–104, 2009.

Advances in Advertising Research (Vol. VII): Bridging the Gap between Advertising Academia and Practice（分担執筆）. Springer-Gabler, 2016.

『現代広告全書――デジタル時代への理論と実践』（分担執筆）有斐閣，2021年。

岸 谷 和 広（きしや かずひろ）　担当：第4・8・10章

現職：関西大学商学部教授

2000年，神戸大学大学院経営学研究科博士課程修了。

主著：

「ソーシャルネットワーキングサイトにおけるコミュニケーション効果の実証研究」『流通研究』第18巻第2号，33–52ページ，2016年。

Exploring the Impact of Celebrity Endorsement on Product Placement Effectiveness. *International Journal of Marketing & Distribution*, 2 (1), pp. 25–35, 2018.

田部 渓哉（たべ けいや）　　担当：第1・9（共著）・11・12章
現職：日本大学商学部准教授
2016年，早稲田大学大学院商学研究科博士後期課程単位取得退学，早稲田大学商学学術院，城西大学経営学部を経て，現職。
主著：
「情報源の認識がネイティブ広告の効果に及ぼす影響――説得知識を軸としたモデルの検討」『広告科学』第69集，1–22ページ，2022年。
「広告コミュニケーションを取り巻く現状と期待される機能」『生活協同組合研究』第577巻，5–14ページ，2024年。

峯尾　圭（みねお けい）　　担当：第3・7・13章
現職：近畿大学経営学部准教授
早稲田大学大学院商学研究科博士後期課程単位取得満期退学，早稲田大学商学学術院を経て，現職。
主著：
Advances in Advertising Research (Vol. X): Multiple Touch-points in Brand Communication（分担執筆）. Springer-Gabler, 2019.
『わかりやすいマーケティング・コミュニケーションと広告』［第3版］（分担執筆）八千代出版，2024年。

目　次

column 一覧

ウェブサポートページ

学習をサポートする資料を提供しています。ぜひご活用ください。

https://www.yuhikaku.co.jp/yuhikaku_pr/y-knot/list/20010p/

Chapter 序章

これからの広告コミュニケーションについて考える

Quiz クイズ

Q ゲームのなかに登場する広告を何というだろうか。

a. インゲーム広告

b. アドバゲーム

c. プロダクト・プレイスメント

d. スポンサーシップ

渋谷のスクランブル交差点を埋め尽くす広告。

(©dkey/a.collectionRF /amanaimages)

Chapter structure 本章の位置づけ

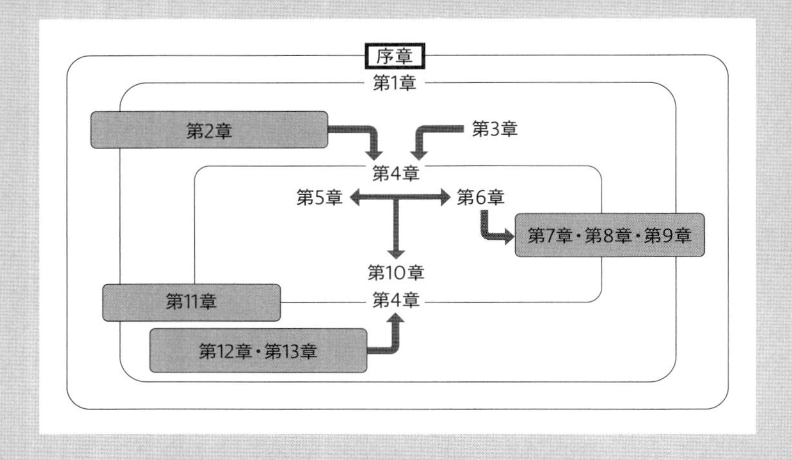

Summary 本章の概要

本章では，広告コミュニケーションを取り巻く社会的な変化について学習する。また，広告，マーケティング・コミュニケーション，統合型マーケティング・コミュニケーション，ブランドといった概念に関する議論を通じて，広告コミュニケーションの考え方と範囲について理解する。これらの過程を踏まえて，本書の目的や構成について学ぶ。

クイズの答え：a

広告コミュニケーションは，多くの消費者にとって身近なものであるが，その背景や仕組みについて考える機会は少ないのではないだろうか。広告コミュニケーションは，学際的な学問領域であり，ジャーナリズム，マーケティング，広告ビジネスなどの視点から捉えることができる。広告コミュニケーションの中心的な概念について関連する議論を概観することで，本書のテーマである広告コミュニケーションの枠組みについて説明する。そのうえで，本書の構成についても解説していく。

1　高まる広告コミュニケーションの重要性

企業に代表される組織は，自らの主張をなんらかの形でメッセージにして発信し，組織やその組織の扱う商品・サービスに対する理解を促し，購買などの行動に結びつけようとしてきた。組織が目的に従ってメッセージを発信する一連の行動は，とくにマーケティングの視点からは**コミュニケーション活動**と捉えることができる。マーケティングにおける主要なコミュニケーション手段は，これまで新聞やテレビなどのように，一度に大勢の人や世帯にメッセージを届けられるメディアを活用したものであった。しかし，社会における情報源はマスメディアだけでなく，インターネットなどにも広がり，スマートフォンなどの端末が出現した結果，人々による情報への接触の方法は多様化しつつある。

企業はマーケティングにおけるコミュニケーション活動（**マーケティング・コミュニケーション**）において，単に商品名や製品の機能だけをアピールしているのではない。多くの企業が訴求しているのは，商品名を中心としたブランドという抽象的な概念である。企業があるブランドについてのマーケティング・コミュニケーションを展開するとき，企業は自社のブランドについて顧客から見て望ましいイメージや典型的な顧客層を設定する。企業のターゲットとすべき顧客が，どのように行動しているのかを考え，ブランドに対する好意や購買行動などを導くために目標を設定し，目標達成に適したマーケティング・コミュニケーションを展開しようとしている。顧客の購買行動は長期間にわたって考える必要があり，かつ複雑な過程をたどることから，旅にたとえられ**カスタマー・ジャーニー**として概念化されている（第1章も参照）。

企業がブランドについてのメッセージを訴求したいと考えた場合，マーケティング・コミュニケーションにおいて設定する目標もコミュニケーション活動に用いる手段のいずれも多様化しているのが現状である。新聞やテレビなどのマスメディアには多くの読者や視聴者がいるとしても，それだけでマーケティング・コミュニケーションの目標が達成されるとは限らない。そのため，目標に適した手段の選択や組み合わせが重要になる。マーケティング・コミュニケーションにおける目標や手段の調整に関する意思決定は，後述する統合型マーケティング・コミュニケーション（IMC）という概念によって説明され，議論が進んできた。

広告コミュニケーションは，IMCで議論されている領域と密接に関係している。広告コミュニケーションは，マスコミュニケーションやジャーナリズムの視点と，マーケティングや消費者行動の視点から考えることができる。前者は，広告会社やメディアなどの組織的な視点や具体的なコミュニケーション・ビジネスの視点を多く含んでいる。一方，後者はマーケティング・コミュニケーションの成果を中心に，顧客である消費者がマーケティング・コミュニケーションをどのように情報として処理しているのかを明らかにしようとしている（Batra & Keller, 2016）。

マーケティングでは，あらゆるマーケティング活動にコミュニケーションの要素を確認できるという立場もあるが，本書で扱う広告コミュニケーションは，従来からある広告を中心として，より拡張されたマーケティング・コミュニケーションを念頭に置く。本章では，広告の定義の変遷や関連する議論を通じて，広告コミュニケーションの枠組みを明らかにしながら，本書の構成を説明する。

2 これまでの広告の定義

広告コミュニケーションは，製品のデザインのように，それ自体によるコミュニケーションを前提としていない。むしろ広告コミュニケーションは，コミュニケーションの送り手と受け手だけでなく，メッセージを届ける媒体や実際の活動に関わる多くの関係者の存在により成立している。

広告コミュニケーションの定義は，その枠組みを理解することで自ずと明らかになる。枠組みの理解のために，その中心的な存在である**広告**の定義について見てみよう。テレビやラジオが出現するまで広告は印刷媒体を用いた活動と認識されていたが，電波媒体の出現によってマスメディアを前提とするようになった。たとえば，広告の定義としてよく知られるアメリカ・マーケティング協会（AMA）の1988年の定義に，「広告とは，メッセージのなかで識別可能な営利企業や非営利組織または個人が，特定のオーディエンスに対して，製品，サービス，団体またはアイディアについて，伝達または説得をするために，さまざまな媒体を通して行う，有料の非人的なコミュニケーションである」（Bennet, 1988, p. 11）というものがある。この定義には，5つの要素が含まれている。

第1の要素は，広告の送り手が「識別可能な」広告主であることで，企業情報が明示されていなくても，ブランド名やロゴなどのシンボルだけが表示されている場合もあることを示している。第2の要素は，広告の受け手が広告主からターゲットとして絞り込まれ，「特定のオーディエンス」として認識されていることである。第3の要素は，マーケティング概念の拡張に伴って，広告の送り手には，営利企業だけでなく，非営利組織や個人なども含まれるようになっていることである。第4の要素は，広告の伝達方法に関するもので，広告が「媒体」を「有料」で利用して行う「非人的なコミュニケーション」であるという認識である。第5の要素は，広告主の意図や目的に関するもので，広告がターゲットに情報を「伝達」したり，メッセージによる「説得」を試みようとしていることである。

このような定義が，必ずしもこれまでの広告を適切に表現していたとは言い切れない。しかし，広告コミュニケーションのように，社会における仕組みや企業などの活動を，定義づけることは必ずしも容易ではない。広告をどのように捉えようとするのかは，見る者の立場によっても異なる場合があり，AMA の定義に代表されるような広告の捉え方は，現在も一定の意味合いをもっている。このような広告の捉え方は，狭義の広告を表しているともいえる。

3　広告の定義をめぐる議論

広告の意味するところが拡張したり，新しい概念が登場したり，社会における大きな変化が起きたりすると，広告の定義を修正しようという動きが活発になる。

先に紹介したAMAの定義は，1988年に出版された用語辞典に掲載されたものであり，インターネットをはじめとした環境の変化を十分に反映していないという批判がある。現在の環境で広告を定義するためには，新しいメディアやフォーマットの出現，消費者行動の変化，広告効果の拡張といった要因を考慮する必要がある（Dahlen & Rosengren, 2016）。

従来の広告の定義をゆるがすもの

第1に，技術やメディアの発達や変容が，広告に進化をもたらしている。広告主が展開するウェブサイト，アプリ，アドバゲームの利用の実際を考えてみれば，有料であることや識別可能な主体の存在は，現在の広告コミュニケーションを必ずしも適切に反映しているとはいえない。アプリなどが広告主によって提供されることを考えれば，「媒体を利用する」という表現についても検討が必要になるかもしれない。

第2に，新しいメディアやフォーマットの出現は，消費者行動に新しい動きをもたらした。消費者の集合体である**オーディエンス**を，単なる広告の受け手として認識することはできなくなっている。消費者は，広告を受信するかどうかを決められるだけでなく，広告を探したり，キャンペーンに参加したりするかどうかを自分の意思で行えるようになっている。また，実際の広告活動においても，幅広いステークホルダーを意識した活動が展開されるようになっている。広告と他のコミュニケーション活動の垣根も曖昧になりつつある。さらに，広告とPRとの区別もわかりにくくなっている。

第3に，広告の効果を広く捉えようとする動きがある。オーディエンスに情報を伝えたり，広告主の意図を説得したりすることが広告の目的であり，効果でもあるという考え方は，最も一般的な見方ではあるが，このような視点は消費者1人ひとりの情報処理の結果を広告効果として認識している。しかし，広告には経済的な効果や社会的な効果を見出すこともできる。個別の広告効果が期待できるからこそ，広告主は広告コミュニケーションを活用しようとする。その結果として，広告産業が発展したり，企業やブランドの価値が高まるといった経済的な効果が発生する。社会的な効果には，広告全般に対する信頼性の構築，環境や健康といった社会課題の解決，広告による社会貢献といったことが含まれる。

社会とより密接になった広告

一見すると広告の社会的な効果は，広告の仕組みを通じた社会貢献のように見えるかもしれない。しかし，広告主による広告コミュニケーションの目的と照らした場合に，社会的な効果を狙った主張が，必ずしも受け入れられるとは限らない。社会的効果を狙った行きすぎた主張は，広告主だけでなく広告そのものに対する反感にもつながりかねないからである。

いずれにしても，広告コミュニケーションの結果が，経済や社会に幅広い影響を及ぼしていることは確かであり，広告の目的を情報伝達や説得と限定的に認識する視点は，社会における広告の効果を見過ごしてしまうことになってしまう。

4 変わり続ける広告の定義

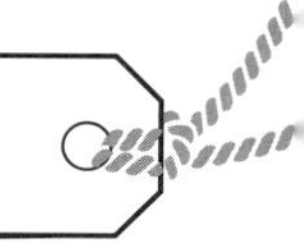

現場を意識した定義

このような問題意識から，さまざまな広告の新しい定義が検討されている。リチャーズとクラン（Richards & Curran, 2002）は，研究者と実務家とに受け入れられる定義として，「広告とは有料で，受け手に現在もしくは将来にわたるなんらかの行動を引き起こさせるためにデザインされた識別可能な情報源により媒介された形態のコミュニケーションである」（p. 74）と主張した。この定義では，広告の長期的な効果についても触れている。彼らは，媒介された形態のコミュニケーションについて「媒介されたコミュニケーションは，人と人との直接的な接触以外の印刷，電子的，その他あらゆる手段を通じてオーディエンスに伝達される」（p. 74）と補足説明している。このように，広告の定義をめぐってはデジタル・メディアの発展を受けて，考慮すべきことが多くなっており，同じように広告コミュニケーションの範囲を定義することも難しくなっている。

また，カーとリチャーズ（Kerr & Richards, 2021）は，従来型の広告定義の問題点を指摘しつつ，「広告とは，識別可能なブランドによって行われ，現在もしくは将来にわたる消費者の認知的，情緒的，行動的な変化のための説得を目的とし，その媒体には有料であるペイド・メディア，オウンド・メディア，アーンド・メディアが含まれる」（p. 190）と定義した。この定義は，インターネットの普及によって，企業自らが管理可能なメディア（**オウンド・メディア**）を獲得するようになり，場合によっては広告収入を得ることができるようなメディア（**アーンド・メディア**）を所有するようになっているという実態が反映されている。

いずれの定義も，狭義の広告の定義とは異なり，ブランドをコミュニケーションの主体として捉え，PR，販売促進，電子的なクチコミといったコミュニケーション活動を，広告として認識しようとする傾向にある。後述するように，ブランドには企業から商品に至るまで多くの存在が含まれる。その意味では，このような広告の捉え方は広義の広告の定義といえる。

本書では，狭義の広告の定義による枠組みを尊重しつつ，広義の広告の定義を含めた範囲を広告コミュニケーションとして認識する。

広告コミュニケーションの定義

すなわち，本書における**広告コミュニケーション**とは，「識別可能なブランドによって行われ，現在もしくは将来にわたる消費者の認知的，情緒的，行動的な変化のための説得を目的とし，なんらかの媒体を通じたマーケティング・コミュニケーションであり，その媒体には有料であるペイド・メディア，オウンド・メディア，アーンド・メディアが含まれる」と定義される。

5 広告コミュニケーションを学ぶ視点

広告の定義で議論してきたように，広告コミュニケーションは社会と密接な関係にあり，その範囲や捉え方は常に変化しつつある。そのため，広告コミュニケーションの概念については，多面的に考える必要がある。

マーケティングとしての広告コミュニケーション

広告コミュニケーションを活動の主体から理解しようとする，マーケティング的な視点がある。広告はブランドを有する企業などの組織が，消費者の心理や行動の変化を意図して行う活動と捉えることができる。広告コミュニケーションを通じて消費者になんらかの変化を促し，購買などブランドに関連する行動へと導こうとする一連の活動は，マーケティングの領域に含まれる。マーケティングは組織運営において重要な要素として認識されるようになっており，営利企業だけではなく，非営利組織においても活用されるようになっている。広告をはじめとするコミュニケーション活動は，プロモーションという要素に分類されマーケティングの部分的な存在として位置づけられていた。

マーケティングにおいてブランドという概念が注目されるようになり，製品，価格，流通といった他のマーケティング要素にもコミュニケーションの役割を認識するという議論が活発に行われるようになった。ブランドは，特定の製品やサービスに応用されるものではない。企業や製品のカテゴリー全体がブランドとして認識されることもある。また，新聞，雑誌，ラジオ，テレビなどのマスメディアを活用した広告活動だけでなく，クーポンなどの販売促進，通信販売などのダイレクト・マーケティング，スポーツなどに見られるスポンサーシップ，パブリック・リレーションズといった多様なコミュニケーション活動が活用されるようになった。

その結果，ブランドを有する企業にとってターゲットに情報を提供するコミュニケーション活動の選択肢は増えたものの，多種多様なコミュニケーション活動の調整が新たな課題となった。それぞれのコミュニケーション活動には特徴があり，長所があれば短所もある。印刷媒体を用いた広告のように文字や画像での情報提供が得意なコミュニケーション活動もあれば，テレビのように一度に多くの消費者に情報提供ができる媒体を活用するコミュニケーション活動もある。強いブランドを作り上げるために，多様なコミュニケーション活動を戦略的に評価した効果的なコミュニケーション計画を立案する必要性から登場したのが，**統合型マーケティング・コミュニケーション**（integrated marketing communication：IMC）である。マーケティングにおけるコミュニケーション活動を広く捉えようという視点は，本書の全体に反映されている。

効果的なIMCを検討するためには，広告コミュニケーションの受け手である消費者の理解が欠かせない。消費者の心理や行動への理解は，消費者の頭の中にあるブランドの理解，広告コミュニケーションの目標設定，広告表現の制作，広告媒体などのコミュニケーション手段の実態把握，広告コミュニケーションの効果測定といった幅広い分野に役立てられている。

ビジネスとしての広告コミュニケーション

社会における広告コミュニケーションの実態を把握する，広告ビジネスの視点もある。マーケティングで展開されているブランドやIMCといった概念は，広告コミュニケーションの主体となる広告主だけでなく，広告主の広告コミュニケーション計画の立案を支援する広告会社や，広告のメッセージを消費者に届ける存在である媒体社などを含めて，理解する必要がある。広告コミュニケーションの実務においては，広告主，広告会社，媒体社それぞれの役割を理解し，組織における手続きについて知る必要がある。とくに広告主における広告目標の設定，ターゲット設定，予算設定，表現戦略立案，媒体戦略立案など，広告コミュニケーション全般の計画立案は，広告コミュニケーションの実態を知るうえで重要な活動といえる。

広告会社は，広告主の考えるブランドの管理やIMCを，より実務的な観点から計画・立案する存在といえる。大規模な広告会社であれば，IMCに関連するほぼすべての部署が存在し，広告主を支援する体制を整えている。広告主の考える目標を消費者にわかりやすく伝えるために，言葉，画像，映像，音声といった要素について検討したり，ターゲットとする消費者が広告に触れられるように利用する媒体について検討したりする。

媒体社は，自社の保有する時間や空間を，広告主に提供する存在である。ラジオやテレビなどの電波媒体であればタイム，新聞・雑誌などの印刷媒体や屋外の看板のように物理的な媒体であればスペースを，広告主に販売することで収益を上げている。媒体の価値は，消費者が集まるほど高くなる傾向にあり，インターネット上でも実際の屋外広告でも，消費者の注目を集めるメディアの開発が進められている。

広告主がターゲットとする消費者にメッセージを届けるためには，複数の媒体を活用する必要があり，ターゲットやメディアに適した広告表現を考えなければならない。そのため，広告コミュニケーションの実務は，大勢の人や組織が関わる複雑なビジネスになることが多い。広告会社は，複雑になりがちな取引の仲介役として，また社内に蓄積された知識を活用して広告主や媒体社のコンサルタントとしての役割を果たしている。

IMC を計画するためには，従来からある狭義の広告だけでなく，幅広い観点での広告媒体やコミュニケーション活動についても理解する必要がある。マスメディアを用いれば，一度に多くの見込み消費者であるターゲット・オーディエンスに広告を届けることができるとされている。しかし，新聞や雑誌などの印刷媒体とテレビやラジオなどの電波媒体とでは，広告を掲載するタイミングや提示方法も異なる。屋外広告や交通広告では，多くのターゲット・オーディエンスに広告メッセージを届けるよりも，出稿地点から近い店舗などで具体的な消費者の行動を促すことが媒体の特性として認識されることもある。パソコンやスマートフォンで表示されるデジタル広告では，利用者の個人情報に基づいた広告出稿が行われている。また，PR も IMC において広告コミュニケーションの一部として展開されている。IMC を展開するためには，マーケティングによる理論的な枠組みだけではなく，実務的な側面も把握する必要がある。

社会とつながる広告コミュニケーション

最後に，広告コミュニケーションを社会的に捉えようとする視点がある。広告コミュニケーションには，企業などによるマーケティング活動としての側面があり，それらを把握するためには広告ビジネスを理解する必要がある。しかし，広告コミュニケーションを理解するためには，それだけでは足りない。広告コミュニケーションは，消費者行動を促すことができる強力な手段と考えられる。そのため，行きすぎた広告コミュニケーションは，問題とされる活動というだけにとどまらず，社会的な観点からも議論されることがある。

広告コミュニケーションは，広告主による表現活動であり，広告主の価値観が反映されている。広告の内容が真実かどうかということだけでなく，広告上の表現そのものが問題視されることがある。ジェンダー・ステレオタイプや多様性についての議論が，広告コミュニケーションをきっかけに起こることもあれば，環境への配慮を訴求したにもかかわらず不誠実と取られることもある（第13章も参照）。広告では，その時々の社会的視点が切り取られることが多いが，社会における価値観は常に変化し続けている。そのため，広告コミュニケーションでは，広告表現や広告出稿に関連した倫理的な問題についても触れる必要がある。広報やPRは，広告コミュニケーションと同様にIMCに含められることもあるが，広告主の活動全体を社会的に発信する活動でもあるので，とくにこのような点に注意する必要がある。

行きすぎた広告コミュニケーションは，企業間の競争を歪めたり，消費者に経済的・身体的な損害を与えたり，社会秩序に影響を与えたりすることがある。問題のある広告が蔓延すると，当該ブランドや業界における広告コミュニケーションに対する信頼感が損なわれたりするだけでなく，広告コミュニケーション全般に対する不信感につながり，結果として広告ビジネス全体の健全性や競争力が損なわれかねない。そこで，広告ビジネスに関わる個々の組織から，業界団体，行政に至るまでのさまざまな段階でルールや規制が設定されている。実際の広告コミュニケーションでは，法的規制はもちろんのこと倫理観を含む社会的価値観を検討する必要がある。

インターネットの普及に伴うデジタル広告の発展は，社会や経済にさまざまな影響をもたらしている。デジタル・メディアへの広告支出が，マスメディアへの支出を上回るようになり，大手プラットフォーマーの影響力は強くなっている。広告コミュニケーションにおけるデータの重要性は高まり，広告ビジネスにも変化が起きている。広告ビジネスの裾野が広がった結果，広告コミュニケーションの経済的側面も大きくなっている。

デジタル広告では，デジタル・メディアにおける利用者の行動履歴が把握されて広告出稿に利用されている。これは，デジタル広告の発展を支えた基盤であったが，個人情報保護の観点から世界的な議論がされている。また，大きくなりすぎた大手プラットフォーマーの影響力についても，懸念の声が上がり始めている。インターネット社会は，デジタル広告のビジネスモデルに強く依存している。従来型の広告コミュニケーションとデジタル広告とを比較して考えることで，新しい視点で社会や経済を考えることができるだろう。

6 本書の枠組み

先に挙げた３つの視点に基づいて，本書は４つのパートからなっている（図１も参照。なお，この図は各章冒頭の Chapter structure とも対応している）。

図1 本書の4つのパート

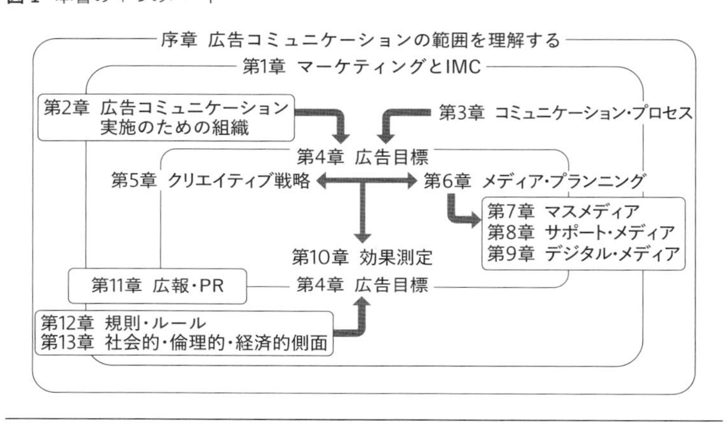

第1のパート（第1~3章）は，広告コミュニケーションを理解するための前提知識を扱っている。本書で扱う広告コミュニケーションの多くは，企業のマーケティング活動と密接な関係にある。そのため，第1章ではマーケティングの基本的な知識と広告コミュニケーション活動の中心的な概念であるブランド，統合型マーケティング・コミュニケーション（IMC），消費行動の概念などについて触れている。広告コミュニケーションは，広告ビジネスという実務から派生した学問領域である。第2章は，広告コミュニケーション活動の実務に関わる組織を，広告主，広告会社，媒体社の視点から概観している。広告コミュニケーションに関するビジネスは，一広告主の広告コミュニケーションだけにとどまらず，社会との関わりという観点からも理解する必要がある。第3章は，メッセージの送り手と受け手との関係性を説明する理論的枠組みについて説明している。広告コミュニケーションは人を対象にしている。そのため，理論的な説明としては，心理学分野からの応用が多く，それらの基本的な概念を理解する必要がある。

第２のパート（第4～6，10章）は，第１のパートで取り上げた広告コミュニケーションの全体像を前提として，広告コミュニケーションの実際を，広告計画の主要な活動や概念について着目しながら説明している。第４章は広告目標，予算計画，ターゲティング，表現戦略，媒体戦略などを含む広告計画の立案プロセス全体について，第５章は広告表現を検討するときに必要な要素やクリエイターの果たす役割といったメッセージの制作についての戦略を，第６章はメディアを用いたメッセージの届け方であるメディア・プランニングについて，それぞれ触れている。広告コミュニケーションの多くは企業活動であるため，その費用の使い方についての検証をする必要がある。そこで第10章では，ブランドや広告の認知率といった成果指標などを取り上げて，広告コミュニケーションの効果測定の考え方や方法について説明している。

第３のパート（第7～9章）は，第２のパートの第６章で取り上げたメディアに関連する内容を含んでいる。効果的なIMCの計画を立案するためには，多種多様な広告媒体についての理解が欠かせない。現在の広告コミュニケーションに用いられる媒体は，インターネットに関連するデジタル・メディアを何らかの形で活用している。このパートでは，従来からある媒体の枠組みに基づいて見ていくことにする。第７章はテレビ，ラジオ，新聞，雑誌など多くのターゲットにメッセージを届けられるマスメディアについて，第８章は主に屋外広告や交通広告などのサポート・メディアについて，第９章は主にスマートフォンとパソコンを利用したインターネット上に展開されているデジタル・メディアとデジタル広告について，それぞれ触れている。これらの章で扱っている内容は，IMCの一環である広告計画を実施に移すための要素であるメディアという視点と，広告コミュニケーションに関わる組織であるメディアという視点が含まれている。

第4のパート（第11～13章）は，広告コミュニケーションにおけるステークホルダーや社会との関わりが強い要素について触れている。広告ビジネスの発展に伴って，広告コミュニケーションによる影響力の範囲も拡大している。第11章では，企業において広告と並んで重要なコミュニケーション活動と見なされている広報・PRについて取り上げている。広報やPRは，特定のターゲットを想定したコミュニケーションというより，全社的な活動の一環としてのコミュニケーション活動と考えることもできる。第12章と第13章は，広告計画の前提となる社会的要素を取り上げており，相互に関係した位置づけにある。第12章は，公正な競争や消費者を保護するための規制やルールについて取り上げている。第13章は，広告ビジネスが拡大してきた結果として，広告コミュニケーション全般の与える影響をより広く捉えて，社会的・倫理的・経済的側面から議論している。

Bibliography 引用・参考文献

Batra, R., & K. L. Keller（2016）Integrating Marketing Communications: New Findings, New Lessons, and New Ideas. *Journal of Marketing*, 80, pp. 122–145.

Bennett, P. D. Ed.（1988）*AMA Dictionary of Marketing Terms*, 2nd ed. American Marketing Association.

Dahlen, M., & S. Rosengren（2016）If Advertising Won't Die, What Will It Be? Toward a Working Definition of Advertising. *Journal of Advertising*, 45, pp. 1–12.

Kerr, G., & J. Richards（2021）Redefining Advertising in Research and Practice. *International Journal of Advertising*, 40, pp. 175–198.

Richards, J. I., & C. M. Curran（2002）Oracles on "Advertising": Searching for a Definition. *Journal of Advertising*, 31, pp. 63–77.

Chapter

第 1 章

マーケティングとIMC

あらゆる接点が「広告」になる

Quiz クイズ

Q 次のブランドの価値（2023年時点）を金額に換算したとき，最も金額が高いブランドはどれだろうか。

a. ディズニー
b. ナイキ
c. コカ・コーラ
d. マクドナルド

店舗デザインや接客などを含めてIMCである。
（©ViewApart / iStock）

Chapter structure　本章の位置づけ

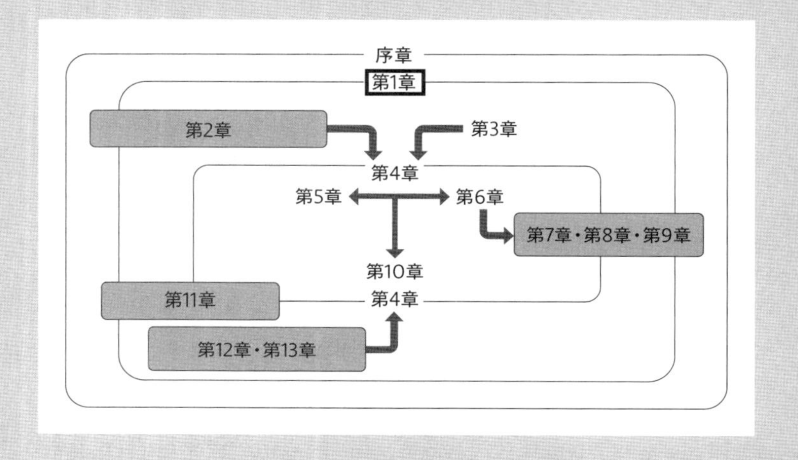

Summary　本章の概要

本章は，マーケティング・コミュニケーションの位置づけを理解する前提としてマーケティングの基本的な用語を理解すること，消費者から好まれるブランドを築くために求められるコミュニケーション上の工夫を理解することを目指している。

クイズの答え：c
コカ・コーラ 580 億 46 万ドル，ナイキ 537 億 73 万ドル，
マクドナルド 509 億 99 万ドル，ディズニー 482 億 58 万ドル
（出所） Interbrand（2024）

日常生活で目にする広告物のほとんどは，営利企業によるマーケティング活動の一環として制作されたものである。マーケティングは企業が利益を上げるための活動や考え方と理解されがちだが，正確には「顧客，クライアント，パートナーおよび社会全体にとって価値ある提供物を生み出して，コミュニケーションを行い，移動させ，交換するための活動，制度，およびプロセス」（American Marketing Association, 2017）を指し，あらゆる組織や個人のさまざまな目標達成に役立つ。本章では広告を含めたマーケティング・コミュニケーションを理解するための前提として，マーケティングの基礎知識を学ぶ。

1 マーケティングと顧客ロイヤルティ

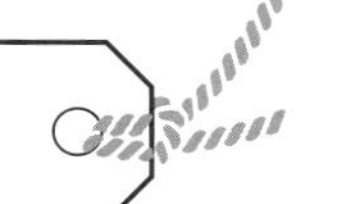

売り込みを不要に

「マネジメントの父」として知られるピーター・ドラッカー（Drucker, 1973）は，「マーケティングの狙いはセリング（販売）を不要にすること」と説いた。この言葉の真意は，マーケティングという概念が生まれた歴史的背景を知ることでより理解できる。

企業が利益を上げるために何に注力すべきか。ケリンら（Kerin et al., 2013）によると，この問いへの答えは時代によって異なる（図 1-1 参照）。大量生産技術をもたらした産業革命（18 世紀後半～19 世紀前半）は鉄道などの交通・物流手段の革新にも波及し，それまでモノが不足していた地域にも商品が行き届くようになった。こうした環境で企業が利益を上げるための要点は，製品を効率的に生産・流通させることであった（生産期）。大半の企業は，高品質な製品を低価格で販売することを目指し，生産効率・流通努力をしてい

図 1-1　事業における指向性の変遷

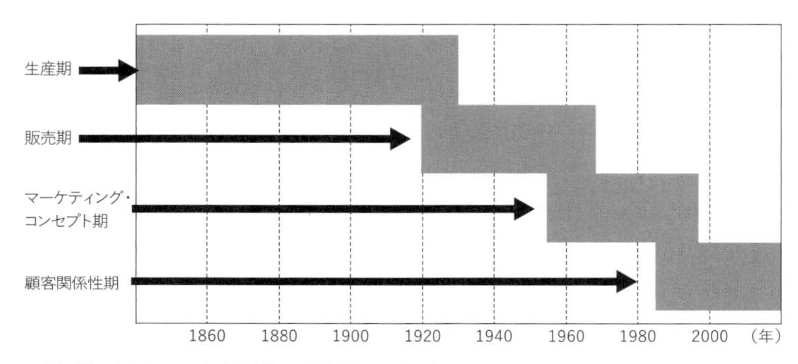

(出所)　Kerin et al. (2013) p. 19, Figure 1-5.

た。

やがて1930年代ごろになると，競争を勝ち抜いた廉価良品が飽和状態となり，売れ残りが見られるようになった。こうした環境では，消費者や取引先の説得に長(た)けた販売員を多く雇い，営業活動や広告活動を通じて販売地域を開拓したり，消費者の消費機会を増やしたりすることが有効と考えられた（販売期）。

しかし1960年代には，販路の開拓にも限界が見え始めた。そこで，それまでの発想を転換する企業が現れてきた。それまでは「自社でできること」をいかに収益化するかという発想で事業が構築されていたのに対し，「消費者が何を必要としているのか」を起点として事業が計画されるようになったのである。この買い手を起点に事業を組み立てていく発想を**マーケティング・コンセプト**と呼ぶ。マーケティング・コンセプトに従えば，結果として自然と製品が売れるはずであることから，ドラッカーは「セリング（販売）を不要にする」と説いたのである（マーケティング・コンセプト期）。

マーケティング・コンセプトによって成果を上げた企業は，マーケティング・コンセプトを組織内で持続させる仕組みを取り入れた。さまざまな調査を通じて消費者の抱える課題や悩みを探り，集めた情報を組織内で共有し，消費者の期待を上回る価値を生み出し続ける。こうした市場対応を組織活動全体の基軸とする企業は，マーケティング志向の企業といえる。

企業と顧客との関係づくり

マーケティング志向の企業は商品の販売だけでなく，潜在顧客が商品を知ってから購入し，使用して処分するまでの広範囲のプロセスに注目する。なぜなら顧客は，商品が果たす機能や便益からだけでなく，商品を手にする経緯や手にしたときの感情などからも満足を得るからである。そして満足した顧客は高い確率で，その商品や企業に好感を抱き，継続的に支持する。この好感に基づく継続的な支持を**顧客ロイヤルティ**（忠誠心）という。

顧客ロイヤルティが高い顧客は安易に他のブランドに乗り換えず，時間の経過とともに購入量や購入金額を増やす傾向にある。また企業への信頼に基づいて好意的なクチコミを広める。彼／彼女らは単に商品を買っているのではなく，企業との間に良好な関係性を築いており，企業との深い絆を大切にしている。こうしたロイヤルティの高い顧客を獲得・維持するプロセスを指して，**顧客リレーションシップ・マネジメント**（customer relationship management：CRM）という（図 1-1 では顧客関係性期がこれにあたる）。

CRM の前提には「関係構築を図る必要がある顧客は一部である」という考えがある。万人の期待に応える製品やサービスを生み出すのは極めて困難であり，すべての顧客が企業に利益をもたらすわけではない。したがって企業は多くの潜在顧客から良い顧客を見極め，選択的に関係を築いていく必要がある。

では良い顧客をどのように絞り込めばよいだろうか。ある顧客がはじめて商品を買ってから最後に買うまでの期間を，**顧客ライフサイクル**という。顧客ライフサイクルの全期間から企業が得る収益と，その顧客との関係構築と維持にかかる費用を推計できれば，顧客1人当たりの現在価値を計算できる。この指数は**顧客生涯価値**（customer lifetime value：CLV）と呼ばれ，優良顧客の絞り込みに効果を発揮する。

CLVを推計するわかりやすい方法として，**RFM分析**が広く知られている。RFM分析では最新購買日（recency），購買頻度（frequency），累計購買金額（monetary）の観点から顧客を評価してCLVの高い顧客を特定する。

2 マーケティング戦略の基本用語

ニーズとウォンツ

人は日常生活のなんらかの課題解決のために商品を購入している。したがって人々の生活に潜む課題を見極めることは，マーケティングの出発点といえよう。

人は現状と理想に乖離があるときに，課題解決の必要性を認識する。この乖離から生じる不満や欠乏感を**ニーズ**という。ニーズは人をさまざまな行動に動機づける。たとえば空腹（現状）と満腹（理想）の乖離から生じる欠乏感は「食べること」を動機づける。とくに文化的背景や個人の特徴を通して具体化されたニーズを**ウォンツ**と呼ぶ。食べることへのニーズに対応するウォンツは，ピザが食べたい，カレーが食べたいなどである。

ニーズやウォンツに起因する課題の解決策のうち，市場で手に入れられるものを商品という。商品は属性の束ともいわれ，同じ商品が異なる課題解決に寄与しうる。たとえばガムは「眠気を覚ます」「息をさわやかにする」「空腹を紛らわす」などの属性があり，それぞれが異なる課題解決のために消費されうる。

セグメンテーション

市場という言葉はさまざまな意味で用いられるが，マーケティング活動のなかでは，購入する見込みがある人々の集まりを指すことが多い。マーケターは同じニーズを抱える人々がどこにどれほど存在するか，その人々の共通点は何かといった情報を集め，その情報をもとに市場を分割し，対応可能な課題を絞り込んでいく。この，共通項に注目して市場を細分化するプロセスを**市場細分化**（**セグメンテーション**）という。共通項を絞り込むときの着眼点が細分化変数である。以下では代表的な細分化変数を紹介する。

地理的（ジオグラフィック）**変数**は，地理的な条件から市場を分割するときに用いられる。具体的には国，地方，都道府県，市区町村などの属性が細分化変数となる。たとえば「積雪から住居を守る」といった課題は特定地域の居住者に固有のものであり，ジオグラフィック変数による細分化が有効である。また，うどんの年間消費量は香川県が突出して高いなど，市場規模の地域差が大きい商品にも注意が必要である。

人口統計学的（デモグラフィック）**変数**は，人口統計的な条件から市場を分割するときに用いられ，幅広く使われる。具体的には年齢，性別，人種，世帯規模，家族構成やライフステージ，所得や教育水準などがある。たとえば基本的に体形に応じてデザインされる衣類や，肌の特徴に応じて調合される化粧品などは，性別を基準に市場を細分化することが多い。また，10～20代は携帯端末でのインターネット利用時間が長く，60～70代はラジオを聴く人の割合が比較的高いなど，広告媒体の選択時には年齢を考慮する必要がある。

心理学的（サイコグラフィック）**変数**は，心理学的な属性から市場を分割するときに用いられる。具体的には性格や価値観，ライフスタイルなどが該当する。ライフスタイルは人が何に時間を割いているか（activity），何に関心をもっているか（interest），どのような意見をもっているか（opinion）の３つの観点（AIO）から捉えることができる。余暇時間を映画鑑賞に充てる人（A），健康に気を使っている人（I），高くても良いモノを買って長く使うべきと考える人（O）など，ライフスタイルに応じてさまざまな消費者像が想定される。

行動変数は，使用頻度や使用場面，使用状況，追求するベネフィット（利益）など，消費者の行動に関する変数から市場を分割するときに用いられる。たとえばコーヒーを朝に飲んで眠気を覚まそうとする人もいれば，昼に気分転換やリラックス効果を求めて飲む人もいて，使用場面や期待されているベネフィットは異なることがわかる。同じように，親が子どもをサッカー教室に通わせるときでも，子どものサッカー技術の向上を期待している場合，子どもの社交性が育まれることを期待している場合，育児から解放される時間を作れることを期待している場合など，注目されているベネフィットが異なることもある。

ターゲティングとポジショニング

市場を最適な規模に分割したのち，企業は参入するセグメントを１つ，あるいは複数選択する。この選択のプロセスを**ターゲティング**という。ターゲティングでは，その市場の売上高，予想される成長率，参入後に見込まれる収益，参入障壁，競争環境，自社の技術やノウハウなどを考慮し，各セグメントの魅力を評価する。

標的セグメントを選定したら，消費者が自社製品を「どのようなもの」として認識するのが理想的であるかを明確にしなければならない。たとえばSWATCHとTIMEXはいずれも手ごろな価格の腕時計ブランドであるが，前者はスイス製で，軽く，ユニークなデザインであることが特徴であり，後者はアメリカに本社を置くブランドで，機能性と実用性が高く，シンプルなデザインが特徴である。似た価格帯の腕時計であっても，消費者はそれぞれのブランドの特徴を認識している。このように特徴がはっきり認識されることで，消費者は自分が求めているブランドがどれなのかを判断できる。ブランドをどのように認識させるべきかを決めるプロセスを**ポジショニング**という。

以上のセグメンテーション，ターゲティング，ポジショニングの一連の過程は，各プロセスの頭文字をとってSTPと呼ばれる。

マーケティング・ミックスとコモディティ化

望ましいポジショニングを定めたら，そのポジショニングと合致するように製品政策（product），価格政策（price），プロモーション政策（promotion），流通政策（place）を設計する。これらは，それぞれの頭文字から「4P」と総称され，これらの政策を最適化するように設計することを**マーケティング・ミックス**と呼ぶ（図1-2）。

これまでSTPを踏まえたマーケティング・ミックスの提案と実行がマーケティング活動の中心とされてきたが，この手法にも限界が見えてきている。多くの企業がこの手順に沿って競争すると，市場淘汰の結果，マーケティングのベスト・プラクティスが浮かび上がる。ベスト・プラクティスを手本に競合他社が追随すると，各社の価格，機能，品質の差はますますわずかになり，消費者はそれぞ

図 1-2　マーケティング・ミックスの要素

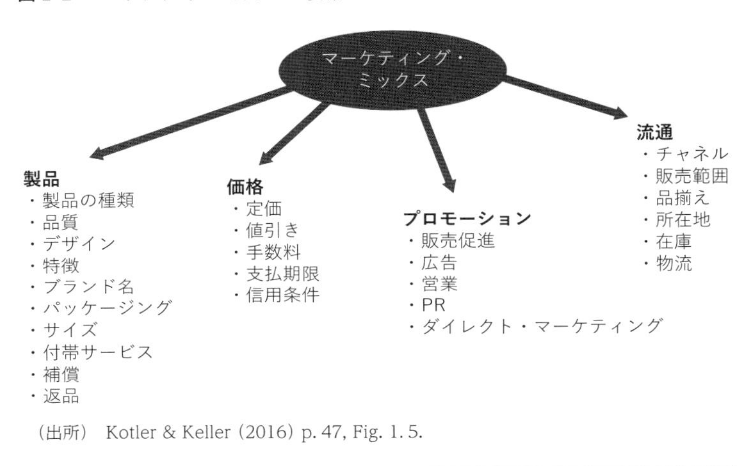

（出所）　Kotler & Keller (2016) p. 47, Fig. 1. 5.

れの独自性を認識できなくなる。この動きは**コモディティ化**と呼ばれる。コモディティ化はマーケティングの怠りや失策ではなく，マーケティング志向の企業が真摯に競争した結果として引き起こされる。コモディティ化が進んだ市場では，安く販売する以外の方法での差別化が難しく，多くの企業を疲弊させる価格競争が発生しやすい。そこで 1980 年代ごろから，コモディティ化を回避する方策の 1 つとして，ブランド概念を中心に据えたマーケティングの考え方が普及していった。

3　ブランド

ブランドとブランド・エクイティ

ブランドという言葉は「高級」や「高品質」といったイメージを

連想させるかもしれないが，本来ブランドにはそうした意味はない。ブランドとは「特定の販売者の商品またはサービスを他の販売者のものと区別するために設けられる名前，用語，デザイン，シンボル，その他の特徴を総称した概念」である（American Marketing Association, 2014）。

ブランドの語源は家畜などを管理する目的で押される焼き印といわれ，ここからブランドの本質的な機能はA社とB社の製品を見分ける目印といえる。しかし品質や価格が同じ製品でも，付与されるブランドによって消費者の反応が異なることが多くの研究で示され，ブランドの重要性が認識されるようになった。

消費者が好ましい経験や感情，イメージ，望ましい考えなどをA社のブランドと結びつけて理解していると，A社ブランドの製品に好感を抱く確率や購入する確率が高まる。したがってブランドを通じて競争優位を得ることが可能である。ブランドが顧客の望ましい反応を引き出す場合は資産価値が認められることから，ブランドは特許，商標，ノウハウなどと並び，企業が保有する無形資産の1つに数えられる。ブランドの資産価値を指して**ブランド・エクイティ**という。

ブランド・エクイティの主要な構成要素はブランド認知，ブランド・ロイヤルティ，ブランド連想，知覚品質である。より多くの消費者がそのブランドを容易に思い出せるとき（**ブランド認知**），そのブランドに愛着や忠誠心をもっているとき（**ブランド・ロイヤルティ**），そのブランドを好ましい概念と結びつけているとき（**ブランド連想**），そのブランドの製品やサービスの品質が高いと感じているとき（**知覚品質**），ブランド・エクイティは高くなる。

ブランド要素とブランド・アイデンティティ

ブランドは単に「ナイキ」や「マクドナルド」といった名前を指すのではない。こうしたブランド・ネームのほかにロゴ，シンボル，キャラクター，スローガン，ジングル，パッケージ，色，香りなどがブランドを形作っており，これらのさまざまな要素は**ブランド要素**と呼ばれる。

ブランド要素を選択するときには，攻撃的な役割と防御的な役割に注意しなければならない。攻撃的な役割は他社ではなく自社のブランドが選ばれるための役割であり，記憶可能性，意味性，選好性から構成される。防御的な役割はブランドを中長期的に活用するための役割であり，移転可能性，適合可能性，防御可能性から構成される。

記憶可能性が重要である理由は，ブランド要素を覚えさせることがブランド・エクイティの足掛かりとなるからである。消費者が覚えられなければブランド認知を獲得できず，記憶のなかに印象が蓄積していくこともない。本質的に覚えやすく，消費者の注意を引くブランド要素は記憶可能性において優れている。

意味性とは，ブランド要素によってどれほどの情報伝達が可能かという基準である。意味性は，ブランド要素が製品カテゴリーや対応するニーズ，商品の属性や特徴，想定される使用者などを示唆できるかに関わる。

選好性は，ブランド要素に対して消費者が審美的な魅力を感じるかどうかの基準に関わる。豊かなイメージを喚起し，楽しさや面白さといった好ましい反応を引き出すブランド要素は，選好性において優れている。

移転可能性は，そのブランド要素を新製品に用いた場合にもブランド・エクイティが引き継がれるかどうか，という基準である。他の製品カテゴリーや他の市場セグメントにも効果的に転用できる場合，その要素は移転可能性において優れているといえる。

適合可能性は，消費者の価値観の変化に合わせてブランド要素を変更した場合に，ブランド・エクイティに基づく優位性が引き継がれるかどうか，という基準である。とくにブランドがロングセラーとなった場合，ロゴやキャラクターを現代風にアレンジできるかどうかは重要なポイントとなる。

防御可能性は特許権，著作権，商標権などに基づいてブランドを法的に守れるかどうかという基準である。ブランド要素を公的に登録して競争事業者による模倣などの侵害行為に対抗できるかどうかが問われる。

ブランド要素の選択は，ブランドがこうあるべきだという明確なイメージのもとで，一貫性をもって進めるべきである。消費者に対してブランドをどう表現するべきかを言葉で説明したものを，**ブランド・アイデンティティ**という。

ブランド・ビルディング・ブロック

マーケティングには，顧客満足の実現とブランド・エクイティの向上の両方が期待されている。ブランド・エクイティは消費者とブランドとの関わりの上に成り立つものであり，その関係性を段階的に深めていく必要がある。

ブランド・エクイティの向上を目的としつつ，ブランドと消費者の関係を深めていく企業のプロセスを，**ブランド・エクイティの構築**という。ブランド・エクイティの構築は，①ブランド・アイデンティティ（ブランドを認識する段階），②ブランド・ミーニング（ブランドの特徴を理解する段階），③ブランド・レスポンス（ブランドになんらかの感想や反応を示す段階），④ブランド・リレーションシップ

図 1-3 ブランド・レゾナンス・ピラミッド

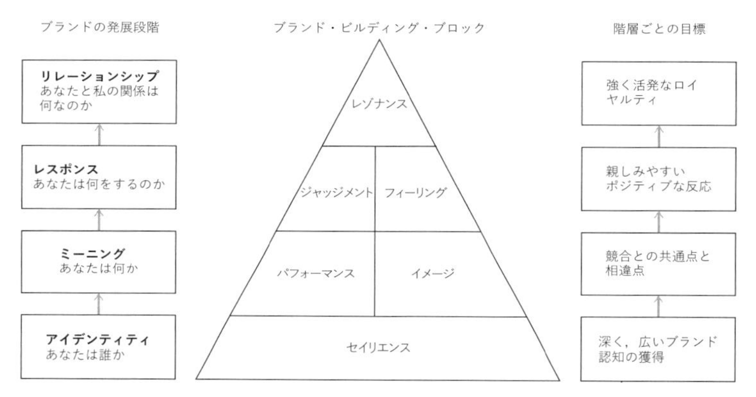

（出所） Kotler & Keller (2016) p. 330, Fig. 11. 4.

（ブランドとの関係の親疎を検討する段階）の４段階に分解できる。

この４段階を展開する具体的手順を示した図が**ブランド・レゾナンス・ピラミッド**（Keller, 2013；Kotler & Keller, 2016）である（図 1-3）。レゾナンスは「共鳴」を意味する。ブランド・レゾナンス・ピラミッドの中心的概念は，ピラミッド状のブロックで構成される**ブランド・ビルディング・ブロック**であり，これは正のブランド・エクイティを獲得するまでの段階を，下から順に積み上げるブロックで表現したものである。

ブランド・セイリエンス

ブランド構築の出発点は，消費者にブランドを深く記憶させることである。消費者がさまざまな状況でブランドを再生・再認できることが足掛かりとなる。そのほかの多くのブランドのなかに埋もれないよう，ブランドになんらかの突出性（セイリエンス）を創出する必要がある。

ブランド・パフォーマンス

製品の機能によるニーズの充足を欠いて，ブランド構築はできない。したがってブランド・エクイティの核心は製品そのものにある。当該ブランドの製品が，客観的な品質評価でどう位置づけられるかをブランド・パフォーマンスという。品質が最上位である必要はないが，消費者が品質を理解したうえで他ブランドに対する優位性を自覚できなければならない。

ブランド・イメージ

実用的な機能を除き，そのブランドが抽象的にどう思われているかを意味するのがブランド・イメージである。イメージは，そのブランドがどのような人に好まれていそうか，どこで売られ，どこで使われていそうか，ブランドをどのような人物に擬人化できるかなど，幅広い領域にまたがって形成される。

ブランド・ジャッジメント

ブランドに対する個人的な意見・評価がブランド・ジャッジメントである。具体的には品質に対する評価，信用に対する評価，購買に値するかどうかの評価，ユニークさについての評価が含まれる。これらのブランドに対する理性的な反応がポジティブであるほど，ブランド・エクイティが獲得できる。

ブランド・フィーリング

ブランドに対する情緒的な反応がブランド・フィーリングであり，ブランドを見たとき，買ったとき，使用したときなどの場面で喚起される感情を指す。ブランドを構築する感情は，経験によってその場で生まれるもの（温かさ，楽しさ，興奮）と私的で持続性があるもの（安心感，社会的承認，自尊心）に分けられる。

ブランド・レゾナンス

消費者がブランドに同調し，ブランドと自己の間に強いつながり

コラム1　長期的なブランド管理の難しさ　自社ブランドのファンを増やしたい企業は多い。ただし熱心なファンは製品やサービスよりもブランド自体を支持するようになるため，ブランド要素の変更を伴うマーケティング意思決定には注意が必要である。1985年，コカ・コーラは当時成長していたライバルのペプシコーラに対抗するため，多額の研究開発予算と時間をかけて伝統的なコーラの味を変更した。この新しい「ニューコーク」は，事前の味覚評価で旧コカコーラに勝っていたにもかかわらず，旧コカ・コーラを求める怒りの抗議が全米から殺到し，数カ月後には旧コカ・コーラを復活させる事態となった。コカ・コーラのブランド支持者は味の良し悪し以上に「コーク」のシンボリックな価値を重視していたのである。

このような失敗事例もある一方，強いブランドをもつことは多くのメリットがある。たとえば既存のブランド要素を，新しいライン展開に活かせる。1992年に発売された缶コーヒーBOSSのポジショニングは，タクシー運転手や建築作業員といった現場労働者が休憩時に飲む「仕事の相棒」であった。発売から順調に売上げを伸ばし，BOSSは缶コーヒーの盤石なブランドとして定着した。発売から25年が経った2017年，サントリーはコーヒーの飲用機会の広がりと働き方の多様化に対応し，ペットボトル飲料のクラフトボスを発売した。働く人の相棒というコンセプトを，従来のブルーカラーからホワイトカラーに引き継いだ格好である。

ブランディングに成功してロングセラーとなった場合は，社会変化のなかで陳腐化しないよう，ブランド要素の調整を図ることも大切である。O-157による集団感染が話題となった1996年の翌年，花王はハンドソープのブランドとして「キレイキレイ」を発売した。パッケージには「子どもが自発的に楽しく洗える殺菌ハンドソープ」というポジショニングに合致するよう，親子のキャラクターが採用された。発売当初は母親を中心に，子どもが左右に手をつないで描かれており，子どもが母親に手洗いを教えてもらう関係を表現していた。しかしその後，保育園の先生など親以外からも手洗いを教わるようになったこと，エプロンをして子どもの帰宅を待つ母親が一般的でなくなったことなどを受け，イラストも普遍的な愛情の形を表現する「仲良く団らん」している様子に変更された。
　ブランドを中心としたマーケティングを展開するうえで，ブランド・アイデンティティを明確にすることは重要である。それと同時に，社会環境の変化や消費者の受け止め方にも目を配り，その時代において最適なブランド要素を検討していく必要がある。

を見出しているときに，ブランド・レゾナンスがあるといえる。レゾナンスは絆の深さや強さといった心理的な側面と，反復購買や情報収集といった行動的な側面から評価できる。

4　消費者視点のコミュニケーション

受け手の立場で捉え直す

　マーケティングに期待される成果にブランド・エクイティが加わり，マーケティング・プログラムの設計思想もアップデートされてきた。とくに，プログラム設計における「統合」が強調されるようになった。
　消費者は商品のデザインやパッケージ，価格や広告のほかに，販売員の印象や他の顧客の雰囲気，売り場のレイアウトなどからブランド・アイデンティティを理解し，そのブランドとの結びつきを自覚する。したがって消費者とブランドとのあらゆる接点（**タッチポイント**）で，一貫性のあるメッセージを伝えられなければ，強いブランド・アイデンティティは創出されず，ブランド・ビルディング・ブロックを積み上げることも難しくなる。

こうした問題意識からドン・シュルツら（Schultz et al., 1993）は**統合型マーケティング・コミュニケーション**（integrated marketing communication：IMC）を提唱し，タッチポイントに関わるすべてのプロセスを統合する必要性を指摘した。

マーケティング・コミュニケーションの統合の程度には段階的レベルがある。初期のレベルはプロモーション・レベルの統合的管理である。広告，PR，販売促進などを統合的に計画・管理し，すべてのプロモーション・ツールで同じ表現要素を使うこと，すなわち「ワンボイス・ワンルック」を達成することが目標となる。

次のレベルは組織内部の統合である。マーケティング部門だけでなく研究開発部門や営業部門，経営幹部といったすべての組織構成員が自社のブランド・アイデンティを共有し，それと矛盾しないようにビジネス・プロセス全体を管理する。組織のあらゆる意思決定が，共通のブランド・アイデンティティに沿ってなされることが目標となる。

そして第３のレベルが，消費者目線での統合である。ブランドと消費者とのすべてのタッチポイントをメッセージ伝達チャネルと捉え，ブランド体験を消費者の目線から管理する。消費者とブランドとの強い絆を構築できるブランド体験をデザインすることが目標となる。

消費者の立場からタッチポイントを管理する必要性を説くIMCは，それまでのマーケティング・フレームワークの見直しを提案している。たとえばマーケティング・ミックスの要素である4Pについて，「製品」や「価格」といった区分は企業主体の区分であるとし，消費者目線である**4C**（customer value：顧客価値，cost to the customer：顧客の負担，convenience：利便性，communication：コミュニケーション）という観点から設計することが強調されている。

買い物行動の全体像

消費行動はニーズを自覚する，情報を集める，候補を検討する，購入する商品を決める，どこで購入するか決める，買う，商品を開封する，商品を使用するといった一連の階層からなる。したがってIMCとは，これらの階層に存在するタッチポイントごとに最適なコミュニケーションを実現し，消費体験を包括的にデザインすることと換言できる。

一方で消費行動のプロセスは顧客1人ひとりで異なるため，万人にあてはまる最適解を計画することは難しい。そうしたなかで，消費のプロセスを旅にたとえた**カスタマー・ジャーニー**という概念が，消費体験全体をデザインするうえで有効と考えられる。これは，あるブランドの商品を購入する架空の人物を設定し，その人物がどのように考え，感じ，行動するかを時系列で整理する考え方である。架空の人物の思考・感情・行動を購買段階ごとに想定して可視化したモデルを，**カスタマー・ジャーニー・マップ**と呼ぶ（図1-4）。

カスタマー・ジャーニー・マップによって各段階に存在するタッチポイントが洗い出され，それぞれにおけるコミュニケーションの課題が検討される。マップの作成にあたり，顧客の生活を具体的にイメージしなければならない。そこで有効になる概念が**ペルソナ**である。マーケティングの「ターゲット」が潜在的な顧客の集団を指す用語であるのに対し，「ペルソナ」は典型的な顧客ひとりに焦点を合わせて，名前や住所，趣味や職業，時間の使い方や価値観，性格など，細かな特性を具体的に想定する。

たとえば，オンライン英会話学習のサービスであれば，ターゲットとペルソナは次のように異なる。

ターゲット：ビジネス英語学習未経験の20代女性。

図 1-4　カスタマー・ジャーニー・マップの例

段階	認知 興味	情報 収集	検討 購入	評価 拡散	ロイヤ ルティ
行動	・友人との会話 ・フォローしているインフルエンサーの投稿閲覧	・比較サイト ・まとめサイト ・SNS上での検索	・店頭での確認 ・オンラインでの購入	・商品レビューの投稿 ・SNSへの投稿 ・友人への情報発信	・再購買
タッチポイント	・ソーシャル・メディア ・クチコミ ・インターネット広告	・ソーシャル・メディア ・ウェブサイト	・実店舗 ・ショッピング・サイト ・アプリ	・ショッピング・サイト ・ソーシャル・メディア ・クチコミ	・実店舗 ・ショッピング・サイト ・アプリ
施策	・広告出稿 ・案件動画の依頼……	・バイラル型の販促……	・店頭ディスプレーの計画 ・接客マニュアル	・返品サービス ・ソーシャル・リスニング	・ロイヤルティ・プログラム ・会員情報の管理

ペルソナ：田中陽菜（26歳），長野県出身。大学進学時に上京し，現在は渋谷のIT企業で正社員として働いている。年収は手取りで420万円ほど。中野の1LDKに一人暮らしをしており，電車で通勤している。趣味は映画鑑賞と国内旅行。日々の情報源はサーチエンジンのトップニュース……。

「ターゲット」を意識したIMCでは，潜在顧客の最大公約数的な要素に目が向きがちになり，発信する情報の内容やタイミングを決定しにくくなるといった欠点がある。他方，「ペルソナ」と合致する顧客は現実に存在しないものの，「田中さんなら海外ドラマを観るときに英語の必要性を感じそう」「田中さんは電車内の広告は見なそう」など，生活全体のタッチポイントに対して一貫したコミュニケーションを設計しやすい。

以下，本章の内容を整理してみよう。マーケティングは消費者のニーズを起点として課題解決につながる価値を創出するための一連の工夫であり，結果として売り込みを不要にするものである。細分化変数を使って市場を最適な規模に分割し，他社よりも有利に対応できる標的市場を特定し，自社製品の望ましい位置づけを定める。そして提供する価値を具体化するように製品政策，価格政策，流通政策，プロモーション政策を計画・実行する。

マーケティング志向の企業による競争は製品のコモディティ化を招きやすいことから，差別化の足掛かりとなるブランド概念の重要性が認識されるようになった。ブランドをどう表現するべきかを定め，ブランド要素を決定し，消費者とブランドとの関係を段階的に深めていくことで，その資産価値を高められる。

IMC は，ブランド構築を成功させるコミュニケーションの発想方法として注目される。IMC のキー概念は「統合」であり，ワンボイス・ワンルックを達成するレベル，組織内のあらゆる構成員がブランド・アイデンティティに従って行動するレベル，消費者とブランドとのあらゆるタッチポイントを把握してブランド体験をデザインするレベルが存在する。

タッチポイントは消費行動のさまざまな場面に存在する。具体的な顧客のペルソナを想定し，カスタマー・ジャーニー・マップによって消費プロセスを可視化することが，状況ごとに最適なコミュニケーションを設計する手助けとなる。コミュニケーション全体のデザインを通じてブランド・エクイティを高めることが，これからのIMCに期待されている。

Bibliography 引用・参考文献

American Marketing Association（2014）Brand https://www.ama.org/resources/Pages/Dictionary.aspx?dLetter=B#brand

American Marketing Association（2017）Marketing Definitions https://www.ama.org/topics/marketing-definition/

Dick, A. S., & K. Basu（1994）Customer Loyalty: Toward an Integrated Conceptual Framework. *Journal of the Academy of Marketing Science*, 22, pp. 99–113.

Drucker, P. F.（1973）*Management: Tasks, Responsibilities, Practices*. Harper & Row.

Interbrand（2024）Best Global Brands 2023 https://interbrand.com/best-global-brands/

Keller, K. L.（2013）. *Strategic Brand Management: Building Measuring, and Managing Brand Equity*, Global Edition（4th ed.）. Pearson Education.

Kerin, R. A., L. G. Theng, S. W. Hartley, & W. Rudelius（2013）*Marketing in Asia*, 2nd ed. McGraw-Hill.

コトラー，P.＝G. アームストロング＝恩藏直人（2014）『コトラー，アームストロング，恩藏のマーケティング原理』丸善出版。

Kotler, P., & K. L. Keller（2016）*Marketing Management*, 14th ed. Shanghai People's Publishing House.

ライオン（2024）「Lidea ホームページ」https://lidea.today/

Pfeifer, P. E., M. E. Haskins, & R. M. Conroy（2005）Customer Lifetime Value, Customer Profitability, and the Treatment of Acquisition Spending. *Journal of Managerial Issues*, 17, pp. 11–25.

Schultz, D. E., S. I. Tannenbaum, & R. F. Lauterborn（1993）*Integrated Marketing Communications: Putting it Together & Making it Work*. McGraw-Hill.

サントリー（2024）「BOSS 30周年記念特設サイト」https://www.suntory.co.jp/softdrink/boss/30th/

第 2 章 Chapter

広告コミュニケーション実施のための組織

広告主，広告会社，媒体社の機能と役割

Quiz クイズ

Q 特定のテーマに特化した小規模な広告会社を何というだろうか。

a. エージェンシー

b. ブティック

c. オウンド・メディア

d. アカウント・エグゼクティブ

コミュニケーションなしに広告は作れない。

(©suwannar / PIXTA)

Chapter structure　本章の位置づけ

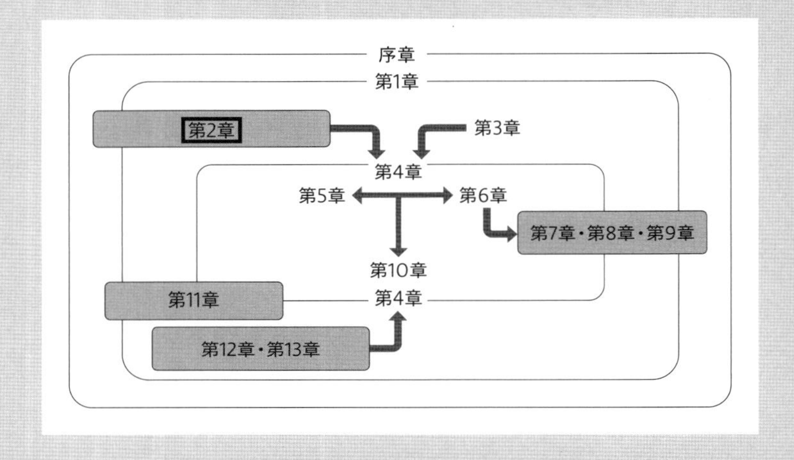

Summary　本章の概要

広告コミュニケーションは，広告主のマーケティングを反映している。統合型マーケティング・コミュニケーション（IMC）の実践は，活動の主体となる広告主だけでなく，広告会社や媒体社に代表される組織との協同を前提としている。広告主，広告会社，媒体社との関係性やそれぞれの果たす機能や役割の理解は，広告ビジネスを把握するうえで重要である。

クイズの答え：**a**

広告主の考えた広告が消費者の目に触れるまでには，多くの人々や組織が関わっている。組織とは，特定の目的を達成するために，複数の人々や集団が意識的な調整を通じて，それぞれの機能や役割を分担し一体的に行う活動体系と捉えられる。たとえば，広告主のなかにも広告，広報，販売促進などに関連する組織があり，それらの活動を支援するためのエージェンシー（広告会社）や媒体社の存在があって，広告コミュニケーション活動が成立している。このように，広告コミュニケーションは，広い意味での広告業界全体の生態系（エコシステム）のなかで展開されている。この章では，さまざまなコミュニケーション活動を展開している広告主がどのような組織形態をとっているのか，それを支援する広告会社をはじめとする組織にはどのようなものがあるのかを中心に見ていく。

1　広告主における広告コミュニケーション組織

統合型マーケティング・コミュニケーション（IMC）の考えにもあるように，広告コミュニケーションが広告だけでなく，幅広い**コミュニケーション活動**を含むものと認識されるようになってきている。たとえば，ケラー（Keller, 2016）は，8つの主要なマーケティング・コミュニケーションの基盤的な手段（プラットフォーム）として，広告，セールス・プロモーション，イベントと経験価値，パブリック・リレーションズとパブリシティ，オンライン・マーケティングとソーシャル・メディア・マーケティング，モバイル・マーケティング，ダイレクト・マーケティングとデータベース・マーケティング，人的販売などを挙げている。そのうえで，長期的な視点に立ってブランドの価値を高めていくためには，活動に関わる組織が共通した問題意識をもつ必要があると指摘している。マーケティング・コミュニケーションにおける統合をどのレベルで行うのかについてはさまざまな議論が存在する。具体的なコミュニケーション活動に関連する部門を統合的に運用するという考え方もあれば，組織全体としてコミュニケーションを考えるべきだという視点もある。

広告部門は，広告計画に先立つ市場分析やマーケティング戦略の立案，広告目標の設定，表現計画や媒体計画の策定，広告効果測定などに関わる意思決定を中心的に行う。規模の大きな組織であれば，広報，営業，販売促進などの複数の部門が全社的にコミュニケーション活動に関与することもある。広告コミュニケーションを担当する部門は，さまざまな部門と連携をとりながら，IMC を展開する中心的な役割を果たしている。

広告コミュニケーションに関わる部署

広告を担当する部門は，売上げの目標となる予算をもたないスタッフ部門として組織内に位置づけられていることが多い。広告コミュニケーション活動の発展に伴い，マーケティング・コミュニケーション活動も多様化している。そのため，企業全体でマーケティング・コミュニケーション活動を展開している部門がどこなのか，部門間の連携がどのようになっているのかは，組織の規模や業種などによって大きく異なる。日経広告研究所の調査によれば，広告コミュニケーションに関わる部署は５つに分類することができ，「経営トップ」「広報」と結びつきが強い総務・広報系，「マーケティング・販売促進」と結びつきが強いマーケティング系，「営業・営業促進」と結びつきが強い営業系，「マーケティング・販売促進」や「商品開発」との連携が強い事業横断型，「経営トップ」との結びつきが強い経営直轄型がある（日経広告研究所，2023）。

また，広告主における組織形態によっても，広告を担当する部門のあり方や位置づけは変わる。マーケティングに関連する組織として，製品開発，販売，広告，市場調査などの部門が存在するような場合には，広告部門が広告会社や部門間の調整をすることがある。日経広告研究所の調査では，大手広告主の半数弱がブランドや商品・サービスごとの事業部制を取り入れている。事業部制は個別の事業を独立して運用できるようにする組織形態だが，広告部門は全社的なスタッフ部門でもある。独立した組織として存在し，事業部にも広告担当を置く組織と，事業部の広告部門の機能を全社的な広告部門に任せる組織とがある。

一方，外資系の企業に見られるように，カテゴリーの異なる複数のブランドを展開し，ブランドが強く意識される広告主では，製品管理部門に各ブランドを担当する**ブランド・マネージャー**などを配置して，広告会社との連絡担当者となり，社内外の広告コミュニケーションを含むマーケティング活動全般を管理していることがある。IMC やブランドのような概念を導入している広告主では，マーケティング・コミュニケーション・オフィサーといった役職者を，広告コミュニケーション全般の責任者として配置する場合もある。

統合型マーケティング・コミュニケーションと組織の変化

ブランド・エクイティ構築を目的とした効果的な IMC を実践するためには，広告主内部の多様な活動を調整する必要性がある。マダヴァラムら（Madhavaram et al., 2005）は，**ブランド・アイデンティティ**を志向した組織文化，トップの経営層の支持，組織内部の市場志向といった要素の存在が，それぞれの機能や役割をもった部門間のコミュニケーションを促すことで，部門間の相乗効果を発揮させ，結果としてIMCの効果を高め，最終的にブランド・エクイティの向上に寄与すると指摘している。ブランド・アイデンティティを全社的に意識するために，ブランドの定義やコミュニケーションに関する基本的なルールを定めたマニュアルやブックレットなどをまとめている広告主もある。このように，効果的な広告コミュニケーションを展開するためには，広告部門や広報部門のように広告コミュニケーションを専門的に扱う部門だけでなく，全社的なブランドやIMCの概念に対する理解が欠かせない。

日経広告研究所の調査では，ブランド・マネージャー制（コラム4も参照）を採用している広告主は15％にも満たないとされている。その一方で，6割強の広告主がIMCの手法を採用していると答えており，マーケティング，販売促進・営業促進，広報，営業，経営トップなどと広告部門が連携をとりながら広告コミュニケーションが展開されている様子がうかがえる（日経広告研究所，2023）。

広告コミュニケーション活動の多様化と複雑化によって，広告主が社内で広告コミュニケーションすべてを内製化することは難しくなっている。かつては，印刷広告やテレビCMなどの広告制作までを内製化していた広告主もあったが，広告メディアの多様化やクリエイティブ制作の専門化などの影響で，広告表現に関わるプロセスを内製化している広告主は少なくなってきた。広告費の取扱金額が大きな企業のなかには，広告部門の一部が分社化するなどしてハウス・エージェンシーになる場合もある。特定の広告主を取引先とするハウス・エージェンシーには，サントリーのサンアド，トヨタのトヨタ・コニック・プロ，三菱電機のアイプラネットなどがある。また，事業規模が大きく，グループ全体で事業領域ごとに事業部制

表 2-1 広告宣伝部門が担当している業務

（単位：%）

	すべて	一部	行わない
ホームページの制作・管理	36.3	52.0	10.3
自社 SNS アカウントの管理	47.1	36.8	14.8
ユーザー（既存顧客や会員）への各種情報告知	28.3	40.8	29.6
統合的なデータ管理，分析	20.6	61.4	16.6
媒体広告以外の手法を使った展開の企画・運営	36.3	55.2	7.6
販売促進業務	29.6	37.2	31.8
広報業務	29.1	35.4	34.5

（注） 無回答を含むため合計値は 100% にならない。
（出所） 日経広告研究所（2023）『広告主動態調査 2023 年版』11 ページ。

やカンパニー制を採用して，独立性の高い組織形態を採用している広告主のなかには，商品の販売やマーケティングに関連する機能を専門的に手がける販売会社に広告コミュニケーションを担当させることもある。たとえば，キヤノンのキヤノンマーケティングジャパングループやソニーのソニーマーケティングなどがある。

このように，広告コミュニケーションの多様化により，広告部門の機能の多くは広告会社をはじめとする外部組織の活用が進んできた。その一方で，広告活動全体を内製化する動きもある。アーンド・メディアやオウンド・メディアなどの出現や情報通信技術の発展により，広告主が広告コミュニケーションや売上げに関する詳細なデータなどを入手することができるようになり，データを分析するデジタル・マーケティングなどの部門や人材に対するニーズが高まっている。日経広告研究所の調査では，ホームページの制作・管理，自社 SNS アカウントの管理，ユーザーへの情報告知，統合的なデータ管理，分析，媒体広告以外の手法を使った企画・運営，販売促進業務，広報業務などが広告部門の担当する業務として挙げられており，デジタル広告に関連する業務を広告主が内製化していることがわかる（表 2-1；日経広告研究所『広告主動態調査 2023 年版』）。

2 広告会社の存在

広告コミュニケーション活動のすべてを広告主内部の組織で行うことはできない。広告主の広告部門は組織の支援部門として位置づけられることが多く，部門に所属する従業員数も決して多くはない。広告部門に所属する従業員の人数は，平均して 20 人にも満たないとされる（日経広告研究所，2023）。したがって，広告主は自社内の部門にない知識や機能を外部の組織（企業）に依存することになる。このような関係性を**エージェンシー・リレーションシップ**という。この関係性は，ビジネスなどでは幅広く見られる。広告主の販売会社も営業支援や販売促進を担っているし，スーパーやコンビニエンス・ストアなどの小売業者も製造業者の商品を取り扱って販売する役割を担っている。サービスにおいても旅行代理店のように，航空会社，鉄道会社，宿泊施設，観光施設などの調整役を果たしている業態もある。

広告会社は，広告コミュニケーションだけでなく，マーケティング活動全般についての知識を有しており，広告主の広告部門を直接的に支援する役割を果たしている。また，日本では，広告会社と媒体社との結びつきが強いという歴史的背景もあり，広告主と媒体社との間を調整する役割も大きい。

代理業の意味

広告コミュニケーション活動には，広告主の外部にある多くの組織が関わってくる。広告会社（広告代理店）は広告主と外部の組織との調整役を果たしており，広告コミュニケーション活動の理解に欠かせない存在となっている。

現在の広告会社の歴史には諸説あるが，最も大きな広告市場であるアメリカの草創期の広告会社は，新聞などの媒体社の広告スペースを販売する代理店として始まったとされる（小泉，2022）。彼らは，媒体社の保有する広告スペースを，広告主や広告会社に販売することをビジネスとしており，このような事業は**メディア・レップ**とも呼ばれる。これとは別に，広告主の広告活動を支援する広告会社も発生し，広告コピーを書いたり，マーケティングの調査を行ったりするようになった。

このように，広告会社は媒体社と広告主それぞれのビジネスを円滑に進める目的で発生したと考えられる。日本では，新聞社の広告スペースを販売する営業部門としての広告部門と関係の深い広告会社が多いとされる。また，テレビ局が開設するにあたっても，新聞社や大手広告会社が出資をしたという歴史的な経緯から，とくに大手の広告会社は，広告主の広告コミュニケーション活動の支援と媒体社の広告スペースの販売支援という２つの役割を果たしている。

日本の広告会社の存在意義としては，広告主のコスト削減と効率化，媒体社のコスト削減と効率化，広告会社の品揃え機能や金融機能などを挙げることができる。広告主が限られた人的資源で，媒体社や広告制作会社などの関連会社と直接的に取引することは非効率になる。広告コミュニケーションの企画実施能力のある広告会社に業務を依頼することで，目的に適した媒体社や制作会社などを選択したり，取引に関する業務を委託したりすることによって，広告コミュニケーションを効率よく実施することができる。同様に，媒体社も自社の広告スペースを販売する知識と取引先である広告主の情報とを有する広告会社に営業を支援してもらうことにより，媒体スペースの販売を効率的に行うことができる。また，広告会社が介在することによって，広告主も媒体社も取引数を減少させることができ，効率的なビジネスにつながる。

広告会社の品揃え機能は，大手広告会社の機能として顕著に見られるものである。表 2-2 に見られるように，広告会社の主なビジネス領域には，IMC を実施するためのあらゆるコミュニケーション活動が含まれているといっても過言ではない。また，広告コミュニケーション活動を超えて，広告主の事業そのものに関わるコンサルティング業務などを提供する能力を有する広告会社もあれば，スポーツ，イベント，アニメなどのコンテンツ・ビジネスを得意とする広告会社もある。欧米の広告会社はそれぞれが専門分野に特化した強みをもつとされており，日本の広告会社は広告主の広告コミュニケーション活動を 1 度にまとめて支援できる体制があるとされる。

広告会社の金融機能は，日本の広告ビジネスにおける商習慣に由来する。日本では，広告主から広告会社への支払いが手形によって行われていた。手形にすることで広告主は，媒体手数料を含めた支払いを先延ばしにすることができる。この支払いには媒体社への支払いも含まれているが，広告会社が手形を決済して現金化するには数カ月かかる場合がある。ところが，広告主から媒体社への媒体使用料は，広告を出稿した月に支払うことになっており，媒体社にとってみれば手形の決済を待っていると手元に売上げが入るのが遅くなってしまう。大手の広告会社は，手元に資金を保有することにより，手形の支払期限よりも前に媒体手数料を媒体社に支払い，媒体社の資金繰りを支援することができる。このように，広告会社は広告主と媒体社の間で金融の機能を果たしてきた。このような経緯

表 2-2 広告会社の主なビジネス領域

分野	具体的作業種目
ストラテジック・プランニング	・ターゲット戦略 ・ポジショニング戦略 ・コンセプト開発 ・市場導入戦略 ・キャンペーン企画 ・商品開発 ・事業開発 ・事業戦略，企業戦略コンサルティング
ブランディング／コンサルティング	・ブランド管理 ・ブランド開発 ・ブランド・コンサルティング
クリエイティブ	・キャンペーン企画 ・テレビ広告 ・新聞広告 ・雑誌広告 ・ラジオ広告 ・インターネット広告 ・グラフィック ・タレント・キャスティング
プロモーション	・戦略プランニング，コンサルティング ・データ開発・管理・分析 ・マーケティング・プログラム開発 ・ダイレクト・マーケティング ・データベース・マーケティング ・チャネル・プロモーション ・インナー・プロモーション ・セールス・プロモーションツール制作 ・セールス・プロモーション媒体 ・サンプリング ・サイン計画・制作 ・パッケージ制作 ・店舗設計
デジタル／インタラクティブ・マーケティング	・ダイレクト・レスポンス広告 ・CRM ・データベース・コミュニケーション

コーポレート・コミュニケーション	・企業・商品広報戦略 ・ソーシャル・コミュニケーション
リサーチ	・市場調査 ・消費者調査 ・流通調査 ・商品テスト ・テスト・マーケティング ・需要予測 ・広告調査 ・広告効果測定
メディア＆コンテンツ	・メディア・プランニング ・メディア・バイイング ・メディア＆コンテンツ・プロデュース ・システム・ツール開発 ・メディア・トラフィック
イベント・プランニング／プロデューサー	・各種展示会のブース企画・デザイン・運営 ・博覧会，コンベンション，国際イベントの広報・運営 ・イベント，周年行事，式典 ・PR 施設 ・店舗・商業施設開発
グローバル・オペレーション	・各営業種目の海外展開

（出所） 日本広告業協会（2022）24 ページ。

から，テレビ局では取引のある広告会社経由でないと，広告枠の買付けがしにくいという状況が続いているとされている。

日本の広告会社は，広告主と媒体社を仲介しながら，広告ビジネスを支援する役割を果たしているといえる。

広告会社のタイプ

広告会社は，事業規模，専門分野，取引範囲などによって分類することができる。前項の広告会社の存在意義のところで説明したように，テレビや新聞などを扱う場合，金融機能を発揮するためにはある程度の事業規模が必要となる。表2-2の業務内容は，総合広告会社のものといってよいだろう。マーケティングやコミュニケーション活動だけにとどまらず，スポーツやエンタテインメントなどのコンテンツ・ビジネスを展開する能力を有し，広告主の求めるニーズに幅広く応えることができる。国内の広告会社では，電通，博報堂DYホールディングス，アサツーDK，東急エージェンシーなどが規模の大きな広告会社のグループである。以前は，広告会社別の売上高などが示されていたこともあったが，近年では，広告会社単体での売上げなどを把握することが困難になってきており，グローバルな展開も増えてきていることから，単純な比較は難しくなっている。なお，日本でいう総合広告会社は，**フルサービス・エージェンシー**といわれる。

欧米では，1業種1社といって1つの広告会社が競合する広告主と取引することはないとされる。一方で，日本の広告業界は，グループ会社も含めた総合広告会社の力が強く，テレビなどの媒体確保能力も高い。そのため，大手の広告主と総合広告会社の取引も多くなる。大手の広告会社は，競合する広告主を別の部署で扱うなどして情報セキュリティに配慮をしている。

専門分野に特化した広告会社は，**専門広告会社**とも呼ばれる。交通広告，ダイレクト・マーケティングなどのメディアに特化したもの，不動産や医薬品などの業種に特化したもの，媒体計画に特化したメディア・エージェンシー，広告表現に特化したクリエイティブ・エージェンシー，デジタル・メディアに特化したデジタル・エージェンシーなどがある。デジタル・エージェンシーには，ABEMAやゲームなどの事業も手がけるサイバーエージェントなどがある。一方，専門分野に特化した規模の小さな広告会社をブティック（エージェンシー）などと呼ぶ。広告制作を専門とするクリエイティブ・ブティックのなかには，ADK クリエイティブ・ワンの addict のように大手広告会社の社内広告会社（インハウス・エージェンシー）も存在する。このほかにも，販売促進，PR，市場調査などに特化した広告会社や企業がある。

取引の範囲が限定されている広告会社は，ソニーとフロンテッジのように広告主との取引範囲が限定的なハウス・エージェンシーと，JR 東日本企画のように媒体社との取引範囲が限定的なハウス・エージェンシーがあり，メディア・レップの役割を果たしている広告会社もある。広告主の側から考えれば，資本関係などの強い関係がある広告会社があることで，情報管理が容易になり，継続的な関係を維持しやすくなるというメリットがある。また，媒体社との関係が深い広告会社は，当該媒体社の広告枠を入手する能力が高く，媒体費用も安価に抑えられることから，広告主が特定の媒体を使うときに優先的に契約される傾向にある。

最近では，情報技術の発展により，データを重視したマーケティングに注目が集まっている。そのため，IT 企業やコンサルティング会社を母体とする広告会社も増えている。データを扱う技術を有するアドビや IBM，広告主内のデータやシステムを管理してきたアクセンチュアやオラクル，監査法人を主としていたデロイトや PwC といった企業も広告ビジネスに参入している。

広告会社の組織と業務

広告会社の組織には，営業部門，媒体部門，クリエイティブ部門，マーケティング部門，セールス・プロモーション部門，PR 部門，デジタル／インタラクティブ部門，マネジメント部門などがある。営業部門は，広告主との連絡窓口の役割を果たすと同時に，広告会社内部の調整役も担っており**アカウント・エグゼクティブ**（AE）

とも呼ばれる。媒体部門は，媒体社に対する窓口であり，メディアの買付けと媒体計画を担当する。媒体計画の立案担当者は，メディア・プランナーとも呼ばれる。クリエイティブ部門は，広告主の立てた広告目標を達成するための広告物を作成する。作業全体を管理するディレクター，コピーライター，デザイナー，CMプランナーなどの分業体制になっている。マーケティング部門は，広告計画立案の理論的な背景に関わる作業を担当し，広告商品やブランドなどについての調査を行うこともある。広告主やブランドの調査に基づいて広告計画を立案する仕事を**アカウント・プランニング**，担当者を**アカウント・プランナー**ともいう。広告主からの多様なニーズに対応するために，SP，PR，インタラクティブ・メディアなどの専門性の高い部署が存在する場合もある。マネジメント部門には，経理や法務などが含まれることもあり，広告会社の企業運営だけでなく，広告キャンペーンが適切に実施されているのかを確認する役割も果たしている。

広告会社の業務は，広告計画の立案に関わり，社内外の組織との調整を経て，広告計画を実施に導いていく一連の手続きである（図2-1）。一般的な流れとして，広告主から広告キャンペーンの説明を受ける**オリエンテーション**がある。オリエンテーションに呼ばれるかどうかは，その広告主と広告会社との関係性が反映されることがある。それまでの取引を継続して広告会社が選択されることもあれば，多くの広告会社を集めてオリエンテーションが開催されることもあるし，広告会社の提案が基礎になる場合もある。オリエンテーションには，広告会社の営業を中心としたメンバーが呼ばれることが多い。オリエンテーションでは，ターゲットなどの情報を含んだ広告商品の概要，キャンペーンのスケジュール，広告表現や媒体の要望，予算などが示される。

図 2-1　広告業務の流れ

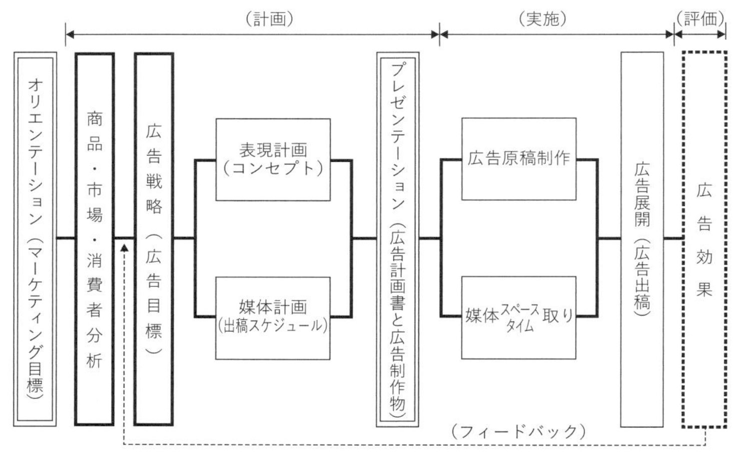

（出所）　日本広告業協会（2022）30 ページ。

オリエンテーションを受けた営業部門は，他の部門の担当者を集めてチームを組織する。必要に応じて，外部の関係者が組み込まれることもある。広告計画の立案には，広告計画全体に関わるマーケティング的な要素，表現計画，媒体計画，SP や PR などの組み合わせなどが含まれる。担当チームは，これらを考えながら広告主に説明する**プレゼンテーション**の準備を行う。プレゼンテーションの準備には，実際の広告表現がイメージしやすいように CM のサムネイルや動画などが用意されることもある。

広告主にプレゼンテーションをする広告会社が 1 社だけとは限らない。複数の広告会社が企画案を提案することを競合プレゼンあるいはコンペなどと呼び，広告主が評価した案を示した広告会社が選ばれる。広告会社に対する広告主の評価基準としては，クリエイティブ能力を含む企画立案能力，媒体確保の能力などがあり，複数

コラム 2　アメリカにおける広告主と広告会社との関係性

アメリカ広告主協会（Association of National Advertisers：ANA）は，広告主を対象にして広告会社に対する取引や報酬についての調査を実施している。広告主が広告会社に依頼している業務としては，広告表現，媒体計画と媒体購入，PR などの多いことがわかる（図 1）。デジタル・マーケティング・サービスや消費者の経験価値といった新しい分野もある。多文化市場を扱う広告会社が存在することも，アメリカのような市場の特徴といえるかもしれない。日本では総合広告会社にあたるフルサービスを提供する広告会社と取引しているのは，回答企業の 43% であり，大手の広告主であっても専門性を期待して広告会社と取引している様子がうかがえる。

図 1　広告主が広告会社を採用しているマーケティング・コミュニケーション領域

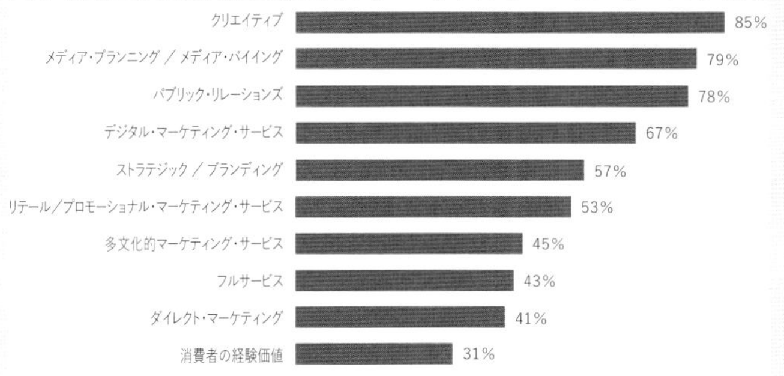

（出所）　Association of National Advertisers, 2022.
（注）　全 67 件。1 社あたり平均 3.33 エージェンシー。

2022 年の調査では，調査回答企業の 82% が広告会社の担当者が働いた時間に基づく報酬（フィー）を採用していることがわかった。1985 年には 70% が採用していた手数料（コミッション）は 2022 年には 7% にまで落ち込んでいる。アメリカにおいてフィーとコミッションとの関係が 30 年間あまりをかけて逆転してきたことになる（図 2）。報酬制度は，広告業界だけに限られた問題ではない。サービスの業績評価をすることは容易ではなく，さまざまな代理業などにおける変化も影響して労働時間を基礎とした報酬制度

図 2 報酬形態の推移

（注） 総数は全サンプル中の全代理店契約の合計。
（出所） Association of National Advertisers, 2022.

に落ち着いたと考えることができるかもしれない。

コミッションは，広告会社の提供するサービスの種類によっても異なっている。コミッションを採用している割合が大きいサービスは，メディアを扱う広告会社であり，フルサービスを提供する広告会社が続いている（図 3）。興味深いのは，どちらのサービス・タイプもコミッションとフィー以外の報酬形態（インセンティブ制度）の採用割合も高いということである。この報酬形態を採用しているのは，比較的大きな広告主に多いことも明らかになっている（図 4）。

規模の小さな広告主は，現在の報酬制度になんらかの不満があ

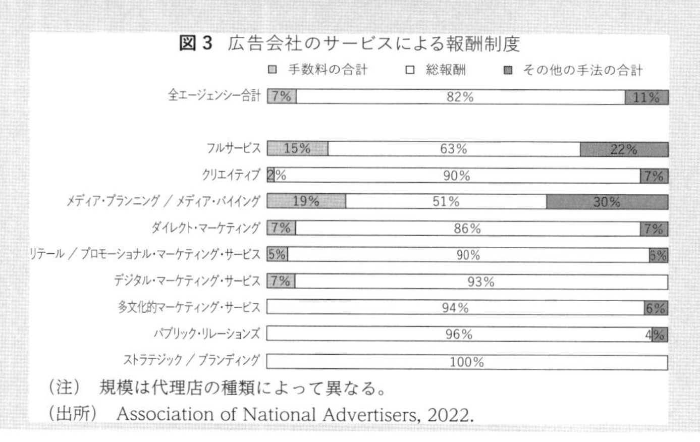

図 3 広告会社のサービスによる報酬制度

（注） 規模は代理店の種類によって異なる。
（出所） Association of National Advertisers, 2022.

図 4 広告予算規模とパフォーマンスによるインセンティブ制度の採用

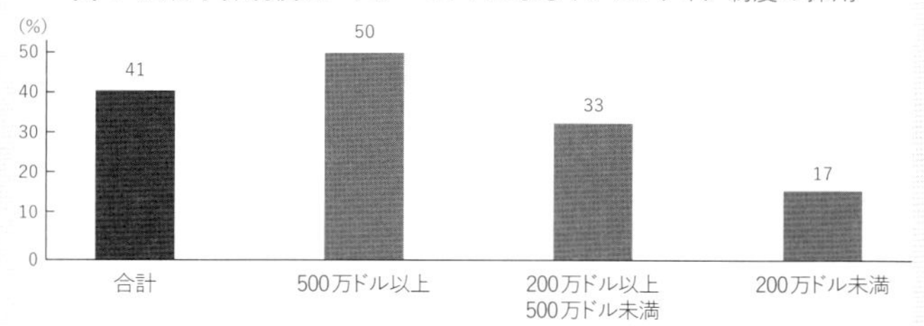

(注) 全 29 件。
(出所) Association of National Advertisers, 2022.

り，限りある資源を有効に活用するために，報酬制度の見直しを考えている（図 5）。

広告コミュニケーションの多様化が進み，新たなサービスを提供する広告主が出現すれば，広告主は限られた予算の割り振りを検討せざるをえなくなる。広告主がデジタル・マーケティングを得意とする広告会社と契約している割合が 67% に上っていることを考えると，その反動は他のサービスを提供する広告会社との取引に影響している可能性がある。デジタル広告に関するサービスは，メディアに関連するサービスを提供している広告会社が提供することが多く，ANA は広告主を対象にして媒体計画や媒体購入を専門にした広告会社との取引についても調査を実施している。どちらの調査もインターネット上で閲覧できるので，参考にしてほしい。

図 5 現状の報酬体系の見直しを考えている割合（広告予算規模）

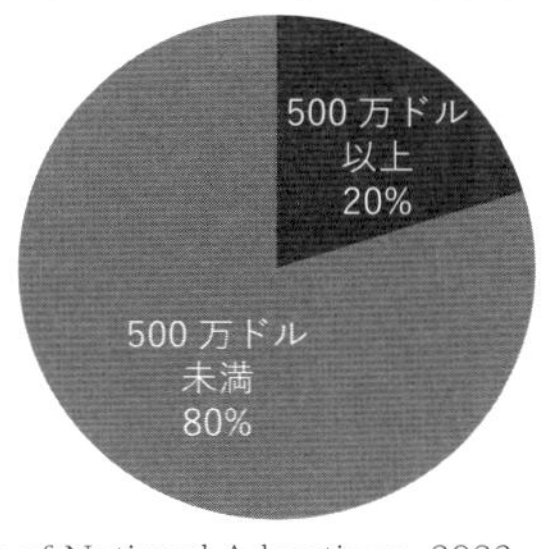

(出所) Association of National Advertisers, 2022.

の広告会社が選ばれることもある。企画案が選択されると，広告会社が広告主や媒体社をはじめとした組織と強調しながら，広告計画の具体的な実施に向けて作業を進めていくことになる。

広告会社の報酬制度

広告会社は，広告コミュニケーション活動を支援することにより，広告主や媒体社などの組織から報酬を得ている。この報酬には，売上高に一定の割合を乗じた手数料としてのコミッションと実際の活動に要した費用などに基づく支払い制度が含まれる。

コミッションは，媒体社の広告枠を販売したことによって得られるコミッション（媒体手数料）がよく知られている。コミッションは取扱金額によって報酬が決まる。たとえば，広告枠の価格が1000万円だとして，手数料率が15%だとすると，広告会社は1150万円を広告主に請求し，1000万円を媒体社に支払う。コミッションは，契約によって常に一定の割合が適用される場合もあれば，取扱高が大きくなるにつれて広告会社に支払うコミッションの割合が低くなる**スライディング・スケール**のコミッションもある。

フィーは，広告会社が提供するコンサルティング，法的な対応，会計などの業務について一定の金額を示して支払うもので，業務に関わる人員の人件費などに基づいて計算され，固定フィーとも呼ばれる。媒体によってはコミッション制度がないものもある。その場合には，フィーとコミッションを組み合わせた報酬が提示されることもある。アメリカ広告主協会の調査（Association of National Advertisers, 2022）では，半数以上の広告主がフィーに基づいた報酬制度を採用しているという。広告主と広告会社が合意のうえで，フィーに基づく全費用に対して一定の利率を上乗せしたコスト・プラス契約もあるが，その割合は限られている。

広告主の立場からすれば，フィー制度のほうが広告会社の提供するサービスに対する支出が明確に把握できるというメリットがある。しかし，広告会社の業務には高度に専門化されたサービスが含まれており，それらを金額として評価するのは容易ではない。また，広告会社は内部の費用を開示することに積極的にはなれないので，コミッションとフィーが組み合わせて使われることが多いともされている。

欧米では，広告会社の業務に対する質的保証を求めてインセンティブに基づいた報酬制度も導入されている。この報酬制度では，広告主と広告会社が，売上高や広告表現の質などのいくつかの項目について目標設定をして合意したうえで，広告活動の成果が上回れば大きな報酬を得ることができ，目標設定を下回ることになれば得られる報酬を減らすというものである。広告会社の評価項目には，売上目標，ブランドや広告の認知，広告目標の達成度，ブランド知覚の獲得，コピーテストの結果，市場シェアの獲得，利益目標などがある。

報酬制度は，関係するすべての当事者にとって納得いくようなものではない。支払いをする側は，できるだけ費用を抑えて，効果的に予算を使いたいと考えるし，支払いを受ける側は利益を最大化しようと考える。報酬制度は，実際に行われる広告会社の活動が基本となる。その意味でも，報酬制度は個々の広告主，広告会社，媒体社などの関係性に依存することもあるし，時代によっても変化しうる。なお，日本の広告会社の場合には，広告主が媒体社に支払う媒体費と広告会社のコストを合算した金額を広告主に提示することが多いとされている（小泉，2022）。

3 媒体社

媒体社は，広告を掲載する時間（タイム）や場所（スペース）を保有し，広告会社などを通じて広告枠を販売することで，利益を上げている。広告産業は，新聞，雑誌，ラジオ，テレビといったマスコミュニケーションの発展に伴って成長してきた。インターネットに関連する広告費が，マスメディアよりも大きくなってはいるが，マスメディアもインターネット上でもビジネスを展開しており，メディアの垣根は曖昧になりつつある。媒体社は，印刷媒体，放送媒体，屋外交通媒体，デジタル・メディアなどに分類することができる（第7章も参照）。

印刷媒体は，新聞と雑誌に代表される。新聞社の売上げの構成比は，2023年時点で販売収入49.9%，広告収入18.5%，その他収入31.6%となっている（日本新聞協会，n.d.）。広告収入が減少傾向にあり，その他収入が増加傾向にある。紙での販売部数は減少傾向にあって，デジタル・プラットフォームへの移行が進められている。雑誌は，マスメディアに分類されるが，特定のカテゴリーやターゲットを念頭に置いている。そのため，新聞のように，出版社の売上高構成比を一様に論じることはできない。近年では，大手の出版社を中心にeBookやオンライン配信などのデジタル事業が進んでおり，マスメディア由来のデジタル広告によって，最も多くの広告費を獲得している（電通，2023）。

放送媒体には，テレビとラジオが含まれる。テレビとラジオは画像があるかないかという大きな違いがあるが，国内において民放放送が始まった時期はいずれも1950年代であり，同じ業界と認識されている。購読料を支払う雑誌媒体とは異なり，民間放送媒体の場合には，テレビやラジオを受信可能な端末さえあれば，利用者が費用を負担することなく媒体を利用することができる。これは，放送局の多くが収入のかなりの割合を広告収入で獲得しているためである。テレビ局は，イベントなど従来からある放送外事業に加えて，有料配信サービスの買収，無料動画配信サービスの展開，有料動画配信サービスへの番組コンテンツ提供などによって収益の多角化を図っている。ラジオは，自宅や自動車で聴かれることの多い媒体と認識されていたが，オンライン・アプリの普及により聴取者を若年層にも広げつつある。

屋外交通広告には，屋外で露出される広告を掲載する媒体が含まれる。電車やバスなどの公共交通機関の施設設備や幹線道路沿いに設置された看板などを保有する企業や組織が媒体社となる。屋外交通広告は，消費者の購買地点に近いところでの広告露出が可能であるという特性を有していたが，効果測定方法に課題があるとされてきた。近年は，電子マネーやスマートフォンなどの情報を用いて，人の流れを把握することができるようになったり，大型のデジタル・サイネージやオンラインのデジタル・サイネージなどの普及などもあり，とくに繁華街や乗降客の多いターミナル駅などで媒体の開発が進んでいることから，広告費も増加傾向にある。

デジタル・メディアは，この 20 年間で急速に伸びてきた。サービスの多くが無料で，広告収入に頼ったビジネスモデルを展開していた。2000 年代中ごろに現在のようなソーシャル・メディアがサービスを開始した。また，ほぼ同時期に現在のようなスマートフォンが市場導入され，デジタル広告に占めるモバイル端末の広告比率が高まっていった。モバイル端末の普及により，消費者は時間と場所を選ぶことなく，オンライン・サービスを活用できるようになり，生活時間におけるモバイル端末の利用時間が伸びていくことになる。オンライン・サービスでは利用者の情報を技術的に獲得することが容易であったことやスマートフォンでオンライン・ショッピングができるようになったことにより，広告主もオンライン・メディアに注目するようになっていった。

最近では，**サブスクリプション**と呼ばれる有料のサービスも受け入れられるようになっており，EC（オンライン販売）サイトや有料動画配信サービスなども広告媒体として認識されるようになりつつある。一部のテレビ受像機では，オンラインの動画配信サービスがリモコンにプリセットされるようにもなっている。インターネットに接続されたテレビは，**コネクテッドTV**とも呼ばれている。

このように，インターネットが普及した現在，多くの媒体社が従来のビジネスモデルだけにこだわるということはなくなりつつある。むしろ，それぞれの媒体がもともと有していた特性とデジタル・メディアの特性を組み合わせながら，自社の媒体価値向上を図ろうとしている。

Bibliography 引用・参考文献

Association of National Advertisers (2022) *Trends in Agency Compensation*, 18th Edition. https://www.ana.net/miccontent/show/id/rr-2022-11-ana-trends-in-agency-compensation

Beals, D., T. Trowning, & W. Greg (2022) *Trends in Agency Compensation*, 18th ed, Association of National Advertisers.

Beals, D., & B. Elliott (2019) *Media Agency Compensation Practices*. Association of National Advertisers. (Association of National Advertisers サイト内 https://www.ana.net/miccontent/show/id/rr-2019-media-agency-compensation)

電通（2023）「2023年 日本の広告費」https://www.dentsu.co.jp/kno

wledge/ad_cost/2023/index.html
Keller, K. L.（2016）Unlocking the Power of Integrated Marketing Communications: How Integrated is Your IMC Program? *Journal of Advertising*, 45, pp. 286–301.
小泉秀昭（2022）『有機体的広告論――デジタル社会に向けてのもうひとつの広告思想』八千代出版。
Madhavaram, S., V. Badrinarayanan, & R. E. McDonald（2005）Integrated Marketing Communication（IMC）and Brand Identity as Critical Components of Brand Equity Strategy: A Conceptual Framework and Research Propositions. *Journal of Advertising*, 34, pp. 69–80.
日本広告業協会（2022）『〈新版〉広告ビジネス入門』［第 24 版］日本広告業協会。
日本広告業協会（2023）「新聞社の総売上高の推移」https://www.pressnet.or.jp/data/finance/finance01.php
日本新聞協会（n.d.）「新聞社の総売上高の推移」https://www.pressnet.or.jp/data/finance/finance01.php
日経広告研究所編（2023）『広告主動態調査 2023 年版』日経広告研究所。

コミュニケーション・プロセス

第 3 章 Chapter

情報のやり取りとしての広告

Quiz クイズ

Q 人間のコミュニケーションのプロセスを説明するために用いられるシャノン＝ウィーバー・モデルは，もともとは何のプロセスを説明するモデルであっただろうか。

a. 電気通信
b. 手話
c. Eメール
d. 手紙

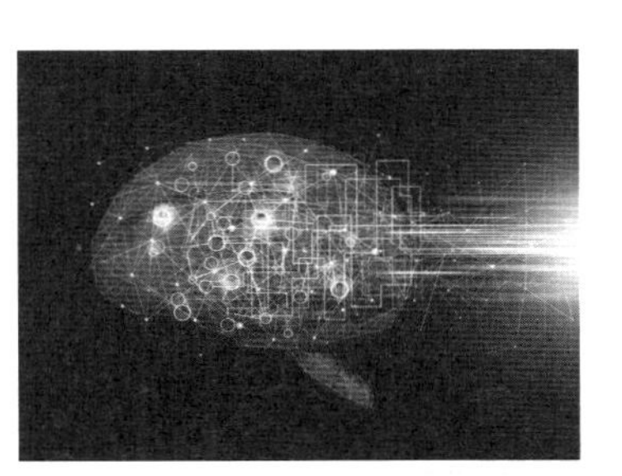

脳内の思考も情報伝達の一種。
（©Hajime_Ishizeki / amanaimages）

Chapter structure　本章の位置づけ

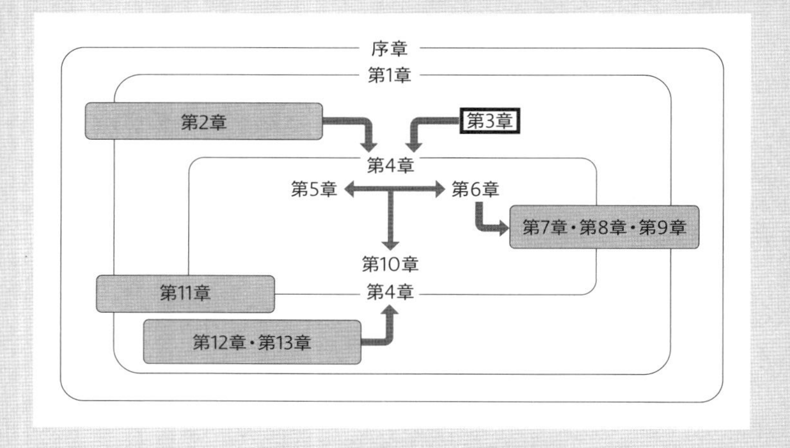

Summary　本章の概要

広告戦略の立案を効率化し，コミュニケーション効果を最大化するためには，消費者が広告主から発せられたメッセージをどのように情報処理するかを理解することが重要である。広告コミュニケーションの効果をモデル化して捉える取り組みは，数多く試みられている。

本章では，広告主から発せられた広告メッセージを消費者が受容するまでのプロセスがどのように進むのか，どのように研究されてきたかを著名なモデルを紹介しながら説明する。

クイズの答え：a

広告のメッセージ伝達のプロセスは，しばしばコミュニケーションという言葉によって説明される。コミュニケーションとは，「意味の理解と共有のプロセス」(Pearson & Nelson, 2000) と定義される。広告の文脈に置き換えると，**広告コミュニケーション**とは，広告主（送り手）から発信された広告メッセージを，消費者（受け手）自らがもつ知識や共通のコンテクストによって理解し，意味が共有されるプロセスである。そのため，広告メッセージの伝達プロセスを理解するためには，メッセージの送り手となる広告主だけでなく，受け手となる消費者側の要因も検討しなければならない。

消費者は日々，さまざまな広告媒体を通じて広告主から発せられるメッセージを受け取っている。どの広告主から発せられた情報なのか，どの広告媒体を通じて発せられた情報なのか，などの要因によって消費者のメッセージの受け取り方が変わる。たとえば，過去の発言や実績などから信頼している専門家がテレビで商品を推奨している場合と，よく知らないインフルエンサーがSNS上で商品紹介をしている場合を比較すると，消費者は前者の情報を信頼し，購入したいと考えるだろう。しかし，特定のインフルエンサーを好きな消費者にとっては，インフルエンサーのメッセージのほうが買いたい気持ちになるかもしれない。このように，広告メッセージの情報源や広告媒体の信頼性，そして受け手となる消費者の個人特性は，複雑に関係しながら広告メッセージの受容に影響を及ぼす。

1　広告とコミュニケーション

広告効果をモデルとして捉える

統合型マーケティング・コミュニケーション（IMC）戦略を展開

する広告主や広告会社は，効果的かつ効率的に広告キャンペーンを展開するために，消費者が広告をどのように受け止め，それが購買行動にどのようにつながるかを深く理解する必要がある。この理解をもとに，広告メッセージが伝わりやすい広告表現を考え，さまざまなメディアを通じて消費者に伝える。これらの要因は，消費者の認知，態度，および行動に複雑な影響を及ぼす可能性があるため，表現戦略も媒体戦略も総合的に考慮して慎重に策定する必要がある。

広告が消費者に影響を与えるプロセスを概念的な**モデル**として捉える試みが古くから存在する。モデルとは，「型」や「模型」を意味し，モデル化とは「物事の構造や仕組み，関係性などを単純化して表し，とらえやすくすること」である（村山，2022)。つまり，**コミュニケーション・プロセス・モデル**とは，メッセージが送り手から受け手に伝わるコミュニケーションのプロセスを時系列で捉えた概念図のことである。

広告効果を説明するモデルである**広告効果モデル**は，広告主から発せられた広告の情報がどのように消費者に伝わるかを説明する際に用いられ，広告目的，ターゲット，メッセージの内容，媒体の選択，効果測定など，広告戦略の設計に重要な示唆を与える。

2つのアプローチ

マーケティングにおける消費者行動を捉えるモデルには，2つの主要なアプローチが存在する。1つめは**S-R アプローチ**と呼ばれ，消費者行動を**刺激**（stimulus）と**反応**（response）の2つの次元で捉える。S-R アプローチに基づいた代表的なモデルとして，**市場反応モデル**が挙げられる。このモデルでは，**マーケティング・ミックス**（4P）の各要素に関わる変数が刺激に該当し，そのマーケティング刺激に対する消費者の購買行動変数（売上げ，市場シェア，ブランド選択など）が反応に対応する。このアプローチは，非常に単純化されており，消費者行動を容易に推計する手段として有効である。しかし，刺激からどのようなプロセスを経て反応に至ったかの消費者心理，消費者の個人特性による差異などが十分に考慮されず，ブラックボックスとなっている。

広告における市場反応モデルは，広告出稿に対する市場の反応を推計する計量モデルである。たとえば，広告投入量（広告費など）を刺激とし，売上高を反応としてモデル化することにより，広告投入量が多いほど，売上げが上がる関係性が推測できる。従来の広告費や売上げデータから，両者の関係をモデル化することによって，新しい広告キャンペーンの効果を推計することができる。広告費と売上高の2要因だけで広告効果を説明しようと試みたモデルであるため，他のマーケティング・ミックス要因がまったく考慮されていないという批判もあるが，最も容易に広告効果を説明したモデルであり，過去のデータの蓄積から広告効果を推計することに役立つ。

やがて，S-R アプローチの限界が指摘されるようになり，消費者心理の解明に重点が置かれる次世代の消費者行動モデルが提唱されるようになった。これが従来の S（刺激）と R（反応）に加え，消費者としての O（有機体：organism）を考慮する，**S-O-R アプローチ**に基づく2つめの消費者行動モデルである。このアプローチでは，消費者の情報処理プロセスを考慮することで，消費者へのより深い洞察を提供するモデルを構築できるようになった。その結果，S-O-R アプローチに基づくモデルが消費者行動研究の主流となっている。

2　シャノン＝ウィーバー・モデル
——コミュニケーション・プロセス・モデルの代表例

広告が消費者に与える影響を深く理解するために，コミュニケーションを説明するモデルが適用されてきた。コミュニケーションを説明するモデルとしてとくに有名なのが，シャノン（C. E. Shannon）とウィーバー（W. Weaver）によって 1949 年に提唱された**シャノン＝ウィーバー・モデル**である（Shannon & Weaver, 1949）。彼らは，電気通信を説明するために開発したモデルを，人と人の間のコミュニケーションを説明するために応用した。このモデルによると，コミュニケーションには情報の送り手と受け手が存在し，情報の送り手がメッセージを信号に変換してから発信し，情報の受け手がその信号を解読することによって情報が伝わるとされている。

広告の文脈にこのコミュニケーション・プロセスのモデルを適用すると，メッセージの送り手は広告メッセージの送り手である広告主であり，受け手は一般消費者である。広告主は，広告目的を達成するためのメッセージ（広告メッセージ）を作成し，そのメッセージを広告コピー，ビジュアルや音楽などの広告表現要素に変換して，さまざまな広告媒体を通じて消費者に届ける。そして，消費者はその広告物を見たり聞いたりして，そのなかの広告メッセージを自分なりに解釈するのである。このモデルにおけるコミュニケーション・プロセスは，大きくいうと図 3-1 の要素から成り立っている。

- 情報の送り手——受け手に向けてコミュニケーションされるメッセージを作り出す情報源。広告においては，広告主やマーケターなどが含まれる。

図 3-1 シャノン＝ウィーバー・モデル

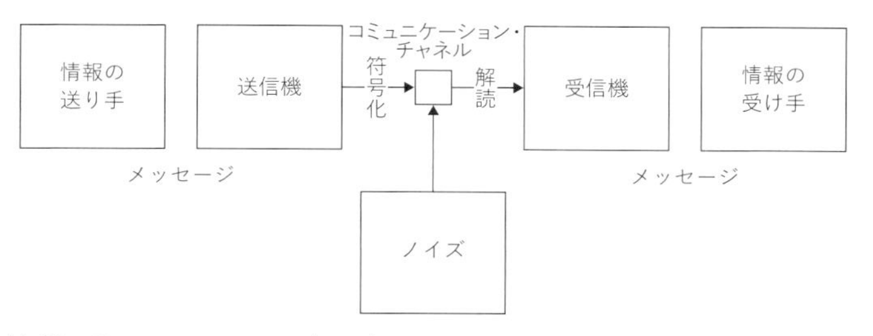

（出所） Shannon & Weaver (1949) p. 8 より作成。

- 送信機——チャネルを通じて伝達するために適切な信号にメッセージを符号化（エンコーディング）するもの。広告では，広告コピー，映像や音楽（ジングル）などの広告表現要素が該当する。
- コミュニケーション・チャネル——送信機から受信機へ信号を伝送するために使用される媒体。広告では，広告を出稿する際に用いられる広告媒体が当てはまる。
- 受信機——信号を解読（デコーディング）してメッセージに戻すもの。広告主が発した情報を広告から読み取るプロセスがこれに当たる。
- 情報の受け手——メッセージを受け取る対象（人やモノ）。広告では，広告商品のターゲットとなるオーディエンスである。

しかし，情報の受け手が送り手の意図した通りにメッセージを受け取ることは容易ではない。情報の送り手が意図していないことが信号に加わってしまうさまざまな阻害要因を「**ノイズ**」と呼ぶ。たとえば，他の広告主からの広告が競合情報（広告クラッター；第4・6・8章参照）となり，広告メッセージがそのなかに埋もれてしまうことで，伝達が阻害されることがある。また，広告主と消費者が共有する前提が異なるために理解に差が生じ，広告メッセージが正確に伝わらないことがある。

3 コミュニケーション・プロセスの各段階

送り手

メッセージの**送り手**（sender）が誰であるかがメッセージの受容において重要な役割を果たす。たとえば，医薬品を推奨する場合，専門的な知識をもつ有名な医師による推奨は，専門的な知識を有さない一般消費者による推奨と比べて，より安全で効果があると認識されるだろう。このように，メッセージの発信源の評価によって，メッセージの効果が異なるという現象を説明するモデルに**情報源信頼性モデル**（information credibility model）がある。

情報源信頼性モデルは，1951 年にホヴランド（C. I. Hovland）とウェイス（W. Weiss）によって提唱された（Hovland & Weiss, 1951）。情報源の信頼性とは，広告などの情報の発信源が信頼できる情報源として認識される程度のことである。情報源信頼性モデルによると，情報源の信頼性は**専門性**（expertise）と**信用性**（trustworthiness）の 2 つの要素で成り立っている（Hovland et al., 1953）。情報源の専門性は，情報源となる送り手が根拠に基づく正当な主張をする情報源であると知覚される程度を，情報源の信用性は，情報発信者自らが最も妥当だと考える主張を誠実に伝えてくれていると信頼する程度を指す。高い信用性をもつ情報源は，専門的であることが多く，両者は密接な関係にある。

さらに，情報源の信頼性を高める要因として，情報源の魅力性や類似性，好意度などについて多方面で研究が行われている。たとえば，有名人の起用よりも消費者に近い一般人や，YouTuberのような身近な存在を広告に起用したりする広告戦略が見られるが，情報源の類似性という概念に基づいて有効性が説明されている。

媒体／メッセージ

コミュニケーション・プロセスにおいて，**媒体**（channel）は送り手と受け手の間で媒（なかだち）となり，**メッセージ**（message）を媒介する役割を果たす。媒体は非人的メディアと人的メディアの2つに分類できる。

非人的メディアとは，「人間以外のコミュニケーション媒体」であり，テレビ，新聞，雑誌，ラジオなどの**マス4媒体**と呼ばれるメディアに代表される。一度に多くの消費者に対してアプローチできる特徴をもつが，人的メディアと異なり，個々の消費者に合わせたメッセージを提供することはできない。インターネットも従来の定義では，この非人的メディアに分類されるが，SNSなどを通じて個人間のコミュニケーションが可能になるため，双方の性質をあわせもつと考えられる。

一方，**人的メディア**とは，人間がコミュニケーションの媒体となる場合を指す。これには営業や販売員を利用したコミュニケーションが該当し，消費者1人ひとりに合わせたコミュニケーションが可能であり，反応を直接受け取ることができるのが利点である。さらに，消費者自身が情報の送り手となり，消費者同士のコミュニケーションを引き起こす場合も人的メディアに含める場合がある。この種のコミュニケーションは，BtoB（企業間）やBtoC（企業から消費者）と対比する言葉として，CtoC（消費者間）コミュニケーションと呼ばれる。

受け手

前述のように，コミュニケーション・プロセスには，メッセージの伝達を阻害する要因として「ノイズ」という概念が存在する。初期のシャノン＝ウィーバー・モデルでは，ノイズとしては主に電気信号の乱れを想定していた。広告コミュニケーションにこれを置き換えると，さまざまなメディアが増えたことによるメディア接触時の集中力低下をノイズとして捉えている。現在の消費者は複数のメディアに同時接触することが当たり前である。たとえば，テレビの視聴時にパソコンを利用するダブルスクリーンや，その２つに加え，モバイル端末を同時に使用するトリプルスクリーンなど，**マルチスクリーン**と呼ばれるメディア接触が特徴的である。

限界容量モデル

このようなメディア接触状況を説明したモデルに**限界容量モデル**（limited capacity model）がある（Lang, 2000)。このモデルによると，人間が情報処理する能力の容量には限界があり，オーディエンスが同時接触している複数のメディアから，情報をすべて受け取っているわけではない。たとえば，スマートフォンに注意が向けられているときは，テレビに向けられる注意は限定される。しかし，自らにとって関係のある番組内容であることがわかったときにのみ，テレビのほうに注意が向けられるようになる。つまり，複数のメディアに同時接触しているとき，人々の注意は分散し，１つのメディアに向けられる注意は限定的になる。注意力や集中力に利用できる脳のなかのリソースは**認知資源**と呼ばれ，人間がもつ認知資源には限りがあるため，メディアを取捨選択し，それを振り分けて接触をしているのである。

限界容量モデルによると，個人が所有している認知資源は限りがあり，１つのプールのようになっている。人はいくつもの情報を同時に処理することができるが，情報を処理するための認知資源を1つのプールから引き出し，それぞれの情報に配分して処理している。そのため，多くのタスクを同時に処理するほど，1つのタスクに割ける認知資源は少なくなる。さらに，認知資源の配分は単なる注意だけではなく，報酬や脅威などの動機づけによっても影響される。

メッセージの送り手は，このようなメディア接触状況を考慮し，消費者の限られた注意の奪い合いが起きている状況を理解しなければならない。たとえば，デザインや音楽，キャッチコピーなどで広告を競合情報よりも目立たせ，広告に対して注意を引くための工夫が必要である。また，消費者に対して，自身に関係のある情報であると認識させる必要がある。消費者が情報処理する優先順位の高いメッセージに認知資源を配分することを理解したうえで，コミュニケーション戦略を立案しなければならない。

レスポンス（反応）／フィードバック

消費者はコミュニケーションによって提供される刺激に対して，なんらかの形で反応する。これを**レスポンス**と呼ぶ。たとえば，消費者は広告を見ることで，広告商品の名前を記憶し，ブランドに好意をもち，最終的に購入に至る。また，インターネット利用が普及した現代では，バナー広告をクリックする，情報をソーシャル・メディア上で共有するなど，多様な反応の形態が存在する。

情報の送り手に対して，情報の受け手が反応を送り返すことを**フィードバック**と呼ぶ。広告主は，消費者からのフィードバックをもとに，コミュニケーションの成果を評価し，戦略の見直しや将来のコミュニケーション戦略の構築に役立てることができる。

営業や販売員を用いた人的コミュニケーションでは，売り文句に対する消費者の反応を受け取りやすい。しかし，不特定多数の消費者に対して一方的に情報を発信するマス媒体では，フィードバックの収集が難しい。そのため，広告主は消費者を対象とした調査を実施することによって，フィードバックから広告効果を測定してきた。インターネット広告は広告を見た消費者がどのくらいの割合で広告をクリックし，その後どのような行動につながったかを調べる効果測定の容易さがある。この点において，インターネット広告はマス媒体よりも重宝される。

4 広告コミュニケーションに特化した効果階層モデル

広告が多くのオーディエンスの目に触れたとしても，広告メッセージがオーディエンスに伝達されたとは限らない。効果的な広告メッセージを設計するためには，オーディエンスがメッセージをどのように受け取り，反応するかを理解しなければならない。そのためには，広告に接触する消費者の認知反応プロセスを明らかにすることが不可欠である。

S–O–R アプローチに基づく広告効果モデルは，消費者が広告露出からどのような心理変容を経て，購買行動に至るかを説明しようとするモデルである。この心理変容の過程を階層で捉えるモデルを**効果階層モデル**と呼び，消費者が商品を知らない状態から，広告によって存在や利便性を認識し，最終的に購入に至るまでの認知反応プロセスを解明する。広告に対する消費者の反応を説明した最も古典的なモデルとされる AIDA モデルから派生し，さまざまなモデルがこの課程を説明するために提唱されてきた。

図 3-2　AIDA モデル

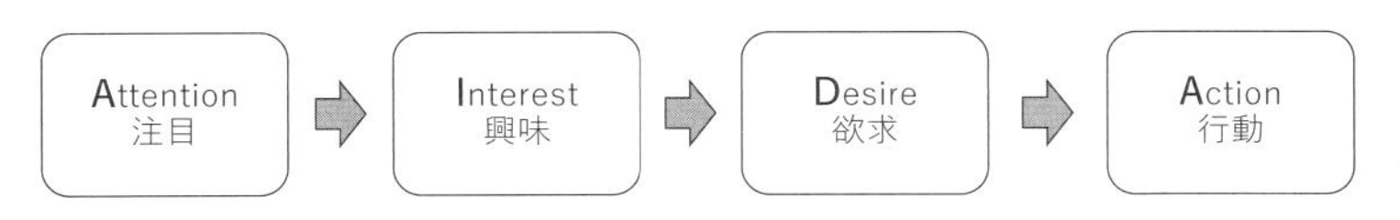

AIDA モデル

AIDA モデルは，その後の研究の潮流を生み出したとされる最初の広告効果階層モデルとして知られている。AIDA モデルの基となる考え方は，ルイス（E. St. Elmo Lewis）が 1898 年に提唱した“Attract attention, maintain interest, create desire”（注目を集める，興味を維持する，欲求を生み出す）というスローガンである（Strong, 1925；Vakratsas & Ambler, 1999）。その後，“get action”（行動を起こす）が付け加えられた。もともとは人的販売の効果を説明するモデルであったが，後に広告に転用された。そのモデルをもとに，ストロング（E. K. Strong）が 1925 年に *The Psychology of Selling and Advertising* 誌のなかで，AIDA モデルを提唱した（Strong, 1925）。AIDA とは，attention（注意），interest（関心），desire（欲求），action（行動）の頭文字を取ったものであり，商品について知識がない状態から，広告によって商品について注目し，関心を抱いた結果，購入したいという欲求につながり，購買行動を起こすというものである（図 3-2）。このモデルは，後に提唱された多くの広告効果階層モデルの基礎となっている。

AIDMA モデル

その後，印刷広告が普及し，人的販売に代わって主要メディアになった。この時代背景から，1924 年にホール（S. R. Hall）が人的販売を前提としたルイスのモデルを修正し，**AIDMA モデル**を提唱

図 3-3　AIDMA モデル

した（Hall, 1924）。人的販売とは異なり，印刷広告では接触した直後に購買に至るとは限らないため，「記憶の保持」つまり memory（記憶）の段階が必要だと考え，AIDA モデルに memory（記憶）を追加した（図 3-3；井徳，2014）。

DAGMAR モデル（ACCA）

1960 年代に入ると，さまざまな効果階層モデルが提唱され，消費者の反応が生起される順序の定式化が試みられた。コーリー（R. Colley）は，1961 年に **DAGMAR**（defining advertising goals for measured advertising results）**モデル**を提唱した（Colley, 1961）。DAGMAR とは，測定可能な広告効果によって広告目標を設定するという考え方である（第 4 章も参照）。つまり，消費者の認知反応プロセスの段階ごとに具体的で明確な広告目標を定め，測定可能な指標を用いて達成度を確認し，広告を管理するべきだとしている。DAGMAR では，商品を認知していない unawareness（未知）の状態から，awareness（認知），comprehension（理解），conviction（確信），action（行動）の段階を経る消費者認知反応プロセスを用いている。それらの頭文字を取って **ACCA モデル**と呼ぶ（図 3-4）。

また，DAGMAR に続き，ラビッジ（R. J. Lavidge）とスタイナー（G. A. Steiner）が広告効果測定のために，**ラビッジ＝スタイナー・モデル**を 1961 年に提唱した（内田，2019；Lavidge & Stein-

図 3-4　ACCA モデル

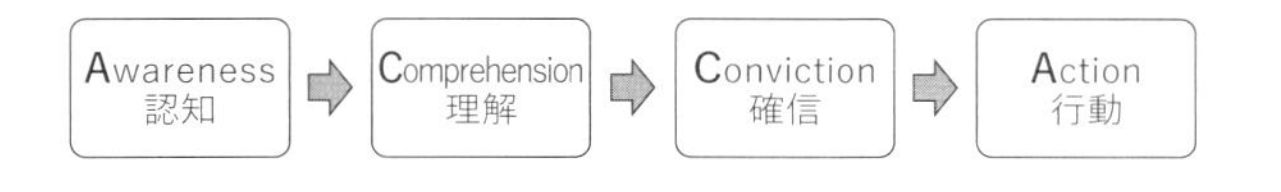

er, 1961)。このモデルは，ACCA モデルの「確信」の前に「知識」「好意」および「選好」というステップを追加し，製品の認知から購買に至るまでの消費者の心理変容過程を awareness（認知），knowledge（知識），liking（好意），preference（選好），conviction（確信），purchase（購買）の 6 段階で捉えている。

AISAS モデル：インターネット時代の効果階層モデル

2000 年代に入ると，インターネットの普及に伴い，情報を自ら発信するアクティブ・コンシューマーと呼ばれる消費者が登場した。この新しい消費者行動プロセスを説明するモデルとして，**AISAS モデル**が提唱された（図 3-5；秋山・杉山，2004)。インターネット環境特有の検索（search）と情報共有（share）が AIDMA モデルに組み込まれた点に独自性があり，購買前におけるインターネット上のクチコミや商品情報の検索，購入後の他者への情報共有がモデルに含まれている。

図 3-5　AISAS モデル

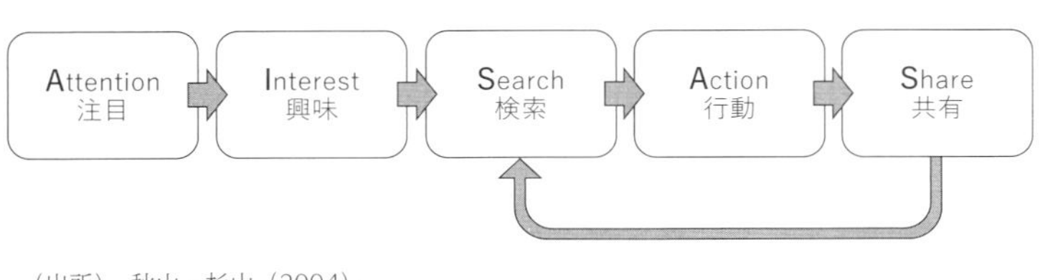

（出所） 秋山・杉山（2004）。

Column 3

コラム 3　SNS のコミュニケーション・プロセス　本章では，AIDMA や AISAS などの従来ある広告効果階層モデルをいくつか紹介した。しかし，現在の消費者行動は，単に広告を見て商品を購買するというスタイルから，インターネットや SNS での情報収集・拡散を前提としたものへと大きく変化している。

Z 世代の購買行動では，SNS をはじめとしたソーシャル・メディアが購買行動に大きな影響を与える。SNS 上でフォローしている友人・知人，インフルエンサー，企業アカウントの投稿から，商品の情報やその有用性を知ることが一般的である。

SNS の特徴は，購買だけに留まらず，他のユーザーに対して拡散できるという点にある。それらの情報に「いいね」したり，他者と共有することによって情報が拡がる。その商品を購入して使用した感想を投稿する。そして，それをまたフォロワーが見て再び共有するというサイクルができあがる。

近年は，こうした SNS に特化した消費者行動を捉えるためのモデルがいくつか提唱されている。たとえば，SIPS モデルは，AISAS と同様に広告会社の電通が提唱したモデルであり，元電通の佐藤尚之氏を中心としたメンバーで構成されるサトナオ・オープン・ラボが 2011 年に発表した（電通コーポレート・コミュニケーション局，2011）。このモデルは，ソーシャル・メディアに対応した生活者の消費者行動をモデル化しており，「共感する」(sympathize)，「確認する」(identify)，「参加する」(participate)，「共有・拡散する」(share & spread) という 4 段階で説明している。SIPS は，ソーシャル・メディアの情報に対して，「生活者が共感すること」が何よりも重要であるとしている。生活者は共感した情報を，検索などあらゆる手段で確認し，コミュニティに参加したり，企業の販促活動に参加したりする。さらに，友人や知人と共有し，拡散することで，他の生活者の共感を生み出すという循環を説明している。同社が提唱した AISAS を土台として，ソーシャル・メディアの視点でモデルを発展させたものである。

また，SNS マーケティング支援事業を営む株式会社ホットリンクが2019年に提唱したUGC（user generated content）の活用を説明したULSSAS（ウルサス）というモデルがある（ホットリンク，n.d.)。UGCとは，ユーザー生成コンテンツと訳され，「一般ユーザーによって作られたコンテンツ」を意味する。たとえば，SNSにおける生活者の投稿である。企業アカウントとユーザーの「1対*n*」の関係よりもユーザー同士の「*N*対*n*」の関係が重要であるとしている。ユーザーがUGCを生成した時点を起点とし，「U」(UGC：ユーザー投稿コンテンツ)，「L」(like：いいね)，「S」(search1：SNS検索)，「S」(search2：Google／Yahoo！検索)，「A」(action：購買)，「S」(spread：拡散）というプロセスをたどるとしている。つまり，ユーザーが商品に関する投稿をSNS上に投稿し，他のユーザーがいいねや共有をし，「いいね」がついた投稿に関してSNS検索や検索エンジンを使って検索して購買に至る。そして，その購買した商品の情報をまたSNS上に拡散する。このモデルの特徴はファネルではなくフライホイール（弾み車）の構造をしており，拡散された情報がまた「いいね」され，ULSSASのサイクルが自走していく構造を説明している。

また，日本プロモーショナル・マーケティング協会が2019年にRsEsPs（レップス）モデルを提唱している（日本プロモーショナル・マーケティング協会，2019)。RsEsPsは，モバイル・デバイスとSNSの普及した現代のメディア環境を考慮した消費者行動の説明を試みている。まず，商品認知からの意思決定プロセスを「認識」(recognition)，「体験」(experience)，「購買」(purchase）の3つのプロセスに大きく整理している。「知る」「興味関心」「理解」するまでが「認識フェーズ」，体験を通じてブランド価値を体験する段階が「体験フェーズ」，購買ブランドの意思決定までが「購買フェーズ」である。さらに，それぞれ段階の間にSNSなどによる「検索」(search)，「共有」(share)，「拡散」(spread）が「s」として存在している。それぞれのフェーズにおいて検索した情報を誰かに知らせたいという消費者の欲求が作用している様子を説明している。

以上で紹介したモデルは日本で提唱されたもので，実際に実務のマーケティング戦略の立案に活かされている。さまざまな消費者行動の意思決定プロセスをモデル化しようとする試みは現在も存在し続けており，今後も大きく消費者行動に変化が起こるような環境の変化が起きるたびに，モデルが改良されていくだろう。

コミュニケーションの認知処理

消費者の広告メッセージに対する認知処理を明らかにするためのアプローチは複数存在している。なかでも**認知反応アプローチ**は，広告メッセージの認知処理を明らかにするために広く用いられる手法である。このアプローチでは，消費者の認知反応，つまり広告メッセージを読んだり，見たり，聞いたりした際に生じる思考を評価する。広告露出によって引き起こされるさまざまな認知反応を製品／メッセージ，情報源，広告訴求の３つの基本的なカテゴリーに分けて考える。これらのカテゴリーにおける認知反応が広告態度，ブランド態度を形成し，購買意図につながる様子を説明している。

態度とは好き，嫌いなどの情緒的反応のことである。つまり，**広告態度**や**ブランド態度**とは，露出された広告や広告商品のブランドに対してオーディエンスが好ましいと感じているか，好ましくないと感じているかの感覚である。これらの**情緒的反応**が広告効果の決定的な要因であり，広告態度がブランド態度と相互的に関係しあい，製品やサービスへの購買意向を高める。広告研究では，広告態度は重要な概念であり，英語で“attitude toward the ad”の略であるAad，ブランド態度を“attitude toward the brand”の略であるAbと表記するケースが多い。

製品とメッセージに対する認知反応の形成では，まずオーディエンスは露出された広告の製品やメッセージを自らの信念と照らし合

図 3-6 認知反応プロセス

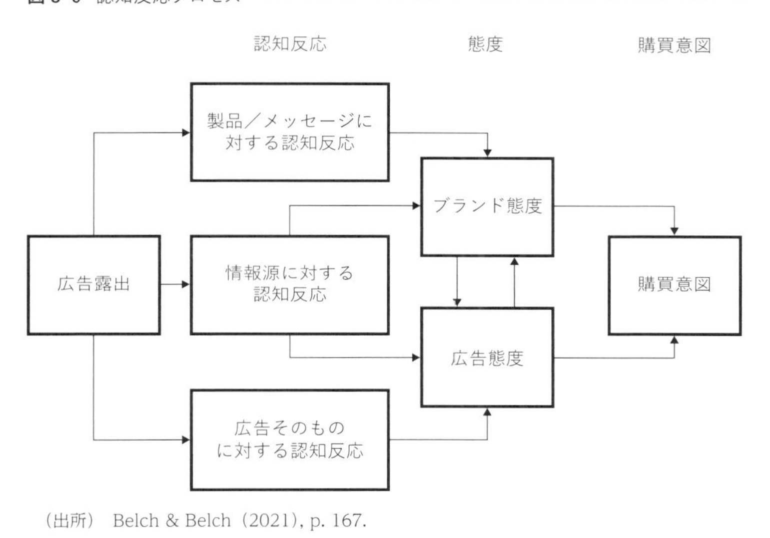

（出所） Belch & Belch（2021）, p. 167.

わせる（図 3-6）。この比較を通じて，広告製品やメッセージに賛成と反対の立場をとる。賛成の場合，広告メッセージをポジティブに受け入れるが，反対の場合は受容にネガティブになる。また，情報源に対する認知反応の形成では，前述した情報源信頼性モデルで示されるように，広告メッセージの情報源に対して好意的かどうかに基づいて，その後のブランドや広告に対する態度が形成される。広告そのものに対する認知反応の形成では，製品やメッセージと直接関連のない要素（たとえば，視覚効果や色，音声の質など）に対する情緒的反応が生じる。これらの要素が好ましいかが，広告態度の形成に影響を与える。

精緻化見込みモデル

消費者の取り巻く文化的要因や環境的要因によって，消費者の情報処理に差異が生じる。このような関係を説明する理論に，ペティ（R. E. Petty）とカチオッポ（J. T. Cacioppo）が提唱した**精緻化見込みモデル**（ELM：elaboration likelihood model；図 3-7）がある（Petty & Cacioppo, 1986）。

精緻化見込みモデルは，広告のような説得的コミュニケーションの影響と消費者の受容の関係を説明したモデルである。消費者が説得的なメッセージをどの程度精緻化して受容するかは情報処理に関するモチベーションと処理する能力によって決定され，消費者は異なるプロセス（ルート）で情報処理をする。情報処理するモチベーションと能力が両方ある消費者は，説得過程において**中心的ルート**をたどり，説得のために用いられたメッセージの内容を注意深く吟味する。モチベーションと処理能力のどちらか一方，もしくは両方が存在しない場合，消費者は**周辺的ルート**をたどり，メッセージ以外の周辺的手がかり（たとえば，広告の視覚的要素や音楽など）を参考にする傾向がある。そのため，消費者の態度形成においてトピックに関連する思考を必要としない。

パソコンに関する広告を例にすると，パソコンの購入に対し関心があり，パソコンに関する知識がある消費者は，広告に接触した際に，広告内に提示された仕様や機能に関連する情報を慎重に吟味する（中心的ルート）。しかし，関心が低いか知識が不足している場合，それらの情報を解読することができないため，広告に登場する人物の魅力や広告のビジュアル・音楽などから影響を受け，広告を表面的に処理する（周辺的ルート）。精緻化見込みモデルは，このような消費者特性による情報処理の差異を説明するモデルである。

図 3-7 精緻化見込みモデル

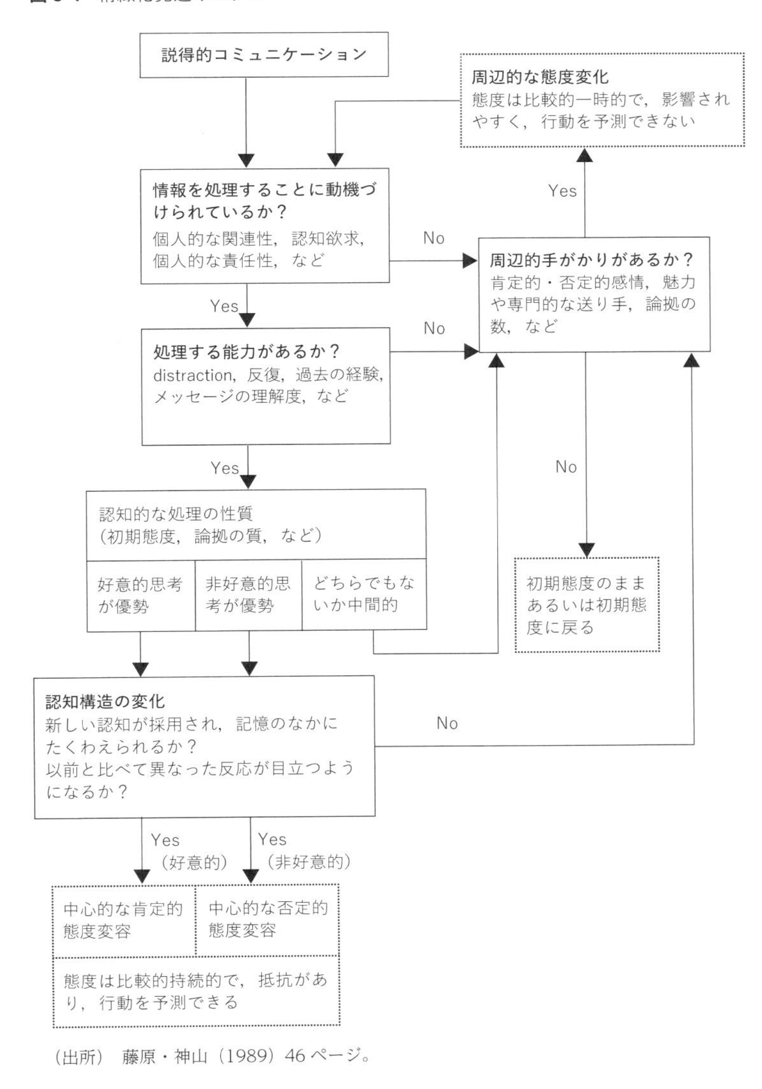

（出所） 藤原・神山（1989）46 ページ。

図 3-8　5つのコミュニケーション効果

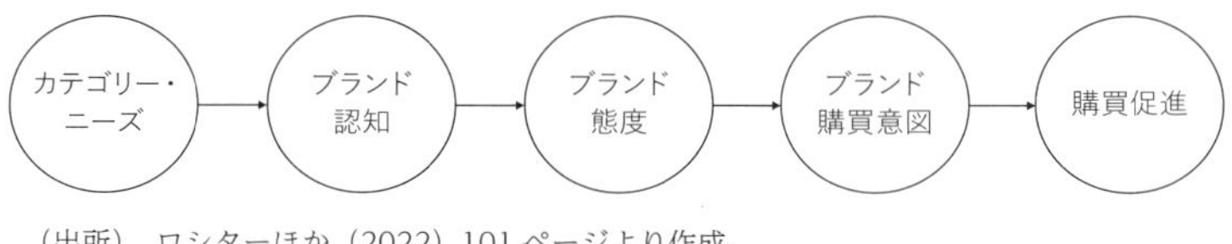

（出所）　ロシターほか（2022）101ページより作成。

5つのコミュニケーション効果

ロシター（J. R Rossiter），パーシー（L. Percy），ベルクヴィスト（L. Bergkvist）は，マーケティング・コミュニケーションにおいて目的として設定されるべき**コミュニケーション効果**を5つに分けて説明している（Rossiter et al., 2018）。これらは購買判断のプロセスが生じる順番に従い，**カテゴリー・ニーズ**，**ブランド認知**，**ブランド態度**，**ブランド購買意図**，**購買促進**と続く（図3-8）。カテゴリー・ニーズとは，望ましい状態と現在の状態とのギャップを感じ，当該カテゴリーの製品やサービスが必要であると認めることを指す。ブランド認知とは，購買判断を下すのに必要なほど，詳しくカテゴリー内のブランドを識別（再生または再認）できる能力をもつことである。ブランド態度とは，当該ブランドが消費者の購買動機を満たすことができるかどうかを評価することである。そして，ブランド購買意図とは，消費者がブランドを購買すると自らで決意する自己教示である。最後に，購買促進とは他のマーケティング要因によって購買が妨げられることがない，という購買者の保証を得ることである。

広告戦略におけるコミュニケーション・プロセスの重要性

長年にわたって，消費者がどのようにメディアに接触し，広告メッセージを受容するかについてさまざまな説明が試みられてきた。

広告の目的は，オーディエンスに対してブランドに関心をもたせ，購買などの行動に至るよう促すことである。そのため，消費者が広告をどのように受容し，反応し，最終的に行動に移すのかを理解することは，広告戦略を立案するうえで極めて重要である。

コミュニケーション・プロセスを理解することは，どのメディアを用いるか（媒体戦略），どのような表現で広告メッセージを伝えるか（広告表現戦略）といった戦略に示唆を与える。商品とターゲット・オーディエンスの特性を考慮することで，効果的・効率的な広告戦略の設計やメディア・プランニングが可能となる。

さらに，広告効果測定においても，コミュニケーション・プロセスは肝要である。たとえば，DAGMAR は ACCA の認知反応プロセスに沿って，各段階に評価指標が設定されている（第4章参照）。これにより，認知反応の段階ごとに広告効果を測定でき，戦略の評価と改善が可能となる。

このように，広告効果をモデルとして捉えるアプローチは，広告産業の実務においても大きな価値がある。広告効果の最大化と効率化を図るために，コミュニケーション・プロセスを考慮したうえで，広告戦略を策定・実行することが不可欠である。

Bibliography 引用・参考文献

秋山隆平・杉山恒太郎（2004）『ホリスティック・コミュニケーション』宣伝会議。

Aktaş, H., & M. Zengin（2010）DAGMAR Modeli: Deterjan Reklamları Örneğinde Görsel Bir Çözümleme. *Selçuk Üniversitesi Sosyal Bilimler Enstitüsü Dergisi*, 24, pp. 31–43.

Belch, G. E., & M. A. Belch（2021）*Advertising and Promotion: An Integrated Marketing Communications Perspective*, 12th ed.

McGraw-Hill Education.
Colley, R. H. (1961) *Defining Advertising Goals for Measured Advertising Results*. Association of National Advertisers.
電通コーポレート・コミュニケーション局（2011）「電通『サトナオ・オープン・ラボ』がソーシャルメディアに対応した消費行動モデル概念『SIPS』を発表」電通ニュースリリース。
Fisher, J. T., R. Huskey, J. R. Keene, & R. Weber (2018) The Limited Capacity Model of Motivated Mediated Message Processing: Looking to the Future. *Annals of the International Communication Association*, 42, pp. 291–315.
藤原武弘・神山貴弥（1989）「説得における Elaboration Likelihood Model についての概説」『広島大学総合科学部紀要Ⅲ，情報行動科学研究』第 12 巻，45–54 ページ。
Hall, S. R. (1924) *Retail Advertising and Selling Advertising: Merchandise Display, Sales-Planning, Salesmanship, Turnover and Profit-Figuring in Modern Retailing*. McGraw-Hill.
ホットリンク（n.d.）「ULSSAS（ウルサス）とは」https://www.hottolink.co.jp/service/method/ulssas/
ホットリンク（2021）「SNS 時代のマーケティングフレームワーク，『ULSSAS（ウルサス）』とは」https://www.hottolink.co.jp/column/20210125_108238/
Hovland, C. I., & W. Weiss (1951) The Influence of Source Credibility on Communication Effectiveness. *The Public Opinion Quarterly*, 15, pp. 635–650.
Hovland, C. I., I. L. Janis, & H. H. Kelley (1953) *Communication and Persuasion: Psychological Studies of Opinion Change*. Yale University Press.
石崎徹（2024）「広告効果と広告効果測定」石崎徹編著『わかりやすいマーケティング・コミュニケーションと広告』［第 3 版］八千代出版。
井徳正吾（2014）「消費行動仮説『AISECAS（アイシーキャス）』モデル――スマートフォン時代の新しい消費行動モデルとして」『情報研究』第 50 巻，1–16 ページ。
Jacoby, J. (2002) Stimulus-organism-response Reconsidered: An Evolutionary Step in Modeling (Consumer) Behavior. *Journal of*

Consumer Psychology, 12, pp. 51–57.
Lang, A.（2000）The Limited Capacity Model of Mediated Message Processing. *Journal of Communication*, 50, pp. 46–70.
Lavidge, R. J., & G. A. Steiner（1961）A Model for Predictive Measurements of Advertising Effectiveness. *Journal of Marketing*, 25, pp. 59–62.
村山昇（2022）「モデル化して考えるとはどういうことか――物事の仕組みを単純化してつかめ」ITmedia ビジネス ONLINE https://www.itmedia.co.jp/business/articles/2207/06/news030.html
中村良夫（2005）「広告とコミュニケーション・モデル」『横浜国際社会科学研究』第 10 巻，143–151 ページ。
日本プロモーショナル・マーケティング協会（2019）『プロモーショナル・マーケティング ベーシック』宣伝会議。
Ohanian, R.（1990）Construction and Validation of a Scale to Measure Celebrity Endorsers' Perceived Expertise, Trustworthiness, and Attractiveness. *Journal of Advertising*, 19, pp. 39–52.
Pearson, J. C., & P. E. Nelson（2000）*An Introduction to Human Communication: Understanding and Sharing*, 8th ed. McGraw-Hill.
Petty, R. E., & J. T. Cacioppo（1986）*The Elaboration Likelihood Model of Persuasion*. Springer New York.
Rossiter, J. R., L. Percy, & L. Bergkvist（2018）*Marketing Communications: Objectives, Strategy, Tactics*. SAGE Publications.（岸志津江訳［2022］『広告コミュニケーション成功の法則――理論とデータの裏打ちで，あなたの実務を強くする。』東急エージェンシー）
Shannon, C. E.（1948）A Mathematical Theory of Communication. *The Bell System Technical Journal*, 27, pp. 379–423.
Shannon, C. E., & W. Weaver（1949）*The Mathematical Theory of Communication*. University of Illinois Press.
Strong, E. K.（1925）*The Psychology of Selling and Advertising*. McGraw-Hill.
須永努（2008）「広告の循環的反応モデルにおける熟成効果の測定」『千葉商大論叢』第 45 巻，15–33 ページ。
内田成（2019）「広告効果階層モデルの発展」『埼玉学園大学紀要』（経済経

営学部篇）第 19 巻，53–63 ページ

Vakratsas, D., & T. Ambler（1999）How Advertising Works: What Do We Really Know? *Journal of Marketing*, 63, pp. 26–43.

広告目標

プロセスに分解して予算を決める

第 4 章 Chapter

Quiz クイズ

Q 2022年度において日本の広告費（単独広告宣伝費）で一番多い会社はどれだろうか。

a. 花王
b. 味の素
c. 任天堂
d. タマホーム

予算は大切。
（©Herophoto / PIXTA）

Chapter structure 本章の位置づけ

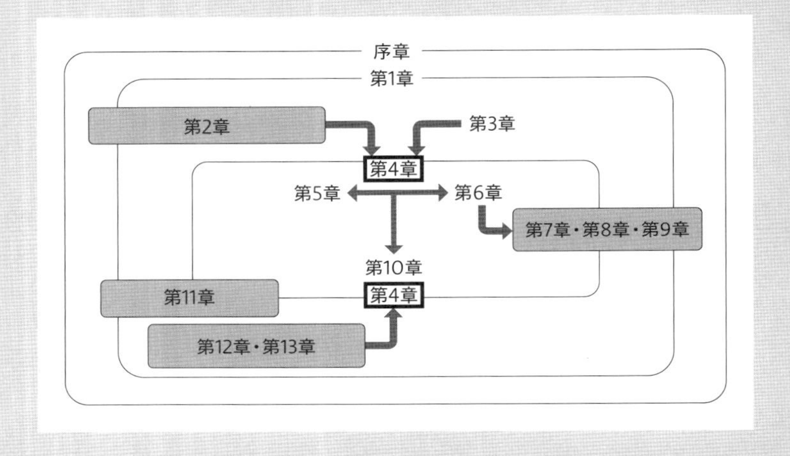

Summary 本章の概要

何気なく日常生活のなかで接している広告であるが，漠然といろんな効果があるだろうとは思うがそれ以上に考えることはあまりない。実際に，広告は，多様な効果をもたらす可能性があるが，期待される効果は目標によって変わってくる。さらには，投入できる費用も限られてくるという予算の都合上，無駄なく効果を享受する必要がある。

本章では，広告にどのような目標や予算が設定されているのかを理解する。

クイズの答え：a
（出所） 日経広告研究所（2023）

広告やプロモーション活動の意思決定を行う際に目標を設定することは，きわめて重要である。目標を設定することで，その達成度も測定できる。さらに達成可能でかつ測定可能な目的を設定することで，マーケティング・コミュニケーションの効果を評価することができる。その反面，広告や IMC（統合型マーケティング・コミュニケーション）プログラムの計画の立案・実施には多様な集団が関わるため，それらの人々の調整が必要である。具体的な広告計画の実施過程について以下に見ていこう。

1 広告計画の策定

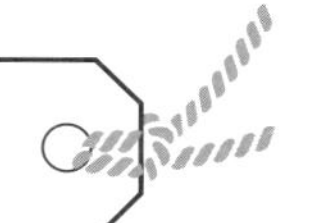

市場分析とマーケティング戦略

広告計画に先立って，市場の状況分析を行い，その結果を踏まえて**マーケティング戦略**を立案する。ここで市場の状況分析とは，ターゲットとなる顧客層の特性と市場に参加する競争者との関係を理解することである。具体的な分析方法として，STP（セグメンテーション，ターゲティング，ポジショニング；第1章も参照）分析や自社ブランドの強みと弱み，外部環境の機会と脅威を識別する SWOT 分析がある。これらの状況分析をもとに，自社の製品特徴や機能の強調すべき独自性（USP：unique selling proposition）を判断する。マーケティング戦略のなかで広告の役割を明確にした後に，広告目標の設定，表現計画，媒体計画，広告出稿，広告効果測定とプロセスは進んでいく。

広告目標の設定

まず，広告目標を見ていく。**広告目標**は測定可能で達成可能なものが優れている。具体的には，売上高やマーケット・シェアや利益率などのマーケティング目標と，コミュニケーションの効果に限定したコミュニケーション目標が存在する。マーケティング目標は，マーケティング計画と活動に対する目標であり，売上高などの具体的な数値が挙げられる。それに対して，コミュニケーション目標は，ターゲット・オーディエンスの心理的な段階を設定し，それぞれの段階の変化を捉えるために設定する。それらの目標達成のためのコミュニケーション課題という視点から，適切なメディアやメッセージの作成などの表現や，媒体計画が立てられる。

表現計画と媒体計画

設定したマーケティング目標やコミュニケーション目標に従い，表現計画と媒体計画を策定する。**表現計画**に関しては，その製品の何を伝えるか（what to say），どのように伝えるのか（how to say）などを方向づける広告コンセプトを策定する。それに従って，広告に起用するタレントや有名人などのスポークス・パーソンと，広告表現のキャッチコピー，デザイン，レイアウト，使用する音楽などを決める。

媒体計画に関しては，各媒体の特性を理解したうえで，どの媒体を使用するのか，どのような媒体を組み合わせるのかを考える必要がある。広告キャンペーンに投入できる費用には限りがあるため，広告予算をもとに媒体計画を立案し，各広告媒体の費用対効果も考慮しなければならない。広告出稿の段階では媒体に露出する広告出稿量と具体的なスケジュールを策定する。

広告効果測定

キャンペーン終了後には，その具体的な効果を測定する段階がある（第10章も参照）。設定した広告目標がどの程度達成されているのかを理解する必要がある。継続的に広告活動を実施し，その効果をその都度理解することで，広告キャンペーン効果に関する知識が蓄積されていく。

2 目標設定のアプローチ
——プロセスに分解する

設定した各目標に応じた広告活動を詳しく見ていくことにする。目標は上位目標や下位目標など階層をなしている。それぞれの目標の設定に応じて広告活動も相違するだけでなく，その活動に対する広告予算の設定の仕方にも違いがある。効果の測定も目標によって変わってくるために，目標達成の指標を合わせて考える必要がある。

マーケティング目標

広告目標として**マーケティング目標**の指標である売上高などを用いることは，測定可能でかつ客観的な指標ゆえに優れていると考えられている。しかし，広告の効果を適切に測定できない場合が多い。その理由として次のような点を挙げることができる。

キャンペーン期間中の効果に関しては，広告活動は他のマーケティング・ミックスの活動と連動して効果を発揮する場合が多く，広告単独で売上げの拡大や増加をもたらすわけではない。優れた製品機能や消費者に魅力的な便益，適切な価格，目につきやすい売り場への配置やタイムリーな製品供給などを組み合わせることで，売上げの増加や拡大が達成できる。とりわけ，IMCや広告キャンペーンを実施するときは，何かしらの製品変更，販売店などに対する営業支援の強化，購買を促進するクーポンの配布や短期的な値引きなどを組み合わせることが多い。そのため，マーケティング・ミックスのどの活動が売上高に貢献しているのかを識別することが難しい。

さらに，広告の売上高に対する効果も，複合的な要因が考えられる。たとえば，広告は，その製品の店頭出荷に影響を与えているといわれている。大手小売店が新商品の仕入れを考慮する際に，投入される広告量をその参考としているためである。この場合，広告キャンペーンの効果は，消費者に対する広告効果と，店頭での製品陳列の促進や拡大による効果がそれぞれ存在し，広告の効果を明確に説明することが難しくなる。

キャンペーン期間中に広告効果が現れない場合もある。一例として，広告効果が遅延する**キャリーオーバー効果**といわれるものがある。広告は，売上高だけに貢献するだけでなく，製品やブランドの認知度や関心の向上，ブランドに対する好意的な態度の形成にも貢献し，売上げへの効果はキャンペーン終了後に現れる可能性がある。こうした遅延する効果は，広告の長期的な効果として考えられる。こうした効果は，売上高の変化などをキャンペーン期間前後で測定することでは把握できない。

効果の測定以外でも，マーケティング目標に関する問題点はある。マーケティング目標は，広告活動に対する具体的な指針としては有効ではない。たとえば，クリエティブ・チームに売上高の目標を知らせたとしても，クリエティブ作業には具体的な示唆はもたらされない。広告に関するコンセプトやブランドのトーンの統一化などであれば，クリエイティブ作成の指針となるが，売上高などの目標と広告表現との関連性を見出すことは難しい。

しかし，売上高を目標とすることが適切な場合もある。見込みのある消費者から即時的な反応を期待できる**セールス・プロモーション**に関しては，売上げの拡大などを目標とすることは有効かもしれない。たとえば，期間限定で行われる値引き，懸賞やノベルティなどの特典に関してである。

また，通販などの**ダイレクト・マーケティング**は，売上高や利益率の変化を広告効果の指標として用いている。直接，製品を販売する通信販売会社などは，広告やプロモーションが主要な消費者との接点であり，それ以外の接点がほとんどなく，広告の効果を売上高の増減からおおむね推定できる。小売業の広告についても，売上げに関する短期的な目標を設定できる。たとえば，小売業の広告でイベントやセールの期間を告知する場合，それ以外の期間の来店者数と売上高の比較を行うことで効果を測定することが可能である。

コミュニケーション目標

コミュニケーション目標は，消費者の心理的な変化を目的としている。マーケティング・コミュニケーションは，広告とその他のプロモーション活動によって，好意的なブランド態度や関心の形成などコミュニケーション効果を達成することを目標としている。消費者が商品やブランドの購買にまで至る段階を分類し，それぞれに目標を設定する。それは，ブランドに対する消費者心理の状態を階層的に捉えるコミュニケーション構造を仮定している。階層の底辺である商品やブランド意識の段階から知識／理解，好意，選考，試行，再購買に至る段階の階層構造である。それぞれの段階に目標を設定する。

こうした階層構造を，それぞれの段階に該当する消費者の比率で考えると，ピラミッド型の構造になる。図 4-1 にあるように，最初の段階となるブランドの存在を知っている消費者の意識の比率

図 4-1　マーケティング・コミュニケーションの階層構造

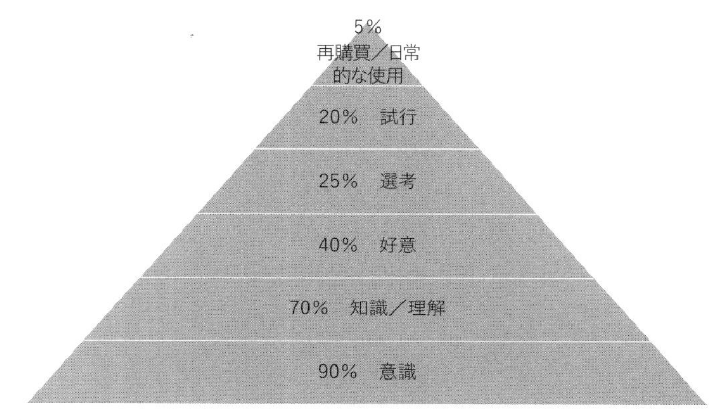

（出所）　Belch & Belch（2021）p. 222 より作成。

（90%）から，知識や理解の比率（70%），好意の比率（40%），選考の比率（25%），試行の比率（20%），再購買や日常的な使用の比率（5%）というように徐々に減少していく。それぞれの比率に該当する人数を割り出すことで，それに応じた目標を設定することができる。たとえば，ブランドの意識段階の比率が低いのであれば，知名度を向上させるメッセージや表現を考えることになる。試行の比率が低いのであれば，サンプル配布などのセールス・プロモーションを行うことになる。

コミュニケーション目標の古典的なモデルとしては，**DAGMAR モデル**が挙げられる（第３章も参照）。DAGMAR モデルは，意識，理解，納得，行動の４つの段階に単純化されている。ブランドの存在を知る「意識」から，製品用途の「理解」，購買に値するという判断である「納得」と，購買という「行動」から構成されている。DAGMAR モデルは，コミュニケーション目標を設定するうえで，必要な注意点を明記している。

コミュニケーション目標は，測定可能でなければならない。測定できなければ，具体的に明確な効果を理解することができない。さらに，測定するには，期間を限定しなければならない。改善の効果を理解するうえで，広告出稿の前後の効果を測定可能にするために期間の設定は不可欠である。

さらに，コミュニケーション課題や目標は具体的である必要がある。そのためには，ターゲットを，年代や男女，所在地域などの**デモグラフィック変数**や，ライフスタイルなどの**サイコグラフィック変数**を利用することで明確にすべきである。さらに，ターゲットやその心理的な段階を考慮して具体的な目標を掲げることによって，どのようなアピールやメッセージでコミュニケーションする必要があるのかがより明瞭になる。

こうした目標は広告に具体的な役割を与え，それぞれの段階で広告効果を抽出できるようになる。ただし，コミュニケーション目標は理解しやすい反面，問題点もある。1つめは，階層的な構造を仮定していることである。消費者や製品によっては，連続的な段階を経由しない場合が存在する。ブランドを知っているだけで，好意的な態度を形成することなく購買する場合も存在するし，製品によっては，とりあえず購買してから態度を形成し，その後で製品に詳しくなる場合もある。

2つめは，コミュニケーション効果を測定することの実現可能性についての問題である。たとえば，測定する対象や方法によっては，それを実施するコストが高くつくことがあり，またキャンペーン自体も期間限定のため，その効果を測定するタイミングが難しく，測定の実施が困難な場合もある。

3つめは，コミュニケーション目標の達成と売上高などのマーケティング目標の達成との明確な関連を見出すことが難しい点である。広告が注目されて，製品の認知度や態度が向上した製品であっても，それほど売れていない商品も存在するのである。

広告目標の段階

関連性を見出すことが難しいことに留意しつつ，それぞれの段階の目標の階層を仮定すると，マーケティング目標とコミュニケーション目標に加えて，**媒体目標**を設定することになる。その過程は図 4-2 のように示すことができ，一連の広告目標と，それぞれが対象とする領域との関係として整理することができる。媒体目標では，広告媒体を利用することでターゲットである消費者に到達することを目指す。その次の，コミュニケーション目標は，消費者の心理的な変化とそれに伴う行動の変化を目指す。また，マーケティング目標は，売上高や利益率の変化を目指す。この図では，コミュニケーション目標である消費者の心理と行動の変化がマーケティング目標である売上げや収益の変化をもたらすことを仮定しているが，実際は必ずしも明確で一様な関係にはない。たとえば，認知度や態度の改善は，売上げにどのように貢献するかを正確に予測できない。その意味で，ターゲット特性や，それぞれの心理的段階，競合企業の状態を判断しながら，その関係を理解する必要がある。

さらに，インターネット媒体の進展，SNS の登場によって，現代の消費者がブランドと関わる接点が多様化するなかで，消費者行動の変容のパターンにも多様性が存在するようになり，単純なコミュニケーション階層が想定できなくなっている。そのことを反映して生まれたのが**カスタマー・ジャーニー**の考え方である。インターネットなどの双方向のメディアが登場することで，人々のブランドに対する行動は，考慮，評価，購買に加えて，商品の経験やブ

図 4-2　広告の各段階に対応する目標

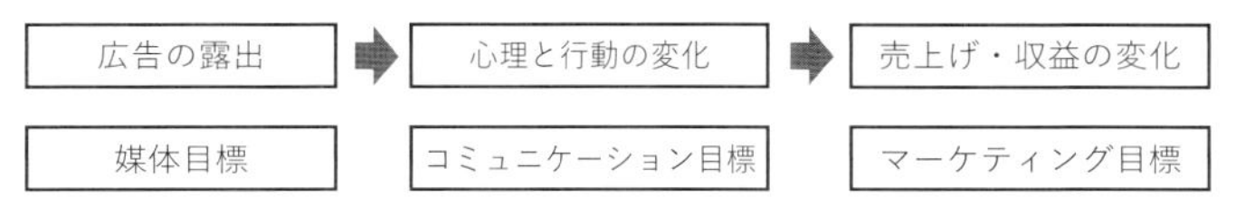

（出所）　岸ほか（2024）図 5-1 より作成。

ランドの推奨，結びつきという新たな局面に拡大している。それらの段階も人によって異なっており，一様の経路をたどるものではない。たとえば，今までは，ブランドの考慮や評価の段階では，複数のブランドがその対象となっていた。それに対して，ソーシャル・メディアが普及した現代では，ブランドを知った段階で，ブランド・サイトをフォローすると，そのページから新製品などの情報が送られ，他のブランドとの比較なしにそのブランドを購買し，それ以降も反復購買をすることが一般化した。さらには，ブランドに対するコメントが，その他のフォロワーに伝達されるという循環を生む。

このようなパターンは一例に過ぎないが，デジタル化によって，消費者はさまざまな接点を組み合わせて利用している。多様なメディアの利用者やその利用方法を理解し，どのようなメディアがどのようなときに消費者との関連が生じるのかを把握することで，適切な広告表現や媒体計画を作成することができる。

3　広告予算を決める

広告予算の意思決定組織

広告予算設定の方法は，広告主の組織構造の違いなどを反映する

表 4-1 事業部制を採用している企業における広告の予算管理

事業部内における広告担当の設置（%），$N=142$

広告部門は独立，各事業部に広告担当はいない	55.6
広告部門は独立しているが，各事業部にも広告担当はいる	27.5
広告部門は独立しておらず，各事業部に広告担当がいる	16.2

広告予算の管理（%），$N=142$

広告宣伝部門が一括	49.3
企業広告は広告宣伝部門が，商品に関する広告は事業部が管理	40.1
その他	9.9

（出所） 日経広告研究所（2017）『広告動態調査 2017 年版』21 ページ。

ため多様である。広告予算設定の意思決定機関は，企業レベル，事業レベル，ブランド・レベル，個別商品レベルなどさまざまである。また，明確に広告予算として設定されているのではなく，マーケティング予算として設定されていることもある。

日経広告研究所（2017）は，事業部制を採用している企業における広告の予算管理について明らかにしている（表 4-1；日経広告研究所『広告動態調査 2017 年版』）。

事業部と別組織として広告部門が独立している企業は，半数を超える。予算管理に関しては，広告宣伝部門が一括している場合が半数近くあり，一方で企業広告は広告宣伝部門で商品に関する広告は事業部という形でその管理を棲み分けている場合が 4 割を超えている。

次に，**ブランド・マネージャー制度**を見てみよう。ブランド・マネージャー制度を採用している場合は，各ブランド・マネージャーが各ブランドに関して全責任を負う。ブランドの損益計算書の売上高，費用，利益率の管理を網羅する。それゆえ，ブランド・マネージャーが広告宣伝費や販売促進費などのマーケティング費用を配分

コラム4　花王による広告予算の設定　本章の後半で見るように，広告活動の予算は，広告の予算設定として過去の実績を考慮したものもあれば，売上高の比率，競合他社を意識したものなどもある。そのなかで，広告の長期的な効果を考慮する予算管理方法を採用している企業が花王である。

花王は，戦略的な考えに基づいて広告予算を決定しており，その方法はブランド・マネージャー制度と密接に関係している。ブランド・マネージャーは，ブランドにかかる費用と利益率や売上高との関係から広告予算を設定することになるが，花王の場合は，より詳細に切り分けている。販売管理費からマーケティング費用を独立させてブランド・マネージャーにその費用配分の権限を与えるとともに，その売上高や営業利益のようなマーケティング目標に責任を負わせている。ブランド・マネージャーは，広告予算を各製品に自由に配分できるほか，年度途中に各製品の売上げや営業利益の状況に応じてその予算配分を変更することも認められている。また，マーケティング目標を達成すれば，その比率に応じて追加の広告予算の配分を受けることもできる。それによって，売上高から算出される広告費以上の投資が可能となり，ブランドの育成が可能となる。

Column 4

する。日経広告研究所（2022）によれば，こうしたブランド・マネージャー制度を採用している企業は1割を超える程度に過ぎず，一部の企業にとどまっている。

多様な予算設定の方法

日経広告研究所（2021）によると，**統合型マーケティング・コミュニケーション**（IMC）を行っている企業は63.3%で，行っていない企業は30.1%である。6割を超える企業がIMCを実施している。IMCを行っている企業のうち，その予算の出所は，広告

表 4-2 広告予算の決定方法（複数回答%，N=243）

前期の広告予算の実績に基づいて	74.1
予算期内の予想利益について基づいて	37.9
予算期内の予想売上高に基づいて	28.0
前期の売上高に基づいて	25.5
各事業部や商品について提示された要求に基づいて	25.1
前期の利益に基づいて	21.4
ゼロベースで必要なものを積み上げる	15.2
商品の認知率などの目標設定し，それに応じて	13.2
競合企業の出稿の状況に応じて	8.2
予算設定モデルを使って	2.5

（出所） 日経広告研究所（2018）『広告動態調査 2018 年版』15 ページ。

宣伝費が 88.3% となっている。IMC の予算は，8 割以上が広告宣伝費から支出されていることになる。

広告予算を設定する方法は多様に存在する。日経広告研究所（2018）では，日本の広告主の予算設定の方法に関して調査を行っている（表 4-2；日経広告研究所『広告動態調査 2018 年版』)。一番多い予算方法としては，前期の広告予算実績に基づく方法が挙げられている。さらに，前期や予算期内も含むと，売上高と利益との関係で広告費を予算として計上している場合も多い。また，IMC で強調されるゼロベースのプランニングのように，過去の実績にとらわれず必要な予算を積み上げている方法や，コミュニケーション目標を設定している目標課題達成法も 1 割を超えている。競合企業の広告出稿の状況への対応については，1 割に満たない。あくまでも複数回答のデータであることを考えると，1 つの設定方法ではなく，さまざまな要素を考慮しながら予算化が行われていることがわかる。以下で，各予算設定の方法を見てみよう。

売上高比率法／利益比率法

売上高比率法は，売上高に占める比率によって広告費を決める手法である。それほど複雑ではなく，計画が実行しやすい。そのため，日用品や食品などの売上高が年によってそれほど変わらない業界では合理的な方法である。しかし，広告費と売上高の関係が一定の比率であることを前提としており，売上高の比率を超えて広告に費用をかけることにはならない。売上高が落ちれば，当然それにかける広告費も少なくなる。売上高の低下を抑えるために，積極的に広告を支出するという考えには至らない。売上高比率法と同様の算出方法で，売上高の代わりに利益額を基準として一定の比率で広告費を予算化している場合もある。これが利益比率法である。その1つとして，売上高から売上原価を引いた売上総利益を基準とすることがある。売上総利益から，広告費も含まれる販売管理費を引くことで営業利益が算出される。そのため売上総利益が少なければ，投入される広告費も少なくなる。業種によって幅のある売上原価を取り除いた売上総利益との関係で，広告費を考えることができるのである。

支出可能法／任意増減法

支出可能法は，広告支出にいくら支出できるかという視点で広告予算を設定する方法である。他の予算の支出が決まることで，そのうえで支出可能な残りの予算を広告費に割り当てるという考え方である。広告費を算出するための費用がかからず，支出できる金額が明らかなので簡便な方法である。しかし，こうした考え方には，マーケティング分析を行い，その結果を受けてマネジメントするという発想はない。任意増減法は，トップの判断や経験や勘によって広告費を任意的に増減させる方法である。その増減は，なんらかの客観的な根拠から導き出されるものではない。そのため，市場分析や広告に対する知見・知識を無視して行われると，広告費の支出に関する適切な説明が難しくなる。

目標課題達成法

目標課題達成法では，マーケティング目標を設定し，それに応じてコミュニケーション目標を設定し，そこから広告活動を決定する。その活動にかかる費用をそれぞれ計算し，それらを合計するという形で費用を積み上げるボトムアップ方式の予算方法である。コミュニケーション目標からそれを達成する活動を考えることになるが，その活動が本当に目標を達成できるのかを見極めるのは難しい。

競合対抗法

競合対抗法は，競争相手とする企業やブランドが支出している広告総額をベンチマークして，広告予算を設定する方法である。競合他社の広告費を知ることができることが前提で，競合他社の広告費に応じて支出額が決定される。その結果，業界全体として無駄な投資が抑制されることにもつながる。しかし，競合他社の広告費のみを根拠とするため，自社における広告の役割や目的が見失われたまま広告予算が設定されるおそれもある。

また，他社の広告が必ずしも自社製品に対する損失にならない場合も存在する。状況によっては，他社の広告が，自社の製品やブランドが所属する製品のカテゴリーの普及や関心の促進に貢献し，自社に便益をもたらす場合もある。

それ以外にも，競争相手が毎年同じような広告支出を行うとは限らず，突然，広告の削減や増加を行うかもしれない。

4　広告予算で考慮すべきこと

マーケット・シェアとの関係から捉える

広告予算を考えるうえでは，市場規模だけでなく，市場の知名度も考慮する必要がある。広告予算をマーケット・シェアとの関係で捉えると，所属する業界全体の広告費に占める自社ブランドの広告費の比率を，**シェア・オブ・ボイス**（SOV）という。同様に，業界の売上げに占める自社のブランドの売上げを**シェア・オブ・マーケット**（SOM）という。SOMは，市場シェアと同義である。従来の研究では，SOVとSOMは相関関係があることが示されている。特定のSOMを獲得するために必要とされるSOVは，ブランドが市場で浸透している程度によって異なる（表4-3）。

新規ブランドは，先行ブランドに追随するために，先行ブランドよりも多くの広告費が必要となる。先行ブランドはすでに広告によって知名度を確立していることから，新規ブランドがその優位性を覆すには，さらに多くの広告を出稿しなければならない。先行して市場に参入し一定の市場シェアと知名度を確立したブランドは，相対的に少ない費用で広告効果を享受できるともいえる。広告を出稿したからといって，そのブランドや製品の売上げに貢献すると限らない。上記でも触れたように，広告を出稿することで，そのブランドが属する製品カテゴリー自体の理解が促進され，そのブランドよりもSOMが高く，認知度が高いトップ・ブランドが購買されるかもしれない。よく知っているものを消費者は購買しがちである。さらに，SOMの高いブランドは，それまでに要した費用を回収するために広告費用を抑制することで，収支の改善に努める。これら

表 4-3 SOV と SOM の関係における広告支出戦略

	自社（低 SOM）	自社（高 SOM）
競合ブランド（高 SOV）	・広告支出を減少 ・ニッチな市場開拓	・最大競合ブランドと同水準の広告支出による防衛
競合ブランド（低 SOV）	・大規模な広告支出による攻撃	・SOM と同程度の広告支出の維持

（出所） Schroer（1990）p. 48 より作成。

によって，SOM の高いブランドは，広告支出を抑える傾向がある。

以上のことを踏まえて，競合ブランドの SOV と自社の SOM の程度から，表 4-3 のような戦略的示唆を得ることができる。自社の SOM が低く，競合ブランドの SOV が高い場合は，撤退を含めて広告を減少させるか，競合ブランドの効果が波及しないニッチな市場を開拓する必要がある。自社の SOM が低く，競合ブランドの SOV が低い場合は，SOM を獲得するために大規模な広告支出が必要となる。

自社の SOM が高く，競合ブランドの SOV も高ければ，最大競合ブランドと同程度の広告支出をしなければならない。それに対して，自社の SOM が高く，競合ブランドの SOV が低ければ，自社の SOM と同等の SOV の支出で十分となり，それ以上の支出の必要はない。要するに，収益の刈取戦略を目指す必要がある。

SOV や SOM で示されるそのブランドの高い知名度は，市場で存在感を発揮して，消費者にバイアスを生むことがある。市場で他のブランドよりも際立っていることで，実際には他ブランドの広告でも，際立っている自社のブランドの広告であるという勘違いが生まれてしまう。**市場の顕著性の効果**といわれるものである。市場の顕著性は，マーケット・シェアや SOV や認知度から生じる。

広告クラッター状況におけるマーケティング

とくに，同一製品カテゴリー内で広告が競合することで，消費者はブランドや広告の違いを理解することが難しく，広告と，広告されたブランドが結びつかない場合がある。このような**競争的クラッター**状況では，顕著性のあるブランドのほうが顕著性のないブランドに比べて覚えやすく，また，思い起こされやすいので，消費者に間違った想起をもたらす。競合他社がイベントのスポンサーであるにもかかわらず，顕著性のあるブランドが当該イベントのスポンサーとして間違って認識されることが，その例といえる。2004年のサッカー・ヨーロッパ選手権のスポンサーを尋ねる質問に対して，多くの回答者は，実際の公式スポンサーであるアディダスではなく，ナイキと答えた。現代の情報環境の過剰な負荷で，広告のさらなるクラッター化は，顕著性のバイアスを強めるといえる。

同時に，それを利用して誤った認識を誘うような**アンブッシュ・マーケティング**（ambush marketing）も存在する。アンブッシュ・マーケティングとは，イベントなどのスポンサーになっていないにもかかわらず，結びつきがあるかのように惑わせる手法である。たとえば，オリンピックなど公式イベントでは，スポンサーである企業の財政的支援の対価としてロゴやキャッチフレーズなどの使用権利を与える。それに対して，オリンピックで公式スポンサーでもないのにもかかわらず，同時期に類似する広告を展開することで，公式スポンサーと推測してもらうことを狙うのである。

戦略的投資としての広告

以上のことから，広告を必要な経費としてではなく，戦略的投資として理解する必要がある。市場シェアに見合う以上に広告費をかけることは，市場への浸透を図る方法であり，戦略的投資として位置づけられる。ブランドのテコ入れのために，低下していた広告費の支出を増やす手法も同様である。その意味で，売上高比率や利益比率で広告費の予算を考えるだけでなく，長期的なブランドの成長を期待した広告費の予算設定も必要となる。短期で確定される利益との関係のみで広告の予算を考えていると，広告の**キャリーオーバー効果**，すなわち，利益の確定期を超えるような長期的な効果を享受できないかもしれない。

さらに，広告の投資効果は競合ブランドに対して，防衛的な効果をもたらす場合もある。**広告の弱い効果理論**（weak theory）はそのことを論じている。広告の弱い効果として，広告は，製品購買後の反復購買を促し，購買に関するブランド態度を強化することが指摘されている。広告が同じブランドを反復購買するという習慣を強化することで，競合ブランドに対する防衛的な効果をもたらしているのである。もし，広告の支出を大幅に減らしたりすると，広告による態度の強化が喪失し，広告を継続的に支出している競合ブランドに自社のシェアを奪われることになるかもしれない。

Bibliography 引用・参考文献

Belch, G. E., & M. A. Belch (2021) *Advertising and Promotion: An Integrated Marketing Communications Perspective*, 12th ed. McGraw-Hill Education.

Ehrenberg, A. S. C. (1974) Repetitive Advertising and the Consumer. *Journal of Advertising Research*, 14, pp. 25–34.

石崎徹編著（2019）『わかりやすいマーケティング・コミュニケーションと広告』［第２版］八千代出版。

Jones, J. P. (1990) Ad Spending: Maintaining Market Share. *Harvard Business Review*, January-February, pp. 38–42.

岸志津江・田中洋・嶋村和恵・丸岡吉人（2024）『現代広告論』［第４版］

有斐閣。
小泉眞人（2012）「広告予算と広告会計」石崎徹編著『わかりやすい広告論』［第2版］八千代出版，84–99ページ。
丸岡吉人（2021）「マーケティング・コミュニケーションの新手法群——新しい情報環境下における取り組み」岸志津江・田中洋・嶋村和恵編『現代広告全書——デジタル時代への理論と実践』有斐閣，106–119ページ。
日経広告研究所編（2017）『広告動態調査 2017年版』日経広告研究所。
日経広告研究所編（2018）『広告動態調査 2018年版』日経広告研究所。
日経広告研究所編（2021）『広告主動態調査 2021年版』日経広告研究所。
日経広告研究所編（2022）『広告主動態調査 2022年版』日経広告研究所。
日経広告研究所編（2023）『有力企業の広告宣伝費 2023年版』日経広告研究所。
Schroer, J. C.（1990）Ad Spending: Growing Market Share. *Harvard Business Review*, January-February, pp. 44–48.
吉田栄介・花王株式会社会計財務部門（2020）『花王の経理パーソンになる』中央経済社。

クリエイティブ戦略

メッセージが形になるまで

第 5 章

Chapter

Quiz クイズ

Q　クリエイティブの内容をまとめたものを何というだろうか。

a. クリエイティブ・ディレクター
b. クリエイティブ・ブリーフ
c. クリエイティブ・イメージ
d. ストラテジック・プランナー

クリエイターの想像力で広告は生み出される。
（©Mac / PIXTA）

Chapter structure　本章の位置づけ

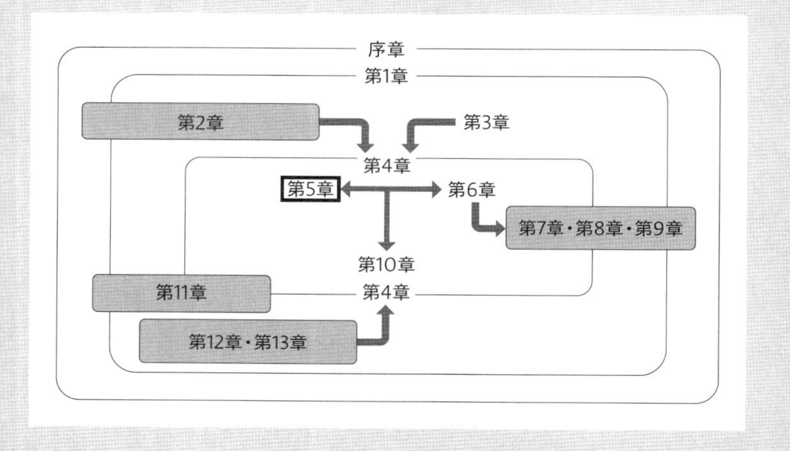

Summary　本章の概要

広告のメッセージは，広告コミュニケーション活動における最も重要な要素の1つといえる。ここでいうメッセージとは，単に広告コピーなどの広告表現における文字情報だけではなく，ブランドに関連する画像，動画，音声，それらが一体になったコマーシャルなどを含んだ広告表現全体を指している。

広告メッセージの重要な役割は，ターゲットに情報を伝達することにある。同じような商品であっても，多様なメッセージの伝え方がある。また，広告主がターゲットに知ってほしいと考える情報をすべてそのまま伝えることはできない。広告主が，広告を情報として提示するときには，限られた時間やスペースのなかでターゲットに対し印象に残るメッセージを受け取ってもらえるように工夫する必要がある。

そのためには，広告主の考えるマーケティング上の課題を，具体的な言葉や映像などの表現として作り上げていかなければならない。

クイズの答え：b

広告メッセージがつくられるまでには，多くの人々が関わっている。ターゲットとなる消費者がブランドをどのように捉えているのか，購買行動や消費パターンはどのようなものであるのかを分析することに始まり，クリエイティブ戦略を共通認識としてまとめ，どのような広告表現を用いてブランドを訴求するのかを決定していく必要がある。広告表現は，メディアによっても異なる。ターゲットである消費者が実際の広告表現に接触する以前に，クリエイティブ戦略に沿った多くの作業が行われているのである。

1 クリエイティブとは何か
── クリエイティブの構成要素

何気なく見ていた広告が気になったり，1 度しか見ていないような広告を覚えていたりするようなことはないだろうか。そのような広告は，受け手の印象に残るような何かをもっていたといえるかもしれない。**クリエイティブ**（creative）とは，広告主や広告会社を中心としたクリエイターの想像力（クリエイティビティ；creativity）によって生み出されたものという意味合いで，ターゲットへのメッセージである広告（物）を指す。よく議論されることとして，広告において何が優れたクリエイティブなのかという命題がある。広告のコンテストなどで賞を取ったり，世の中で話題になったりした広告が，常に売上げの増加をもたらしているとは限らない。クリエイティブには広告主の主張が組み込まれており，さまざまな表現の要素を含んではいるが，あらかじめ設定された統合型マーケティング・コミュニケーション（IMC）や広告目標を達成するためのメッセージであることを前提において捉える必要がある。

広告におけるクリエイティブという用語や概念には，抽象的なイメージがあるかもしれない。多くの競合ブランドが存在する競争的な市場環境において成功するために，クリエイティブが広告においてきわめて重要な要素であることは広告関係者の間では議論の余地がない。しかし，広告の受け手がどのように広告を評価しているのか，どのようにクリエイティビティを考えたらよいのかという問題には，さまざまな主張がある。

クリエイティブには，競合するブランドとの違いを訴求するための差別化と，ターゲットとなる受け手が自分に関するメッセージだと認識するような関連性が必要になる。つまり，広告の創造性を評価するためには，表現上の要素だけでなく，受け手の要素の両方を考慮しなければならない。

このような考えに基づいてティルとバーク（Till & Baack, 2005）は，広告のクリエイティビティという概念が，**相違性**（divergence）と**関連性**（relevance）によって成り立つとしている。

クリエイティブにおける相違性

相違性とは，クリエイティブの独自性に関連する要素であり，競合ブランドとの差別化のために用いられており，柔軟性（flexibility），独自性（originality），洗練さ（elaboration），組み合わせ（synthesis），美的価値（artistic value）などを含んでいる（Smith et al., 2007）。

柔軟性とは，異なるアイディアを含んでいたり，視点が切り替わるような表現を指す。たとえば，一見すると商品とは関係がないと思われたことが，結びつけられているような表現である。独自性とは，珍しい，びっくりするような意外な要素を含んだ表現を指す。ステレオタイプを逆手に取ったような表現も含まれる。洗練さとは，詳細な説明をしたり，基本的な考え方を拡張したり，練り上げたりすることで，複雑でありながら洗練された表現を指す。商品の細部を大写しにしてみせるような表現などがある。組み合わせとは，普通であれば関係がないと思われるようなモノやアイディアを組み合わせたり，結びつけたり，混ぜ合わせているような表現を指す。携帯電話会社の広告に犬が家族の一員として登場するのは，組み合わせの一例といえよう。美的価値とは，美しい言葉の響きや魅力的な色や形のものが登場する表現を指す。息を呑むような風景や，広告そのものが美術的な価値をもつような表現である。

クリエイティブにおける相違性は代表的な広告表現上の差別化要因ではあるが，消費者個人によって捉え方は異なる。人の好みがそうであるように，広告表現に対する絶対的な評価は存在しない。そのような個人的な特性は，広告表現やブランドに対する興味関心に由来するもので，関与や関連性といった概念で説明されている。

クリエイティブにおける関連性

関連性とは，広告に描かれたブランドや表現要素に対する受け手にとっての意味や有用性や価値に関連した要素であり，広告表現，広告に登場するブランド，受け手である消費者との関係が含まれる。つまり，広告と消費者との関連性，ブランドと消費者との関連性である。広告と消費者との関連性とは，広告が消費者にとって意味のある表現要素を含んでいる状況を示している。ブランドと消費者との関連性とは，広告中のブランドや製品カテゴリーと潜在的顧客との関係性が描かれている状況を示している。

消費者にとって広告中のブランドがなじみのあるものなのかどうか，自分にとって意味のあるブランドだと感じているのかどうか，広告表現が自分にとって関心のあるものであるかどうかといった関連性は，消費者それぞれによって異なる。たとえば，美しい風景が広告表現に用いられているとして，自分が実際に見たことのある風景なのか，自分が訪れてみたいと思っていた場所であるのかといったことによっても，広告表現に対する評価は変わってくる。街中にあふれている広告のなかでも，自分がすでに愛用しているブランドや欲しいと思っているブランドの広告であれば，自然と目が行くこともあるだろう。

優れたクリエイティブは，複数の相違性と関連性の要素がうまく組み合わされることにより，広告への注目，広告表現の情報処理，広告への態度，ブランドへの態度，購入意図といった広告効果を促進することができる。そのため，ターゲットである消費者の行動原理や広告によるコミュニケーション効果の把握が重要になる。

2　クリエイティブのプランニング

クリエイティブ戦略の計画や実施には，広告主だけでなく，広告会社や関連会社をはじめとする多くの関係者の存在が必要不可欠である。広告主からのオリエンテーションなどを受けて，広告会社や関連する組織，クリエイターが，広告主の考えるマーケティングや広告コミュニケーション上の課題を分析し，クリエイターを中心としたチームが，広告主の課題を**広告表現**に落とし込んでいく。

広告コミュニケーションの対象となるブランドの抱えている課題を解決したり，キャンペーンの目標を達成させたりするためには，ターゲット市場の把握，競合ブランドとの比較，消費者への深い洞察（**インサイト**）などの情報が必要になる。このような情報をさまざまな調査を通じて入手して，クリエイティブ戦略に関わる人々で共有し，ブランドや広告コミュニケーションで用いる具体的な表現を決定していくことになる。

このようなプロセスは，キャンペーンごとの背景事情や関連する広告会社の組織的な対応などによって異なるので，必ずしも同じ言葉が用いられるとは限らない。しかし，クリエイティブ戦略が組織的に行われる活動である以上，その手続きは一定の様式を踏むことになる。日本の広告会社よりも欧米の広告業界のほうが，手続きを言語化している。そこで，それらを参考にして，クリエイティブの計画から実施に至るプロセスを見ていくことにしよう。

アカウント・プランニング

広告主が考える課題を解決するためのクリエイティブ戦略に絶対確実なものはない。それぞれの広告コミュニケーションに広告主の考える目標があり，同じカテゴリーのブランドであったとしても，競合ブランドとの差別化を図る必要がある。そのため，クリエイティブを考えるためには，広告の対象となる商品，ブランド，消費者などの情報がさまざまな方法で収集される。それらに基づいて，具体的なクリエイティブ計画が決定されていく。

このようなクリエイティブ戦略の立案は，広告主の意向に基づいて広告会社が中心になって行うことが多い。広告会社から見た広告主は，**クライアント**（client；依頼主），**アカウント**（account），事業会社などと呼ばれることがある。アカウントとは口座という意味で，取引先である広告主のことを意味している。広告主のブランドに関する情報を調査・収集して整理する一連の作業を，**アカウント・プランニング**と呼ぶ。また，アカウント・プランニングの担当者をアカウント・プランナーあるいはストラテジック・プランナー，広告会社の営業担当者をアカウント・エグゼクティブと呼ぶことがある。

アカウント・プランニングには，クリエイティブ戦略立案のために，あらゆる角度からの情報収集が必要になる。広告主などから提供されるブランドの売上げや市場シェア，業界における位置づけといったデータからの分析だけでなく，アンケート調査などを用いた量的な調査，使用者や非使用者など特定の集団を対象にしたフォーカス・グループ・インタビュー，店舗や街中で消費者を観察する観察調査（エスノグラフィック・リサーチ）なども活用して，ブランドがどのようにターゲットから認識されているのかを把握し，マーケティングや広告コミュニケーションの課題を明らかにしていく。

とくに，インタビューや観察といった調査手法は，専門的な知識が必要とされるので，アカウント・プランナーには，コンシューマー・インサイトを含むさまざまな調査とクリエイティブ両方の素養が求められるとされる。このような作業をするために，多くの広告会社には，広告主のブランドを診断するためのツールが存在する。

日本の広告会社には，アカウント・プランナーという名称の担当者が常にいるわけではないが，広告主を担当するチームによってアカウント・プランニングが実質的に行われている。

クリエイティブ戦略実行のプロセス

アカウント・プランニングによって収集された情報は，キャンペーン実施のためのテーマ，スローガン，タグラインなどの具体的なアイディアとしてまとめられていく。このようなクリエイティブ戦略における主要な要素を簡潔にまとめたものが，**クリエイティブ・ブリーフ**である。アメリカ広告主協会（ANA，2017）によれば，クリエイティブ・ブリーフに必要な項目として，ブランドの抱える基本的な課題，コミュニケーション目標，ターゲット・オーディエンス，訴求するベネフィット，関連情報，広告のトーン・アンド・マナー，ブランド・パーソナリティ，キャンペーン実施における検討事項，効果測定尺度などが含まれる。このようにしてまとめられたクリエイティブ・ブリーフは，広告表現制作のためのガイドラインとなる。

クリエイティブ・ディレクターを頂点とするクリエイターのチームは，クリエイティブ・ブリーフに沿ってブランドやキャンペーンのためのアイディアを探して，実際に使われるキャンペーンのテーマやスローガンを生み出していく。ナイキの “Just Do It.” やマクドナルドの “i’m lovin’ it” などはブランドの価値を上手に表現しているスローガンといえよう。

このように長期間にわたって使われるような優れたアイディア（big idea）を生み出すのは，クリエイティブに関わる人間にとって永遠の課題かもしれない。クリエイティブのための優れたアイディアを考えるためのアプローチには，USP（unique selling proposition）の活用，ブランド・イメージの創造，ブランドに固有な物語の発見，ポジショニング（potisioning）などがある。

USP とは，アメリカの広告会社テッドベイツ（the Ted Bates）のリーブス（R. Reeves）によって開発された概念である。広告表現，とくにスローガンなどの言語的表現が，ブランド独自のベネフィットを含んでいるか，競合と差別化できているか，新しい顧客を惹きつけられるかといった観点から，独自の販売提案を含んでいるかを評価するガイドラインと考えられる。たとえば，アップルは，iPhone12 の広告で防水性能をアピールしていた。製品による差別化が容易であった時代や新しいカテゴリーの場合には，このような考え方は有効かもしれない。

しかし，競争的な環境において USP を主張するのは容易ではない。そこで，ブランドに特有のイメージや心理的な差別化を促進するアプローチが用いられるようになった。製品のベネフィットではなく，女優のような美しい髪というイメージと結びついたヘアケア・ブランドというように，イメージによってブランドを訴求するタイプの広告が増えてきた。ブランドのロゴ，スローガン，パッケージ，キャラクター，推奨者なども，ブランドと結びつくイメージを構成する要素と考えられる。ブランドに固有な物語を見つけることも，イメージによるブランドの構築と同じようなアプローチと考えられる。ナイキのバスケットボール・シューズから始まったエア・ジョーダンのようなアスリートなどのイメージを反映させたブランドなどがある。

ポジショニングとは，1970 年代にライズ（A. Ries）とトラウト（J. Trout）というコンサルタントによって導入された概念で（第 1 章も参照），クリエイティブにおいてよく用いられるアプローチとなっている。その基本的な考えは，消費者の心のなかの特定の場所に製品やサービスを位置づけるために広告が用いられているというものである。スターバックスは，店舗を単なるカフェではなく，自宅や職場以外の第 3 の居場所である「サードプレイス」と位置づけている。USP，ブランド・イメージ，ブランド固有な物語などを用いて，ブランド独自の位置づけを消費者の心に築き上げることで，他ブランドと差別化をするというアプローチは，広告業界のみならず多くの企業関係者に影響を与えてきた。

これらのアプローチは，現在でも多くのクリエイティブ戦略において用いられている。しかし，媒体環境の変化などに伴い，かつてのように多くの媒体を通じて，大勢のターゲットに訴求可能なアイディアを見つけることが困難になりつつある。クリエイティブに関わる人や組織にとって，優れたアイディアを見つけるためには，ターゲットである消費者が日頃何を考えて，どのように行動しているかを理解しようとする視点がますます重要になっている。

3 クリエイティブ戦略の展開

アカウント・プランニングでブランドや広告コミュニケーションの基本的なコンセプトが決まって，広告表現における主要なアイディアができたら，実際のキャンペーンにおいてどのように伝えるのかを考えていくことになる。キャンペーンの目標や製品カテゴリーなどによって，表現のタイプが選択されていく。また，実際のキャンペーンではさまざまな広告媒体を用いることになる。そのため，それぞれの媒体の様式にあった広告表現を，IMC の観点から検討する必要がある。

訴求方法のタイプとメッセージ

広告コミュニケーションのキャンペーンを考えるアプローチと同様に，広告訴求にもさまざまな種類がある。

多様な広告訴求

USP を直接的に言語で伝えたりする**情報型訴求**や倫理的な訴求では，製品仕様や価格などのブランドの機能的な側面を中心とした情報を提供する。競合他社に対する競争優位性，ブランドについての情報提供，製品やサービスの人気度などを訴求するなどの方法がある。販売数量，市場シェア，顧客満足度などが競争優位性を示す要因として用いられる。一方，ブランド，ブランドの消費，購買行動などにおいて発生するさまざまな感情などに訴えかけて，購入促進を狙う**情緒的訴求**や**感情訴求**と呼ばれる方法もある。情緒的訴求には，画像，映像，音声，文字情報などが組み合わされて使われている。これらの要素になんらかの意味をもたせて訴求する方法を**変換型広告**という。高級ファッション・ブランドの広告では，製品そのものの品質よりも，製品のある風景や世界観を描くことで，ブランドを所有することの意味などを訴求しようとしていることがある。

実際の広告では，純粋な情報型訴求や情緒的訴求というものは存在せず，クリエイティブ担当者がこれらの要素を組み合わせて広告表現を制作している。なお，このほかにもキャンペーンの発売や終了時期を知らせるリマインダー型訴求，ブランドや商品についてあまり語らずにターゲットの興味・関心を引こうとする**ティーザー広告**といった訴求方法もある。

クリエイティブ戦略を決める枠組み

このように，実務においてはさまざまな広告訴求のタイプがある。これに先に見たクリエイティビティの要素が関わってくる。複雑なクリエイティブ戦略を決定するための枠組みとして，**FCB グリッド**や**ロシター・パーシー・グリッド**などがある。

FCB グリッドとは，グローバルな広告会社である the Foote, Cone & Belding（FCB）という広告会社のボーガンによって開発された考え方で，購買行動における消費者の関与の高低と意思決定を促す精神的なプロセスや動機づけのタイプ（思考型と感情型）という2つの次元によって区分された4つの象限で広告戦略を説明している。FCB グリッドは製品の特性が思考型で高関与の場合は情報型，情緒型で高関与の場合は感情型，思考型で低関与の場合は習慣形成型，情緒型で低関与の場合は自己満足型の広告戦略を推奨している。FCB グリッドには消費者の購買意思決定モデル，広告の調査で確認すべき要素，推奨される広告媒体，注目すべき表現の要素などが組み込まれている。そして，情報型の場合には特定の情報

図 5-1　FCB グリッド

思考型の意思決定 ――→ 感情型の意思決定

	思考型の意思決定	感情型の意思決定
高関与	1. **情報型** 自動車，新製品 モデル　学習→感情→行動 クリエイティブ戦略　特定の情報を実証する	2. **感情型** 化粧品，アパレル モデル　感情→学習→行動 クリエイティブ戦略　表現要素にインパクトをもたせる
低関与	3. **習慣形成型** 食品，日用品 モデル　行動→学習→感情 クリエイティブ戦略　思い出させる	4. **自己満足型** 酒，菓子 モデル　行動→感情→学習 クリエイティブ戦略　注目を集めさせる

（出所）　Haley & Pittman（2022）p. 324.

の提示，感情型の場合には印象的な表現，習慣形成型の場合にはリマインダー，自己満足型の場合には注目を引く表現がそれぞれ重要になるとしている（図 5-1）。

ロシター・パーシー・グリッドとは，ロシター（J. R. Rossiter）とパーシー（L. Percy）が開発したモデルで，広告情報処理から始まり，ブランドのコミュニケーション効果を経て，購買者意思決定につながるという一連の過程を前提として，ターゲットがブランドの情報をどのように処理しているかを検討するためのガイドラインを提供している（Rossiter et al., 2018）。このモデルは，**ブランド認知**（brand awareness）を経て**ブランド態度**（brand attitude）が形成されるという前提に立って，ブランド認知（再認／再生）とブラ

図 5-2　ロシター・パーシー・グリッド

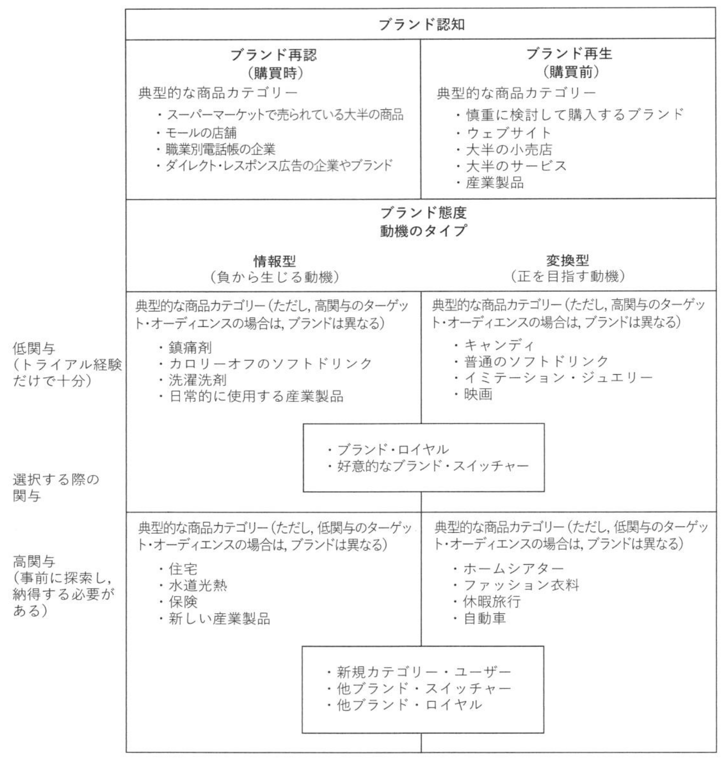

（出所）　Rossiter et al.（2018）.

ンド態度（情報型／変換型）から成り立っている。ブランド態度は，情報型と変換型に加えてFCBグリッドと同様に関与の高低がある（図 5-2）。

ブランド認知は，ブランドのコミュニケーションの出発点であり，購買時点でブランド認知が重要な場合と，購買に先立ってブランド認知が必要な場合とがある。たとえば，スーパーマーケットで商品を選ぶ場合には商品を見て決めることができるので，その時点でブランドを認識できればよく，**ブランド再認**が重要になる。一方，航空会社の場合には，なじみの航空会社から選ばれる傾向が強いので，具体的なフライトを決める前に，まず企業名やブランド名が思い出される必要がある。そのため，**ブランド再生**が重要になる。

情報型広告は，単にブランドの便益を文字通りの情報として伝えるのではなく，ベネフィットの情報を主張することによって，ブランドのベネフィットに対する信念を伝えようとする広告表現である。ブランドのベネフィットに関する情報をターゲットが思い出せるかどうかということではなく，ベネフィットがブランド態度に結びつけられていて，ターゲットがすぐに理解できるかが重要となる。一方，**変換型広告**は，意図的あるいは偶然に**評価条件づけ**を行うことで，ブランド態度をゆっくりと構築しようとする。評価条件づけとは，広告対象であるブランドと美しい情景や有名人などの好ましい情報を広告中に同時に提示することで，ブランドに好意的な評価をしてもらうような条件づけである。広告表現要素を用いて，感覚的満足，知的刺激・精通，社会的承認，地位の向上についてポジティブな動機づけをする。いったん，ブランドに対する評価（態度）が形成されると，評価が消去されにくくなる。そのため，一度作られた態度は長期間にわたって存続することになる。

ブランドの購買にあたって，多くの情報収集を必要とするような場合は，ターゲットにとって高関与な状況と考えられる。今までに使ったことのないカテゴリーのブランドを利用したり，新しい機能的特性を有したブランドを導入するような場合，消費者は商品購入にあたって多くの情報を収集してリスクの低減を図ろうとする。一方，すでにブランドを利用したことがあれば，ブランドについての情報をあまり必要としないこともある。

メッセージへの落とし込み

広告コミュニケーションの訴求方法が決定したら，それを具体的なメッセージとして落とし込んでいくことになる。先にも述べたように，単純な情報型訴求や情緒的訴求というものはめったにあるものではなく，実際の広告表現には多様な要素が含まれている。メッセージの伝え方には，事実訴求，科学的・技術的根拠，デモンストレーション，比較，テスティモニアル，スライス・オブ・ライフ，アニメーション，パーソナリティ・シンボル（キャラクター），イメージ，ドラマ化，ユーモアといった方法がある。

たとえば，洗剤などのブランドで，特定の成分が，競合ブランドよりも効率よく汚れを落とすといったことを，汚れた衣類などを用いて効果を示すような表現であれば，事実訴求，科学的・技術的根拠が含まれたテスティモニアル広告になるし，他ブランドと比較すれば比較広告になる。**スライス・オブ・ライフ**とは，日常の１コマといったような意味で，洗濯物を部屋干ししたときの臭いが気になりませんかといったように，日常によくある問題点を明らかにしたうえで，それに対する問題解決案を提案するという方法である。

アニメーション，パーソナリティ・シンボル（キャラクター），イメージ，ドラマ化，ユーモアといった方法は，情緒的訴求に沿ったメッセージを展開するときに用いられることが多い。アニメーションのブランド・キャラクターなどを用いた広告でブランドの価値観を表現すれば，アニーメーションとパーソナリティ・シンボルが含まれた広告表現になる。テレビやオンラインの広告で，同じ広告キャンペーンにもかかわらず，いくつかのコマーシャルが作られ，似たような設定で異なる登場人物が出てきたり，違った状況設定で似たようなストーリーが展開されることがある。このような広告は，ドラマ化された広告表現と考えられる。

Column 5

コラム5　広告に詰め込まれた思い　広告表現に関わるクリエイターは，日々何を考えているのだろうか。アート・ディレクターの浅葉克己氏を事例に見てみよう。浅葉氏は，百貨店がライフスタイルを提案する場として認識されていた1980年代に西武百貨店の「おいしい生活」を手がけたことでも知られるデザイン界の巨匠だ。広告関連の代表作には，ほかにもキユーピーマヨネーズ「野菜シリーズ」，サントリーオールド「夢街道」，武田薬品アリナミンA「いやはや，魚人だ。」，日清カップヌードル「シュワルツェネッガー，食べる。」などがある。

1960年代後半からクリエーターとしての活動を始め，2024年の現在も現役として日々アイディアを形に変えようとしている。広告制作では，映画監督のウッディ・アレンにニューヨークで「おいしい生活」というコピーを筆で書かせたり，カリフォルニア州知事にもなったハリウッド・スターのアーノルド・シュワルツェネッガーにやかんを振り回させたりして，人をあっと言わせるような表現もあれば，野菜のみずみずしさが伝わる画像や，見たこともないような海外の風景，有名人を用いて思わず息を呑むような表現もある。広告のコピーやコンセプトをポスターやコマーシャルでどのように表現させるのか，どのような人と組んで仕事をするのかをとりまとめるのがアート・ディレクターの仕事といえる。

多くの優れたクリエイターがそうであるように浅葉氏も多才で，グラフィック・デザイナーとしてロゴマークを考えたり，中国の少数民族が使う象形文字である「トンパ文字」や筆を用いた独自のタイポグラフィーを開発したりしている。卓球も趣味の域を越えており，ブルーの卓球台や色つきのボールの提案もして，日本卓球協会に採用されている。浅葉氏の活動は，広告コミュニケーションの枠にとどまらない。震災などの被災地で芸術祭や卓球大会の開催に携わったりもしている。何かをしようとするとき，周りに人がたくさんいて頭のなかで描いていたイベントが現実のものとなっていくのは，ひとえに浅葉氏の人柄によるものだろう。

浅葉氏は，世界中を旅していろいろな価値観に触れてきた。文字を書くことで手を動かし，卓球で体を動かしながら，世の中にあふれる情報を吸収して，浅葉氏の方法で表現していく。自身が教える学生には，日記をつけることと書道を勧めているという。デジタル社会となって，文字を書く機会も少なくなっている。オンラインで海外の風景を見ることが容易な時代でも，実際に旅をして見聞を広めたり，体を使って表現したりすることが，いかに意味のあることなのかが伝わってくるエピソードである。私たちが見ている広告には，浅葉氏のような表現への強いこだわりを持った優れたクリエイターが広告主のメッセージを汲み取って，ターゲットに向けて変換したたくさんの思いや情報が散りばめられている。

このように，クリエイティブ戦略を検討する際には，多くの検討事項を議論しながら，消費者の行動特性を把握しつつ，ブランドに適した表現を考えていかなければならない。

メディアに応じたクリエイティブ

実際の広告制作は，広告媒体に応じた作り込みが必要になる。コマーシャルのために撮影した動画の一部が，切り取られて印刷媒体の広告になるわけではない。

印刷広告であれば，広告を見たとき，まず目に入ってくる言葉がある。これが見出しとなる**ヘッドライン**と呼ばれるもので，それよりも小さい文字で書かれた見出しを**サブヘッドライン**という。広告メッセージの中心にある主張は，**ボディコピー**と呼ばれる。コピーライターを中心として，このような文字による表現が考えられている。視覚的要素には，ブランドや企業のブランド・ネーム，ロゴ，その他のイメージなどが含まれる。ブランドのロゴなどは広告主から提供されるが，それ以外の要素については別途用意する必要がある。グラフィック・デザイナー，カメラマン，アニメーターなどが関わる。最終的には，用意された言語的要素と視覚的要素を指定された画面上に配置する必要がある。このような作業を行うのが**アート・ディレクター**である。

テレビ・コマーシャルのような動画を含む広告であっても，印刷広告と同じように，ヘッドラインやコピーなどの文字情報を使う。印刷広告の場合には，文字や視覚要素の大きさなどによって，ある程度は消費者の目線を操作することができる。しかし，テレビなどのコマーシャルの場合，短い時間のなかで消費者にキャンペーンの意図を伝えなければならず，興味を引く広告の制作は容易ではない。そのため，テレビ・コマーシャルの制作には多くの人手がかかっている。時間単価で考えれば，テレビ・コマーシャルは最も高いコンテンツとされている。

動画の要素はコマーシャルで流れるもので，消費者の注目を集め，広告のアイディアを伝えられるものでなければならない。コマーシャルに登場するさまざまな要素が適切に配置され，動画上で処理される必要がある。そのため，コマーシャル・ディレクターなどのもとで，動画の撮影が行われたりしている。このような作業には，映像を撮るカメラマンなどに加えて，照明をチェックするライティング・ディレクターなども含まれる。

音声の要素は，コマーシャルのもう1つの大きな要素である。コマーシャルでは，印刷媒体のような文字による説明でなく，**ボイス・オーバー**と呼ばれるナレーションが使われることが多い。最近では，オンラインの広告の影響もあり，字幕がつけられる場合もある。音楽もコマーシャルにおいて欠かせない要素であり，コマーシャルの効果に大きな影響を与えるとされている。コマーシャルのために新たに楽曲が作られる場合もあれば，すでに世に出た楽曲が用いられる場合もあるが，多くの広告主がコマーシャルで音楽を利用するために多額の費用を支出している。コマーシャルのために，コマーシャル専用の歌を作る場合もある。このような歌は，**コマーシャル・ソング**，**CM ソング**，**ジングル**（jingle）などと呼ばれる。音楽に乗せてブランドの名前などを連呼するコマーシャルを覚えていることはないだろうか。それは，優れたジングルといえるのかもしれない。このような音楽の作成には，アーティストをはじめとする音楽関係者が関わっている。

動画と音声に関わる要素は，それぞれが専門家によって制作された後，クリエイティブ・ディレクターなどのもとで，コマーシャルとしてまとめられる。別々に用意された動画，音声，文字などを編集する作業は，映像作家，**モーショングラフィック・デザイナー**と呼ばれる専門家が行っている。

このように，消費者が最終的に目にする広告表現は媒体ごとに多くの人の手を経ている。同じ印刷媒体であったとしても，広告の大きさや形が異なれば，ターゲットの受け止め方などは変わってくる。広告主は多様な広告コミュニケーション活動を通じて，ターゲットにメッセージを届けようとするが，利用する媒体の特性も考慮に入れながら広告メッセージを考える必要がある。

クリエイティブの評価

広告コミュニケーションにおけるメッセージとしてのクリエイティブは，IMC の観点から評価されるべきであり，さまざまな評価の観点が存在する。ブランドのマーケティングや広告コミュニケーションの戦略や目標と合致しているかどうか，ターゲット・オーディエンスに対して適切なメッセージを選択しているか，メディアに適したクリエイティブが採用されているかといったことが問題となる。

有名人を用いた広告は，有名人の知名度や好感度をテコにしてクリエイティブに対する認知率を上げる可能性がある。しかし，有名人が一度に複数の広告主と契約して広告に登場すると，推奨者としての有名人とブランドとの結びつきが薄くなってしまったり，ブランドを誤認してしまったりすることもありうる。クリエイティブがターゲットの印象に残るかどうかは，広告の効果に影響する要因の1つではあるが，クリエイティブによって伝えようとしたメッセージがターゲットに伝わるかどうかという観点から，ブランドや広告コミュニケーションの担当者がクリエイティブを評価しなければならない。

キャンペーンの実施に先立つ評価は，広告主や広告会社が質的に行う場合もあれば，市場調査などによって複数のクリエイティブを評価させる場合もある。オンラインを主要な流通チャネルにしている企業では，デジタル広告をクリックして自社サイトに誘導する割合である**コンバージョン・レート**を広告表現の評価指標にしていることがある。デジタル広告の表現要素（商品の見せ方や配置など）を入れ替えたクリエイティブを複数用意して，実際の反応がよいクリエイティブを採用する方法をとっていることもある。このような手法は**A/Bテスト**と呼ばれている（第10章も参照）。

実際の広告コミュニケーション活動は，実験室のなかで行われているわけではない。広告主の関係者が想定していないようなことも起こりうるし，クリエイティブの評価が売上げなどの行動に直結するとも限らない。クリエイティブには，映像，登場人物，音声，ナレーションといったような要素が組み合わされているが，それらをすべてA/Bテストのように評価できるわけではない。クリエイティブに関わる人たちには，ブランドやキャンペーンの戦略などの幅広い視点からの判断能力が求められている。

Bibliography 引用・参考文献

Association of National Advertisers（2017）*Better Creative Briefs*. https://www.ana.net/miccontent/show/id/ii-better-creative-briefs-2017

Haley, E., & M. Pittman（2022）Remembering the FCB Grid: Thinking, Feeling, and Involvement in the Age of Social Media. *Journal of Advertising*, 51, pp. 323–335.

Rossiter, J. R., L. Percy, and L. Bergvist（2018）*Marketing Communications: Objectives, Strategy, Tactics*, Sage Publications.（岸志津江監訳〔2022〕『広告コミュニケーション成功の法則――理論とデータの裏打ちで，あなたの実務を強くする。』東急エージェンシー）

Smith, R. E., S. B. MacKenzie, X. Yang, L. M. Buchholz, & W. K. Darley（2007）Modeling the Determinants and Effects of Creativity in Advertising. *Marketing Science*, 26, pp. 819–833.

Starbucks Coffee Company（2022）「『おかえり』『ただいま』が聞こえてくる居心地の良い場所。サードプレイスの価値とは（大阪府・豊中市）」January 31, 2022 https://stories.starbucks.co.jp/ja/stories/2022/community_store3/

Till, B. D., & D. W. Baack（2005）Recall and Persuasion: Does Creative Advertising Matter? *Journal of Advertising*, 34, pp. 47–57.

Trout, J., & A. L. Ries（2001）*Positioning: The Battle for Your Mind*. The McGraw-Hill Companies.

Chapter

第 6 章

メディア・プランニング

最も効果的にメッセージを届けるために

Quiz クイズ

Q 顧客の購買地点に近いタイミングの広告出稿が有効であるという考え方を何というだろうか。

a. リーチ
b. フリクエンシー
c. コンティニュイティ
d. リーセンシー

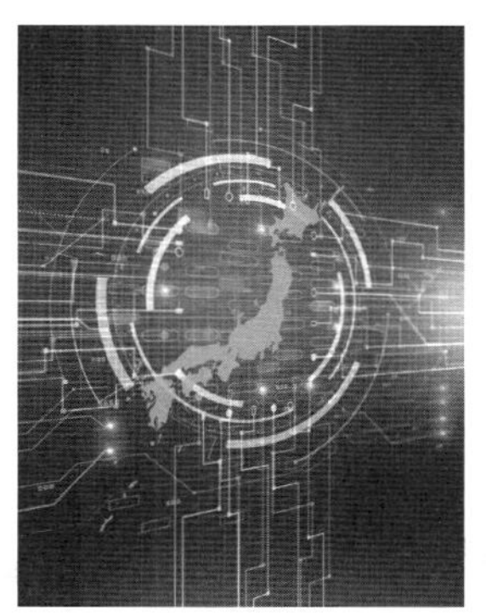

広告を作るにはあらゆる経路を考慮する必要がある。
(©Hajime Ishizeki/orion / amanaimages)

Chapter structure 本章の位置づけ

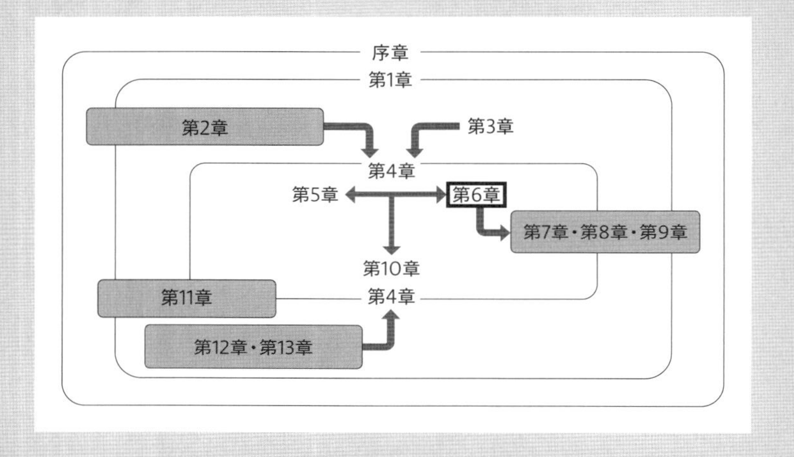

Summary 本章の概要

広告活動において，どれくらいの期間や頻度で，そしてどのような媒体を用いてターゲットである消費者に向けて広告を露出（exposure）させるのかなどを決めるメディア・プランニングは，広告の効果を左右する要素の1つである。広告コミュニケーションには多くの費用が必要とされるが，なかでも最も多くの費用が媒体に対する支払いに費やされている。

クリエイティブ・メッセージを，いつどのようにターゲット・オーディエンスに届ければよいのかといった問題は，多様化が進んでいるメディア環境において，統合型マーケティング・コミュニケーション（IMC）の観点から重要なテーマになっている。本章では，広告出稿量や出稿のスケジュールやタイミングを中心に見ていくことにする。

クイズの答え：**d**

優れたクリエイティブがあっても，ターゲットとなるオーディエンスに見てもらえなければ意味がない。広告コミュニケーションの受け手となるオーディエンスにメッセージを届けるためには，適切な媒体を選択し，効果的なタイミングでメッセージを露出しなければならない。メディア・プランニングでは，広告の出稿量をどのように考えるのか，キャンペーン期間内でどのようなスケジュールを組むのか，複数にまたがるコミュニケーションの調整をどのように考えるのかなどの意思決定を行っている。

1　メディア・プランニングの基礎概念

メディア・プランニングには，独自の用語や概念が使われている。ここではまず，その基礎概念を見ていこう。

たとえば，広告の受け手は，**オーディエンス**（audience）という集団として認識されている。これは，メディア・プランニングの考え方が，マスコミュニケーションを基に発達してきたことに起因する。ある地域において誰がどのようなメディアを利用していて，どのようなメディアに掲載されているどのような広告を見ているのかを把握するのは容易ではない。したがって，テレビの視聴者や新聞の読者などを，1人ひとりの個人としてではなく，オーディエンスという情報の受け手の集団として推定している。

ビデオリサーチ（2023）によれば，視聴率が示す視聴世帯や人数は，対象地域における世帯数と自家用テレビ所有率から類推することができる。その結果，関東地区の世帯視聴率1％は約19.8万世帯，個人視聴率1％は約40.5万人に相当すると推計される。新聞や雑誌などの印刷媒体の場合には，日本ABC協会が広告取引を目的として提供している部数データが参考数値として用いられることもある。

広告媒体には，さまざまなメディアが含まれており，新聞，雑誌，テレビ，ラジオ，インターネットなどがある。しかし，実際にオーディエンスが接触しているメディアには，○○新聞や△△新聞といった個別の名称が存在する。このように個別の名称をもったメディアを銘柄媒体または**ビークル**（vehicle）ともいう。オーディエンスには，いくつかの下位概念があり，媒体普及，ビークル普及，広告接触，広告知覚，コミュニケーション効果，行動反応などが含まれる（岸ほか，2024）。

オーディエンス普及の指標

媒体普及の指標は，**ペネトレーション**（penetration）とも呼ばれる。インターネットに接続したテレビやデジタル・サイネージなどの普及率などが該当する。**ビークル普及**では，ターゲット・エリア内におけるビークルの普及率が問題となる。ビークルを通じて広告メッセージを受けるのが潜在的なオーディエンスであり，**カバレッジ**（coverage）ともいわれる。印刷媒体であれば部数（**サーキュレーション**），放送媒体であればテレビの設置台数や使用する世帯や個人の数，インターネットであればサービスが展開されているかどうかなどが検討される。

ビークル接触は，オーディエンスによるビークルへの接触行動を指す。印刷媒体の場合には，読者数のほかに，実際に読んだ割合である閲読率，部数あたりの閲読人数である回読率などがある。放送媒体の場合には，視聴率や視聴率のシェアにあたる視聴占有率などがある。インターネットの場合には，ページビュー（PV）やユーザー数などがある。**広告接触**において印刷媒体や放送媒体の場合には，ビークル接触と同様の指標が用いられるが，インターネットの場合にはインプレッションなどの独自指標がある。

コミュニケーション効果や**行動反応**については，メディア・プランニング独自の指標は存在しない。なお，マスメディアのオーディエンスをマス・オーディエンス，ターゲットと想定するオーディエンスを**ターゲット・オーディエンス**ということがある。

広告露出の指標

オーディエンスへの広告露出の指標には，**リーチ**（reach；到達）と**フリクエンシー**（frequency；頻度）がある。リーチは広告露出の最も基本的な概念であり，広告出稿期間において少なくとも1回広告に接触したオーディエンスの数または割合を指す。ターゲット・オーディエンスに対する到達割合をネット・リーチということもある。フリクエンシーとは，ターゲット・オーディエンスのリーチを前提として，広告出稿期間にオーディエンスが接触した平均回数である。

リーチとフリクエンシーとの関係は，テレビの視聴率を用いて説明されることが多い。テレビでは，広告の視聴率がリーチとなる。広告の回数が多くなればなるほど，多くの人の目に届き（リーチ），同じ人が広告を見る回数も増える（フリクエンシー）。広告の出稿は複数回行われるのが一般的で，ターゲット・オーディエンスに対するリーチで新規に獲得したオーディエンス（新規到達世帯；ニュー・リーチ）の累積が**ネット・リーチ**となる。ネット・リーチは100%が理論値の上限となるが，広告出稿を繰り返した結果得られる累積のリーチには上限はない。テレビの場合には，これを**延べ視聴率**（GRP：gross rating points）と呼んで，テレビ広告の出稿量を把握する指標として用いられる（図6-1）。

図 6-1 GRP，リーチ，フリクエンシーの関係

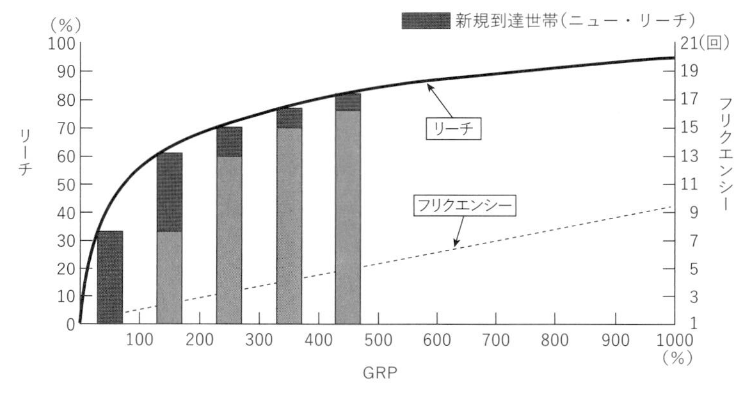

（出所） 日本広告業協会（2022）78 ページ。

リーチやフリクエンシーは，メディア・プランニングの目標として用いられる指標でもある。多様な広告媒体を用いてメディア・プランニングを計画する場合には，それぞれのメディアの特徴を考慮する必要もある。リーチやフリクエンシーなどの概念の意味するところや，カバレッジを含めたデータの入手可能性が，媒体によって異なることのほうが多い。テレビやインターネットの媒体資料は即時的にデータを入手することができるが，他の媒体については事情が異なる。そのため，複数の媒体を費用対効果の観点から比較することが難しい。メディア・プランニングでは，理論的な枠組みと実務的な課題を組み合わせていくことが求められる。

2　メディア・プランニングの展開

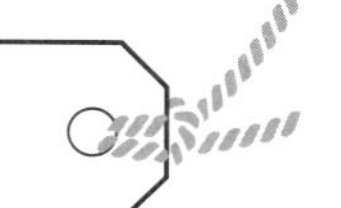

メディア・プランニングは，広告コミュニケーションの計画立案の一部を構成しており，広告媒体に関する環境分析，目標設定，媒体戦略，効果測定（第10章を参照）などを含む一連の意思決定と捉えることができる。

出稿する環境の分析

メディア・プランニングに関する**環境分析**では，購買データの入手可能性が高まったことを受けて，ターゲットとすべき地域の分析が行われるようになっている。ターゲット地域を設定するための方法として，いくつかの指数が開発されている。潜在的な購買力のあるターゲット・エリアを探すための指数としては，地域におけるブランドの使用率を考慮した**ブランド・デベロップメント・インデックス**（BDI：brand development index）や，地域内における商品カテゴリーの潜在能力を表す**カテゴリー・デベロップメント・インデックス**（CDI：category development index）などがある。BDIは，地域における総人口の割合と，地域における当該ブランドの売上げの割合とを比較している。一方CDIは，地域における総人口の割合と，地域における製品カテゴリーの売上げの割合とを比較している。

これらの指標が示すのは，当該地域におけるブランドやカテゴリーの潜在力と理解される。このような地域特性についての情報は，地域ごとの予算配分についての決定に示唆を与える。なお，アメリカでは主要都市において，地域内の人口，有効購買所得，小売売上

コラム6　リテール・メディアの発展と課題　広告業界は，商品の購入時点に近い場所で広告を出稿することが，一般消費財などの購入において効果的であることを認識している。購入のタイミングに合わせた広告出稿は，リーセンシーという概念として知られており（後述），屋外広告や交通広告は実店舗に近い場所で広告を露出させせることができるリーセンシー・メディアといえる。屋外広告や交通広告ではデジタル・サイネージなどの導入が進んだり，駅構内や車両内で消費者の注目を集められるような広告スペースの開発が進められたりしており，より柔軟な広告出稿を可能にすることでリーセンシー効果が高まるような工夫がなされてきた。

一方，小売店舗では商品の販売を促進するために，商品を陳列する棚に POP（販売時点）広告を配置するなどして，購入に向けた最後の一押しをしようとしている。近年，アメリカの小売業を中心として店舗内にデジタル・サイネージを設置する動きが加速している。小売業界は，実店舗でも会員カードなどの仕組みを導入することで，顧客と販売データを組み合わせる取り組みを進めてきた。小売業者（リテール）は，自ら入手したデータなどを活用して，ターゲットに適した広告を出稿する広告ビジネスに参入するようになった。

このように，小売業者がオンラインや実店舗において展開している広告媒体をリテール・メディアと呼び，小売業者にとっての新たな収益源として注目されている。広告主としても，店舗で販売している商品を広告できることから，広告出稿がどれくらい売上げにつながるのかを把握しやすい。アメリカ流通大手のウォルマートの広告事業部門のウォルマート・コネクト（Walmart Connect）の 2022 年度の売上げは，2021 年度に比べて 30% 増の 27 億ドル（約 4050 億円）にもなった。

日本では，Amazon や楽天などの EC（オンライン販売）事業を中心に展開する小売業者だけでなく，ドラッグストア，家電量販店・ホームセンター，スーパーマーケット，ディスカウント・ストア，コンビニエンス・ストアなど実店舗を展開する小売業者でリテール・メディア事業が拡大している。ファミリーマートなどのように店舗にデジタル・サイネージを導入したり，スマートフォンのアプリに広告を出したり，Google などのプラットフォームに広告を出稿したりなど，顧客情報を活用したり，顧客データを複数の小売業者で共有化しようという試みも行われている。

広告のスペースが増えるのは，広告業界にとって良いことばかりとは限らない。小売業は，店舗内においてさまざまな広告コミュニケーションを通じ，顧客の販売を促進しようと試みてきた。このような動向は，とくに対面による販売を原則とする実店舗において顕著である。デジタル広告で広告回避などが問題にされるように，過度な広告コミュニケーションはターゲットである消費者の不満にもつながる。このような情勢に対応するため，ウォルマートでは午前の 8 時から 10 時の間には，店舗内の音楽を消して，照明を落とし，デジタル・サイネージの動画を静止画にするなどして，消費者の五感にやさしい「センサリーフレンドリー・アワー」を実施しているという。

しかし，小売業界では，リーセンシー効果に代表されるように，購買直前の情報提供が有効だとの考えが依然として根強い。消費者からは，静かな買い物空間が好評という意見もあるようだが，利幅の薄い小売業においてリテール・メディアは貴重な収益源でもあるため，同じように導入する企業が増えるとは限らない。ウォルマートのような大企業が導入したことの影響は小さくないが，店舗内の賑わいと静けさとのバランスについても，検討されるべきなのかもしれない。

高などから**購買力指標**（BPI：buying power index）が調査されており，環境分析に活用されている。

媒体目標の設定

媒体目標の設定では，リーチとフリクエンシーを中心として広告出稿の量やタイミングなどを検討する。広告主には予算の制約がある。そのため，限られた予算を用いて多くのオーディエンスに広告を見てもらうのか（リーチ重視），限られたオーディエンスに繰り返し広告を見てもらうのか（フリクエンシー重視）を決定する必要がある。リーチやフリクエンシーの目標設定をするためには，複数のメディアやビークルを用いることを前提として，リーチやフリクエンシーを検討する必要がある。

広告出稿が1回だけだとすると，獲得されたリーチは重複のない（ネット）リーチである。しかし，実際には，複数のメディアやビークルが用いられている。そのため，同じ広告に繰り返し接触するオーディエンスが発生するようになり，ネット・リーチの増加率は頭打ちになっていく。結果的に，広告出稿量が多くなるほど，フリクエンシーの値も高くなっていく（図6-1参照）。したがって，リーチとフリクエンシーは，トレードオフの関係にある。

出稿量と広告効果との関係は，テレビのGRPを中心に考えられてきた。GRPは世帯視聴率を基に計算されているので，ターゲット・オーディエンスのリーチを正確に反映していないとの指摘がある。そこで，性別と年齢によって区別された個人視聴率を用いた**ターゲット・レイティング・ポイント**（TRP：target rating points）が用いられるようになってきた。

一定の広告出稿量を，期間を変えて露出させてオーディエンスのメッセージ記憶を調べた調査によれば，短期間に集中した広告出稿の場合には飽和，飽き，回避などの要因が強くなるためメッセージ記憶が低くなり，長期間にわたった場合には忘却率が高くなるためメッセージ記憶が低くなるという（図6-2；Heflin & Haygood, 1985）。広告露出が少なくても多すぎても，広告効果は得られない。このように，広告出稿のスケジュールとの関係で効果的なリーチが

図 6-2　広告記憶モデル

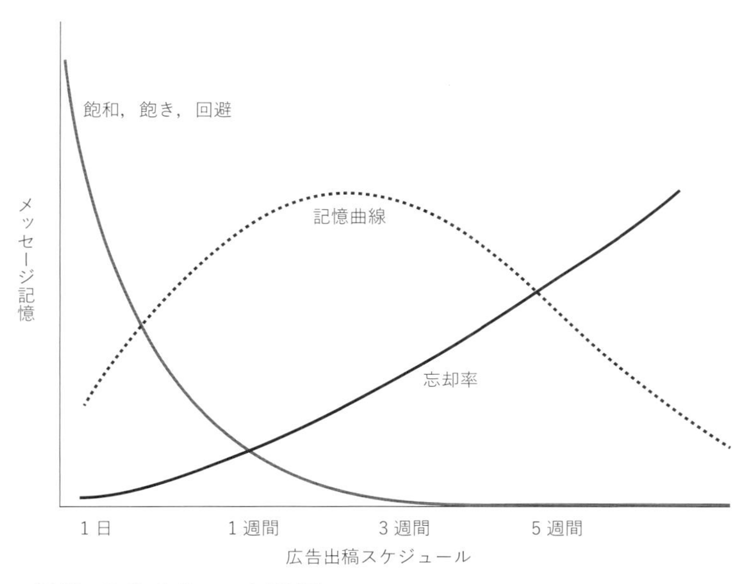

（出所）Heflin & Haygood (1985)。

存在するという考え方が**有効リーチ**（effective reach）である。なお，GRPにおいて有効リーチを獲得した広告露出を，**有効視聴率**（ERP：effective rating point）ともいう。

フリクエンシーにも**有効フリクエンシー**（effective frequency）という考え方がある。どれだけの回数で広告を露出すればよいのかは，広告業界で長年にわたって議論されてきたテーマの1つでもある。過去のフリクエンシー研究を分析した研究成果によれば，10回の露出があればブランドへの態度が最大化され，露出機会が多いほど記憶が高まるとされている（Schmidt & Eisend, 2015）。ターゲット・オーディエンスの購買機会から，有効フリクエンシーを検討する場合もある。新聞の折込広告が週末に多く見られるように，購買直前に広告を露出すれば，少ない頻度でも広告効果が期待できるという考え方がある。このような考え方は，**近接性効果**ともいわれており，**リーセンシー**（recency）とも呼ばれている。リーセンシーを重視する広告主は，小売業などに多く見られる。OOH（out of home）メディアは，消費者の購買導線上にあるためにリーセンシー効果が高いとされている（コラム6も参照）。

媒体戦略

媒体・ビークルの選択と組み合わせ：何に乗せて届けるか

広告コミュニケーションでは，多種多様な広告媒体やビークルが用いられる。媒体目標を設定したら，そのために適切な媒体やビークルの選択と組み合わせ，スケジューリングなどを行う。複数のメディアを組み合わせることを**メディア・ミックス**という。メディアを選択する基準としては，媒体のカバレッジ，媒体や広告に対するオーディエンスの態度，到達コスト，媒体データの入手可能性などがある。媒体資料には，ABC 協会による印刷媒体の考査レポートのように業界団体が調査したものから，調査会社による資料，媒体社による独自調査などがある。インターネットのように，ほぼリアルタイムで媒体接触の情報が入手できるものもあれば，調査が半年に1度に限られるようなメディアもある。そのため，同じ基準でメディアやビークルを比較するのは容易ではない。

媒体の特性についても考慮する必要がある。スマートフォンであれば，場所などを気にせずにインターネットにアクセスできる。しかし，多くの広告媒体は，媒体に接触できる場所が限定される傾向にある。表6-1には主要な広告媒体の長所と短所が，コミュニケーションの目的に応じてまとめられている。また，**カスタマー・**

表 6-1　コミュニケーション手段によって期待されるコミュニケーションの成果

	コミュニケーション手段										
コミュニケーションの成果	テレビ	販売促進	イベント	PR	ソーシャル・メディア	ウェブサイト	検索エンジン	ディスプレイ広告	モバイル・マーケティング	ダイレクト・マーケティング	人的販売
認知や注目の獲得	+++	++	++	++	+++	++	+++	+++	+++	++	+
詳細な情報の伝達	+	+	+	+	++	+++	+	+	++	+++	+++
ブランドのイメージやパーソナリティーの構築	+++	++	++	++	+++	++	+	+	++	+	+
信頼の構築	+	+	+	+++	+++	+	+	+	++	+	+++
感情の惹起	+++	++	+++	+++	+++	++	+	+	++	+	+
行動の誘発	+	+++	+	+	+	++	+++	++	+++	+++	+++
忠誠心の醸造	++	+	+	+	++	++	+	+	++	++	++
人々の結びつけ	+	+	++	+	+++	+++	+	+	+++	+	+

（注）　+++＝強い影響，++＝中程度の影響，+＝弱い影響。
（出所）　Batra & Keller（2016）より作成。

表 6-2　カスタマー・ジャーニーごとに比較したコミュニケーション手段の違い

	コミュニケーション手段										
カスタマー・ジャーニーの段階	テレビ	販売促進	イベント	PR	ソーシャル・メディア	ウェブサイト	検索エンジン	ディスプレイ広告	モバイル・マーケティング	ダイレクト・マーケティング	人的販売
ニーズ	+++	+	+	++	++	+	+++	+++	++	+++	+++
認知	+++	++	+++	++	++	+++	+++	+++	+	+++	+++
検証	++	++	+	+	++	+++	+++	+++	++	+++	+++
学習	++	++	+	+	++	+++	+++	++	+++	+++	+++
好意	+++	++	+++	++	+++	+++	+	+	+++	++	++
購入意図	+	++	+	++	+	++	+	+	++	+++	+++
コミットメント	+	+++	+	+	+	++	+	+	+++	+++	+++
消費	+	+++	+	+	++	+	+	+	++	+	+
満足	++	++	+	++	++	++	+	+	++	+	+
ロイヤルティ	++	+++	+++	+	+++	++	+	+	+++	+++	+++
エンゲージメント	+	+++	+++	+++	+++	+++	+	+	+++	+++	+
拡散	+	+	+++	++	+++	+++	+	+	+++	+	+

（注）　+++＝強い影響，++＝中程度の影響，+＝弱い影響。
（出所）　Batra & Keller（2016）より作成。

ジャーニーの観点から広告コミュニケーションの効果を比較した研究もある（表 6-2；Batra & Keller, 2016）。これらにまとめられた特徴は，媒体の特徴が整理されたその時々の媒体特性が反映されている。

特性を意識した選定：受け手に合わせて届ける

広告コミュニケーションの効果には，受け手である消費者の特性も影響する。統合型マーケティング・コミュニケーション（IMC）を前提とした場合，オーディエンスによる媒体の使い分けについても理解する必要がある。メディアの利用は，古くから**利用と満足の理論**（UGT：uses and gratifications theory）という理論などによって説明されてきた。この理論は，特定のメディアに対するオーディエンスの満足がメディア利用をするという関係性を示している。また，マスコミュニケーション研究で用いられる**ニッチ理論**（niche theory）は，オーディエンスが時間，空間，金銭などの限られた資源を配分しながら，メディアを使っているという前提に立って，オーディエンスによる複数の媒体の利用行動を説明している。この前提に立つとオーディエンスは，媒体を使ったときの満足，満足を得る機会，広告の出稿，消費者の出費などに基づいて媒体選択をしており，その結果複数の媒体間で競合関係や共存関係が生じることもある（Dimmick et al., 2000）。

たとえば，スマートフォンの普及により，インターネットへのアクセスは変化した。アクセスのための端末がパソコンからスマートフォンに変わっている。このような関係性はメディアの競合関係といえる。スマートフォンによって他のメディアの存在意義が薄れたと断言することもできない。オーディエンスは，目的によって媒体を使い分けることがあり，他の媒体で気になった内容をスマートフォンで調べたりすることがある。QR コードや検索ワードを広告などに表示して，インターネットに誘導するような手法は，メディアの共存関係を利用したものといえる。

このように，メディア・ミックスや広告以外のコミュニケーション手段を含めたIMCを検討する際には，媒体についてさまざまな視点から評価する必要がある。

出稿スケジュールの8つのパターン

媒体を選択した後は，広告出稿のスケジュールを検討する必要がある。キャンペーン全体や各媒体に期待する役割などを検討してスケジュールを決定していくことになる。キャンペーンの期間において，限られた広告予算をどのように割り振るのかは重要な意思決定の1つであり，**コンティニュイティ**（継続；continuity）とも呼ばれる。広告出稿のスケジュールを決定することは，リーチやフリクエンシーとも密接な関わりがある。予算を効率的に使うために，広告を出稿する期間と出稿しない期間とを設ける**フライティング**（flighting）と呼ばれるパターンや，出稿量の多い期間と少ない期間を用意して出稿量のイメージが波形になる**パルシング**（pulsing）と呼ばれるパターンが，基本的なスケジュールのパターンである。

ロシターとパーシー（Rossiter et al., 2018）は，これらのパターンを発展させて，メディア・プランニングの目的に応じた8つのパターンを提案している（図6-3）。これらのパターンは，新商品に適した4つのパターン，すなわち電撃型，くさび型，逆くさび・対人的影響型，短期流行型と，既存商品に適した4つのパターン，すなわちインパクト・スケジュール型，ブランド認知維持型，ターゲット移行型，季節需要刺激型からなっている。

新商品に適した4つのパターン

電撃型は，新しい商品やサービスの導入時に用いるべきパターン

図 6-3　リーチ・パターン

① **電撃型**（新製品）

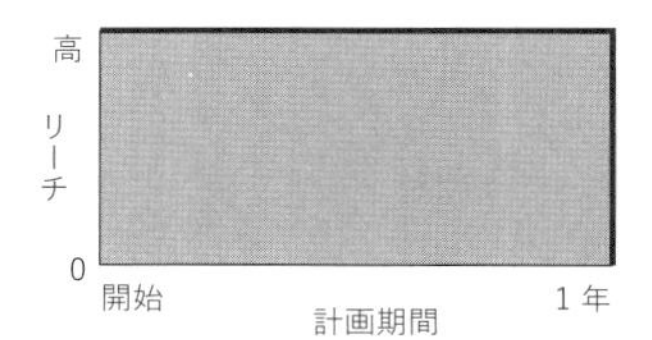

② **くさび型**（新製品）

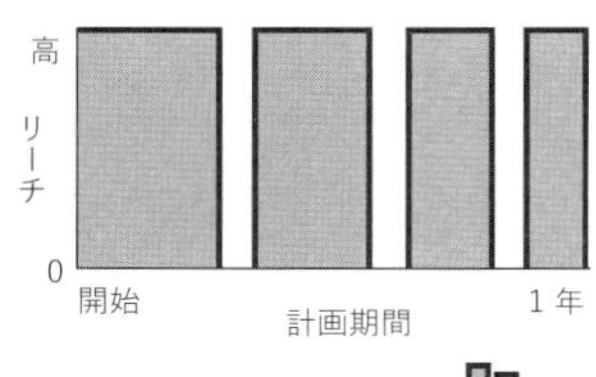

③ **逆くさび・対人的影響型**（新製品）
★はイノベーターや先駆的ユーザー

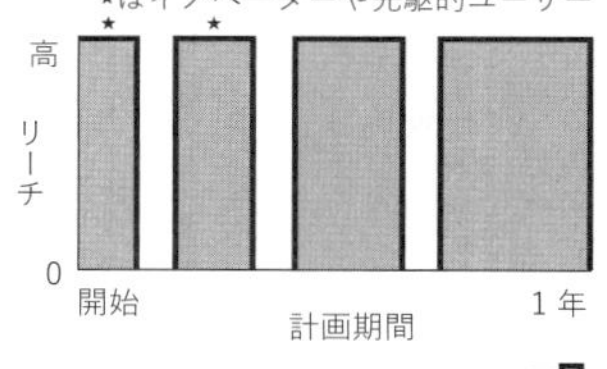

④ **短期流行型**（流行製品）

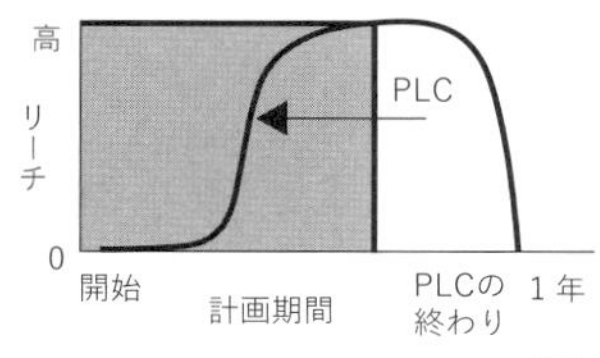

⑤ **インパクト・スケジュール型**
（1年を通して一定の間隔で購買される
パッケージグッズやサービスの既存品）

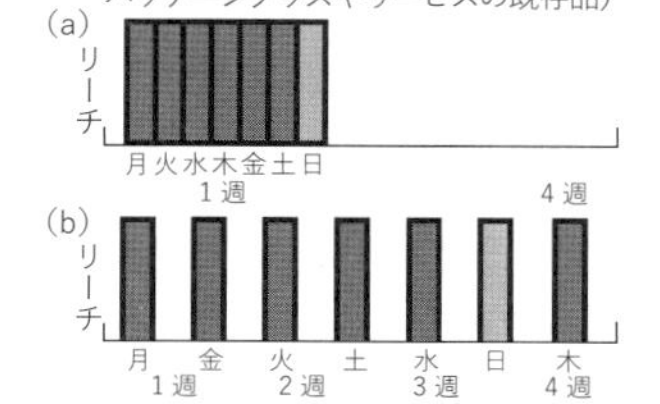

⑥ **ブランド認知維持型（購買サイクルが長く，意思決定に時間のかかる既存製品）**

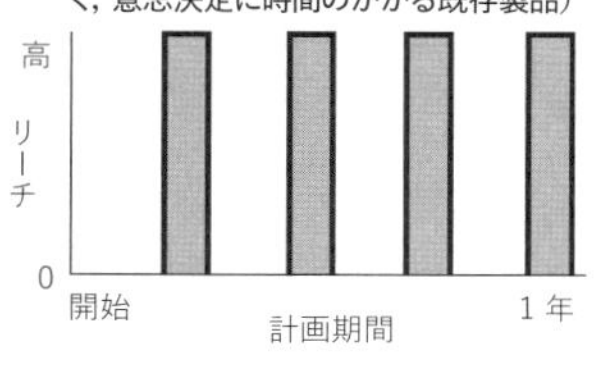

⑦ **ターゲット移行型（購買サイクルが長く，意思決定が速い既存製品）**

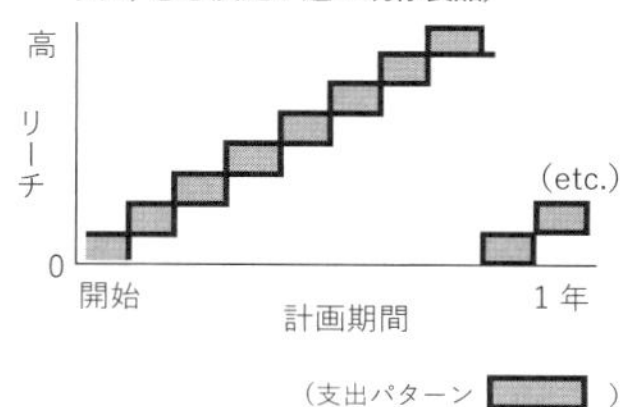

⑧ **季節需要刺激型（売上げに季節変動のある既存製品）**

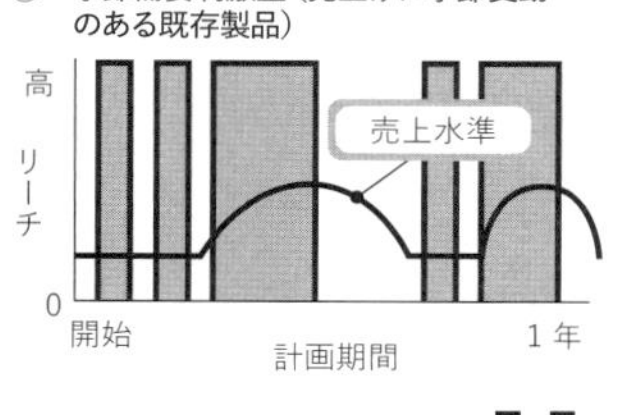

（出所）　岸ほか（2024）257 ページより作成。

である。認知率が低く，購買経験の少ない新規ターゲットに広告を露出するためには，大量の広告出稿が必要とされ，媒体費用も高くなってしまう。そのため，実際には電撃型の出稿は半年（25週間）程度に限られるという。**くさび型**は，電撃型よりも効果は低いものの，コストを大幅に抑えて実施することができる。広告費の支出パターンがくさびの形をしていることから名づけられている。反復購買型の商品やサービス・カテゴリーにおける新規ブランド投入時に効果的とされる。**逆くさび・対人的影響型**は，くさび形とは逆の支出パターンをもつ。このパターンでは，キャンペーンの初期に革新者（イノベーター）や先駆者（リード・ユーザー）をターゲットにし，彼／彼女らの対人的影響力が高まったところで，一般市場にターゲットを拡大していく。イノベーターは，オピニオン・リーダーとして，クチコミなど対人的コミュニケーションによってターゲットを拡大する役割が期待されている。そのため，社会的承認を動機とする新商品の導入時に適している。**短期流行型**は，ライフサイクルの短い商品を念頭に置き，商品ライフサイクルの導入期に出稿量を集中させる。ファスト・ファッションなどの場合には，逆くさび型のようにコミュニケーションに時間をかけている時間がない。そのため，ライフサイクルの導入期や成長期に出稿を集中することになる。

既存商品に適した4つのパターン

インパクト・スケジュール型は，日用消費財などを念頭に置いて，有効フリクエンシーの考えに基づいたパターンで，1日あたり複数回の**広告接触機会**（OTS：opportunity to see）が獲得できるようにする。これがインパクト・スケジューリングと呼ばれるもので，定期的購買をするような商品の場合に有効とされる。そのため，1年間ではなく，1カ月（4週間で）スケジュールを考える。1週間に集中する場合もあれば，４週間にわたって曜日ごとに出稿する場合もある。**ブランド認知維持型**は，耐久消費財やビジネス用品などのように，購買サイクルが長く，購買決定に時間を要する商品向けのパターンである。顧客の購入時期を特定することはできなくても，ターゲットにブランドを認知してもらい，購入時にブランド名が想起されることを狙っている。特定の時期に出稿量を集中するのではなく，一定の期間を空けて定期的にオーディエンスにリーチする。**ターゲット移行型**は，家庭用電気製品の買い換えといったように，購買サイクルが長いが意思決定にかける時間が短いような商品を念頭に置いたパターンである。ターゲットは，一度対象商品を購入すると，しばらくは見込み顧客ではなくなってしまう。このような商品カテゴリーの場合，ブランド認知の獲得だけだけでなく，購入促進も同時に達成する必要がある。利用するメディアそのものだけでなく，広告出稿の時間帯や場所を変更することによって，異なるターゲットにリーチすることができる。**季節需要刺激型**は，売上げに季節変動がある商品カテゴリー向けのパターンである。需要が高まる季節に先駆けて，カテゴリー・ニーズを刺激するために何回かに分けた出稿があり，需要がピークになるタイミングで集中的な出稿を行う。商品カテゴリーの認知とブランド認知とを獲得することで，季節需要を効率的に取り込むことができる。

3　予算面からのメディア比較のための検討事項

比較のために必要な指標化

メディア・プランニングにおいて予算と広告出稿とのバランスを

とることは，最も重要な意思決定の1つともいえる。メディア・プランニングでは，複数のメディアやビークルを用いることが一般的である。そのため，メディアの特性だけでなく，費用の観点からもメディアやビークルを比較する必要がある。

メディアの比較方法として，最も一般的な概念に1000人あたりの**到達コスト**（CPM：cost per mill）がある。印刷媒体であれば，媒体出稿にかかる費用とサーキュレーションなどで求めることができる。新聞やテレビなどは，多くのオーディエンスにリーチできるため，他の媒体と比べてCPMを低く抑えられるとされている。放送媒体では，視聴率などを用いた比較尺度もある。テレビでは，視聴率1％あたりの費用である**パーコスト**（CPRP：cost per rating point）が，実際の広告取引時の基準として用いられている。これは，コマーシャルにかかった費用と番組の視聴率から求めることができる。CPRPを用いることにより，異なるテレビ局（ビークル）の番組やタイムを費用面から比較することができるようになる。

ターゲットを意識した指標

CPMは，メディアやビークルに対するオーディエンス全数を用いて計算している。さまざまなメディアに応用ができるが，ターゲットへの到達という観点からは無駄なカバレッジが存在してしまう。そこで，ターゲット・オーディエンスへの到達を考慮した**ターゲットCPM**（TCPM）という指標が用いられることもある。たとえば，テレビでは世帯視聴率だけでなく，個人視聴率も測定されており，**ターゲット層の視聴率**（TRP：target rating point）を把握することができる。テレビやオンライン・メディアのように，ターゲットへの到達を測定することが容易な媒体の場合には，ターゲットCPMを用いることができる。しかし，他の媒体では類似の指標が存在していなかったり，存在していてもデータの入手に時間がかかってしまうことがある。

複数のメディアの組み合わせやスケジューリングは，複雑な作業を伴う。そこで，メディアやスケジュールの選択と費用がどのような関係にあるかを把握するために，広告会社などでは**オプティマイザー**と呼ばれるアプリケーションを用いて，予算のシミュレーションなどを行っている。

4 メディア・プランニングに影響を与える要因

メディア・プランニングでは，リーチとフリクエンシーのどちらを重視すべきなのかといった問題が議論される。リーチとフリクエンシーのどちらを高めるかは，広告コミュニケーションの目標に沿って考えなければならない。出稿スケジュールの８つのパターンにも見られるように，メディア・プランニングには広告コミュニケーションの背後にある企業やブランドの目標などが深く関わってくる。

たとえば，注目，認知，理解などを主要な目標とする場合にはリーチが必要とされるが，好意，選考，確信，試用などを目標とする場合にはフリクエンシーが重要とされている（Lancaster & Katz, 1988）。製品ライフサイクルに当てはめて考えると，導入期には認知確保のためにリーチが重要で，買い換えや買い増しを目的とする成熟期ではフリクエンシーが重視される。

広告の出稿量と広告効果との関係性を考える場合には，出稿量と広告効果の単純な関係だけを想定するのではなく，これらの関係に影響を及ぼす要因についても検討する必要がある。たとえば，コマーシャルの長さ，ブランドの特性，広告表現のタイプ，効果測定のタイミングなどが問題となる。広告の反復露出について分析した研究によれば，広告の露出期間の長いほうが広告態度を高める効果があること，広告が押しつけがましくないと広告記憶は定着しやすいことなどが明らかにされている（Schmidt & Eisend, 2015）。

ブランド間の関係性への視点

広告主による過去のマーケティング・コミュニケーションは，メディア・プランニングにさまざまな影響を与えている。新しいブランドと既存のブランドとでは，広告コミュニケーションにおいて必要とされるブランド認知が異なる。そのため，強いブランドのほうが既存の知名度を活用して広告における認知を効率的に獲得できる。製品カテゴリーの違いによる基本的なコミュニケーション戦略の違いも，ブランドに影響する。消費財などの購買サイクルが短いカテゴリーでは，競争的な市場環境であることが多く，市場シェアや広告費における市場シェアである**シェア・オブ・ボイス**（SOV；第4章も参照）などが広告認知に影響することもある。

広告表現への視点

広告表現の特性も，メディア・プランニングの効果に影響を与えている。広告のメッセージがわかりやすかったり，独自性が確保されていたりすれば，出稿頻度が低くても広告認知を確保することができるかもしれない。ビデオリサーチによるシミュレーション調査では，広告表現のタイプによっては同じ広告出稿量でも広告の認知率に違いが出るという（ビデオリサーチ，2001）。たとえば，商品やサービスの特徴が印象的な広告よりも，印象に残る音楽や背景がある広告やタレントなどの有名人が登場する広告のほうが，広告の認知率が高くなる傾向にあるという。

環境要因への視点

媒体環境の要因も考慮する必要がある。メディアを取り巻く環境は常に変化している。インターネットへのアクセスを考えてみれば，パソコンからスマートフォンへと大きく変わっている。その結果，インターネットに費やされる広告費の内訳も，パソコン向けではなくスマートフォン向けの費用が増加している。従来からあるマスメディアも，デジタルのサービスを拡充しつつあり，それらはスマートフォンのアプリという形をとって，互いにオーディエンスを獲得しようとしている。また，広告会社や媒体社は，オーディエンスへの広告接触機会を増やすために，新たな広告媒体を開発しようとしている。このような環境下では，広告の**クラッター**が起きやすい。とくに，インターネットではオーディエンスが広告を邪魔と感じて，広告を回避しようとする傾向が強い。

記事体広告やネイティブ広告，映画やドラマなどにおけるプロダクト・プレイスメント，ゲーム内のインゲーム広告（in-game advertising），インフルエンサー・マーケティングなどのように，オーディエンスによる広告回避のような感情を引き起こさせにくいコミュニケーションのあり方やメディアの利用方法に対する注目も高まっている。

データと経験を統合したプランニングの重要性

メディア・プランニングは，意思決定の手続きなどから科学的に行われているように見えるかもしれないが，純粋なメディア・プランニングの効果を抽出するのは容易でなく，広告主や広告会社の経験や想像力による部分も決して少なくない。ターゲット・オーディエンスの特性を理解しながら，いかに広告を効果的に到達させるかは，広告主にとって重要な広告コミュニケーション上の課題であり，メディア・プランニングの重要性は高まっているといえる。

Bibliography 引用・参考文献

Batra, R., & K. L. Keller（2016）Integrating Marketing Communications: New Findings, New Lessons, and New Ideas. *Journal of Marketing*, 80, pp. 122–145.

Dimmick J., S. Kline, L. Stafford（2000）The Gratification Niches of Personal E-mail and the Telephone: Competition, Displacement and Complementarity. *Communication Research*, 27, pp. 227–248.

Heflin, D. T., & R. C. Haygood（1985）Effects of Scheduling on Retention of Advertising Messages. *Journal of Advertising*, 14, pp. 41–64.

岸志津江・田中洋・嶋村和恵・丸岡吉人（2024）『現代広告論』［第4版］有斐閣。

Lancaster, K., M., & H. E. Katz（1988）*Strategic Media Planning*, McGraw-Hill.

日本広告業協会（2022）『〈新版〉広告ビジネス入門』［第24版］日本広告業協会。

Rossiter, J. R., L. Percy, L. Bergkvist（2018）*Marketing Communications: Objectives, Strategy, Tactics*. SAGE Publications.（岸志津江訳［2022］『広告コミュニケーション成功の法則―理論とデータの裏打ちで，あなたの実務を強くする。』東急エージェンシー）

Schmidt, S., & M. Eisend（2015）Advertising Repetition: A Meta-Analysis on Effective Frequency in Advertising. *Journal of Advertising*, 44, pp. 415–428.

ビデオリサーチ（2001）「HOME，データコーナー，データ紹介・分析事例，マーケティングデータ，広告効果指標の標準値・参考値（Norm

値）データ集」http://www.videor.co.jp/data/member/marketing/cmkarte2001/index2.htm（2024年4月時点アクセス）
ビデオリサーチ（2023）「『視聴率1％は何人？』ビデオリサーチが解説 視聴率基本の『キ』」https://www.videor.co.jp/digestplus/article/80437.html

マスメディア

特性に応じた情報を届ける

第 7 章 Chapter

Quiz クイズ

Q 近年，マスメディアもデジタルとの融合が進み，オンライン上での広告展開が活発化している。マス 4 媒体のうち，デジタル広告費が最も多く使われているメディアはどれだろうか。

a. テレビ
b. ラジオ
c. 雑誌
d. 新聞

情報の伝え方は適材適所。
（©princeoflove / PIXTA）

Chapter structure　本章の位置づけ

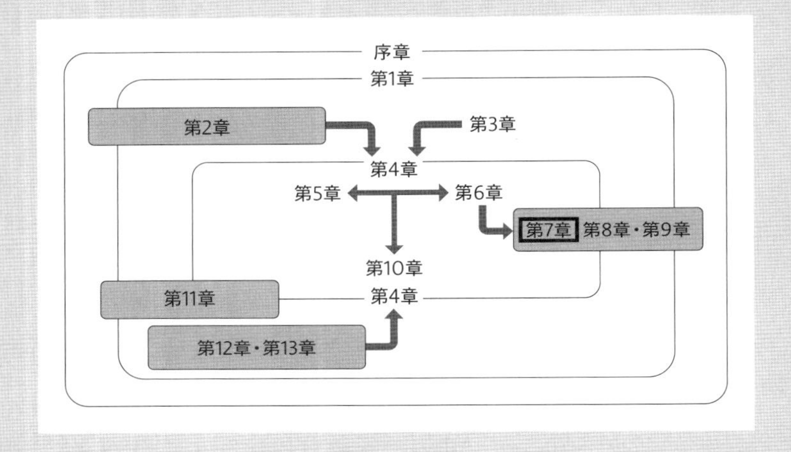

Summary　本章の概要

伝統的なメディアであるテレビ，ラジオ，新聞，雑誌は，インターネットの登場まで主要なメディアとして機能していた。現在ではインターネットにその主役の座を譲ったが，一度に多くのオーディエンスに接触できるマスメディアは，広告メディアにおいて依然として重要な存在である。効果的な媒体戦略を構築するためには，これらのメディア特性を理解することが必要である。また，現代のメディア環境を捉えるためには，インターネットとの融合がどのように図られているかを理解することが求められる。

本章では，伝統的メディアがデジタル・シフトを進めるなかでの課題と機会に焦点を当て，これからのメディア環境を展望する。

クイズの答え：c
（出所）　電通（2024）「2023 年 日本の広告費」。

広告戦略は，表現戦略と媒体戦略の２つに分類される。表現戦略では広告メッセージが作成され，作成したメッセージを媒体戦略で**広告メディア**（advertising media）を通じてオーディエンスに伝達される。広告メディアとは，「製品，サービス，組織，アイディアなどの潜在的なオーディエンスやターゲット市場に広告メッセージを伝えるために採用できる様々なメディア」と定義されており，「デジタル・メディア，新聞，雑誌，ダイレクトメール広告，ラジオ，テレビ放送，ケーブルテレビ，屋外広告，交通広告，専門広告など」が含まれる（American Marketing Association, n.d.）。各メディアに独自の強みや制約が存在し，それらを理解することが効果的な媒体戦略の立案に不可欠である。本書では，広告メディアをマス媒体（マスメディア），サポート・メディア（第８章を参照），デジタル・メディアの３つに分類する。本章では，広告メディアのなかでも**マス媒体**と呼ばれるテレビ，ラジオ，新聞，雑誌の媒体に焦点を当てて説明する。

マス媒体とはマスコミュニケーション媒体の略で，「マス」（mass＝大衆）に対してコミュニケーションする媒体を指す。テレビ，ラジオ，新聞，雑誌の４つが代表的なマス媒体であり，**マスコミ四媒体**と呼ばれる。一度に多くのオーディエンスに対してメッセージを届けることができる媒体であり，長い間，広告メディアの主要な存在であった。しかし，デジタル化の進展とともに，消費者のメディア接触パターンは変化している。

1　マスコミ四媒体の特徴
—— マス媒体のデジタル化

マスコミ四媒体ではインターネットの普及に伴い，媒体社の収益構造が変化しており，メディア・サービスのインターネットとの融合が図られている。テレビでは，2015年にスタートした「TVer」（ティーバー）などのインターネットを介して直接視聴者に提供されるメディア・サービスが注目されている。これらのメディア・サービスは **OTT サービス**（over-the-top media service；オーバー・ザ・トップ・メディア・サービス）と呼ばれ，テレビ番組をリアルタイムに視聴しなくても，視聴者はいつでも好きなときにインターネット上で視聴できるようになった。

ラジオにおいても，2010年に開始されたデジタル配信サービス「radiko」（ラジコ）により，従来の受信機を必要とせず，インターネットを介していつでもどこでも容易に聴取できるようになった。

印刷媒体においては，新聞と雑誌の電子化が進んでおり，紙媒体を購入しなくても，パソコンやスマートフォン，タブレットなどを利用して講読できる電子版と呼ばれるスタイルが定着している。電子版への移行が成功したとされる日本経済新聞社が発表したデータによると，2023年12月時点で朝刊の紙媒体と電子版の合計発行部数約231万部のうち，約90万部が電子版の有料会員であった（日本経済新聞ホームページ，2024）。

このような現状を捉えるために，電通が毎年発表している「日本の広告費」において，2018年から「マスコミ四媒体由来のデジタル広告費」の推定が開始され，インターネット広告費のなかにマスコミ四媒体が出稿したデジタル広告費を別に推定することになった。2018年の推定開始から，3年連続で2桁成長を続け，21年には1000億円を超える規模までに成長した（電通，2022）。この広告費のデータは，マスメディアとデジタル・メディアの融合が進んでいる実態を示している。

2 映像・音声メディア

テレビ・メディア

テレビは，映像と音声を組み合わせたメディアである。本来の意味は，「テレ・ビジョン」（遠くのものを見る）から来ており，遠くのものを即時的に見られるメディアの技術的特性から命名された。しかし，インターネット媒体を通してさまざまな動画視聴が可能になると，「テレ・ビジョン」の特性はテレビだけのものではなくなった（志岐，2018）。

2019年に初めてインターネット広告費がテレビ・メディア広告費を上回るまで，テレビは長年にわたり最も多くの広告費が支出されるメディアの中心的存在であった。

現在，テレビを取り巻く環境は大きく変化している。録画再生技術が発達し，テレビの録画視聴が増加している。さらに，Tverなどの OTT サービスが登場したことで，テレビをリアルタイムで視聴する必要性が低減している。機器の発達とインターネットとの融合が進み，多様な視聴スタイルが確立されるようになった。

テレビ・メディアの特徴

テレビ・メディアのメリット　テレビ・メディアは，「**即効性**」「**説得性**」「**信頼性**」に優れているとされる。多くの家庭に普及して

コラム7 テレビ・メディアの歴史と広告　テレビは情報収集や娯楽に関して，現代の日常生活に欠かせないメディアである。しかし，この身近なメディアがどのようにして普及したのか，その過程について考える機会は少ない。とくに，テレビ・メディアの普及と発展において，広告会社が果たした役割は重要である。広告会社は，テレビ・メディアやラジオ・メディアといった放送メディアの可能性を早期に捉え，その成長に多大な貢献を果たしてきた。本コラムでは，テレビ・メディアと広告との間に存在する密接な関係性に焦点を当て，日本におけるテレビ・メディアの普及において広告会社がどのような役割を果たしてきたのかを紹介する。

電通第4代社長であり，「電通中興の祖」「広告の鬼」とも称された吉田秀雄は，広告ビジネスにおける商業放送事業の重要性に早くから注目し，ラジオとテレビの民放（「民衆放送」）事業の設立・開拓に尽力した。民放事業は広告放送料を収入源とすることから，放送広告は広告ビジネスの新しい領域として求められた。

ラジオ放送はNHKの独占放送方式で1925年に始まり，その後，1950年にNHKの一社体制が見直され，電波三法の成立を経て民間放送事業の設立が認められた。吉田はこの際，ラジオ放送の知識普及・啓蒙活動に努め，民放ラジオ局の開局支援に奔走した。そして，1951年にラジオの民間放送が開始された。吉田は早くから民放の登場に備え，広告枠の販売体制を整えており，人材育成に努めたため，好業績を達成したラジオ放送の広告販売において，圧倒的な優位性を確保した。

その後，当時の読売新聞社社主であった正力松太郎とともに，民放テレビ事業の実現を主導した。テレビ放送は，1953年2月1日に国営放送であるNHKでテレビ本放送がスタートし，同年8月28日に日本初の民間テレビ局として日本テレビ放送網が開局された。電通は民放設立準備に取り組んでいたメリットを活かし，ラジオ広告に続くテレビ広告でも優位性を確保し，電通は放送局との密接な関係を構築し，飛躍的な成長を遂げたといわれている。

NHK東京テレビジョン（現NHK）開局当時，受信契約者数はわずか866件であった。テレビ受像機が当時の大卒会社員初任給の年収の2倍もしたため，一般国民が簡単にテレビを購入できなかったのが原因と考えられている。この状況を打破し，テレビの広告媒体としての価値を高めるために，「テレビによる宣伝価値は，家庭の受像機の数ではなく，テレビを見ている人の数である」との考えのもと，正力が街頭テレビを発案し，人の集まる場所に大型受像機を設置した。街頭テレビではプロ野球やプロレス，相撲などの中継が好評であったが，そのなかでもとくにプロレスが人気で，力道山をメディア・スターに押し上げた。

テレビは群衆が街頭テレビに群がって視聴する特別なメディアであったが，価格の低下とともに一般家庭へも普及していく。1959年の皇太子御成婚の際，御成婚パレードを視聴するためにテレビを購入する世帯が劇的に増加し，テレビの普及に大きく貢献したといわれている。さらに，1964年の東京オリンピックはカラーテレビ受像機の普及を後押し，テレビは一般庶民の娯楽へと変化を遂げた。

かつて，家庭において，一室に家族団らんで集まり，テレビを視聴していた。この時代のテレビ・リポーターは，視聴者に対して「お茶の間のみなさん」と呼びかけていた。「お茶の間」という言葉は，居間やリビングを意味すると同時に，テレビ視聴者やテレビそのものを指す言葉としても用いられた。現在の消費者はもはや「お茶の間」でテレビ視聴するという感覚は薄れ，個々人が自らのデバイスで好きなコンテンツを視聴するスタイルへと変化している。この傾向は，テレビ受像機の世帯普及率が2014年から緩やかに減少しているデータからも明らかになっている。2023年2月1日，日本のテレビ放送開始から70年を迎えた。今後のテレビの視聴スタイルは，消費者のライフスタイルの変化や技術革新とともにどのように変化していくのだろうか。

いることが大きな強みである。テレビの出荷台数は減少傾向にあるが，設置されている世帯はいまだに多い。また，テレビ受像機以外にもさまざまなデバイスを通じて視聴する仕組みがあり，いまだに一度に多くの人に視聴させることができるメディアである。老若男女を問わずあらゆる世代の消費者に一度にリーチでき，情報伝達のスピードの速さと範囲の広さにおいて他のメディアと比べ優位性がある。

また，テレビはマスコミ四媒体のなかで唯一音声と色のついた動画で訴求できるメディアである。そのため，広告表現の幅が広く，ブランドの世界観を伝えやすい。さらに，何度も繰り返し接触できることから，たとえ低関与な消費者であっても，記憶に残りやすいのが特徴である。他のメディアと比べ，高い説得性がある。

そして，テレビは関連団体が設定した放送基準をクリアしているテレビ CM のみが放送されるため，テレビで見かける広告の広告主は高い社会的信用を得ている。また，中小規模の企業にとって参入障壁になっているという批判もあるが，比較的高額な出稿料が必要となり，大規模な企業しか出稿することができない点が，視聴者からの信頼を集める要因にもなっている。

また，オンライン上の**動画広告**と親和性が高いのも特徴である。YouTube を始めとする動画視聴サイトでは，バナーではなく動画形式の広告が使用される場合が多い。テレビ CM と同じ CM，登場人物や音楽を転用することもできるため，増えつつあるインターネット広告への応用が利く点も今後の広告において重要である。テレビとインターネットを併用して広告コンテンツを視聴する機会を増やすことで，ブランドの一貫性を保ちながら，高いフリクエンシーを実現することが可能である。

テレビ・メディアのデメリット　テレビ広告は一方向的な情報提供であり，インターネットなどの相互作用が期待される媒体と比較すると，到達後の深い情報提供が難しい。また，精密なターゲティングが難しく，放送時間帯によって視聴者の属性が大まかにしか特定できないため，ターゲット消費者に合わせた柔軟な出稿がしづらいのもデメリットである。

高額な制作費と掲載費用の双方が必要となるため，1 回の出稿にかかる金額が大きい。映像制作には，ラジオや印刷媒体と比べ大きな負担がかかる。同時に，掲載費用も多額になり，大企業でないとなかなか出稿できない点がデメリットである。一方で，到達 1 人あたりの広告費は低いとの指摘もある。

最後に，テレビ広告は費用対効果の測定が難しい側面もあるが，消費者調査によって認知率などを測定することは可能である。ただし，インターネット広告のようなクリック数などの直接的な指標が存在しないため，広告費がどの程度売上げに結びついたかを把握しづらい。そのため，多額の広告費を投じることをためらう企業もある。

テレビ・メディアのターゲティング　テレビ・メディアでは，番組の視聴者が誰であるかに応じてターゲティングが行われる。テレビの高い普及率を踏まえると，民間放送は公共的な性格を有しており，狙った特定のターゲットに接触することが難しいメディアである。しかし，番組内容や放送時間，放送地域によって，ある程度のターゲティングが可能である。番組内容によるターゲティングでは，たとえば料理番組の主な視聴者は，家庭での献立を司る役割を果たす消費者と推測できるため，食品メーカーはこれらの番組に出稿を試みるだろう。また，放送時間によるターゲティングも可能である。通勤・通学前の朝や，帰宅後と考えられる夜の時間帯は，ビジネスパーソンや学生が多く視聴すると考えられる。一方で，日中の時間帯は在宅の高齢者や専業主婦／主夫が視聴する確率が高い。このように放送時間によって視聴者層をある程度特定し，ターゲティングすることができる。

テレビ・メディアの今後

インターネットとの融合が進んでいる現状では，従来の視聴率測定方法でテレビ・メディアの価値を適切に評価することは難しい。なぜなら，モバイル端末を通じたOTTの利用や録画再生機の利用など，視聴スタイルが多様化しているからである。そのため，テレビ・メディアの媒体価値を明らかにするために，さまざまな視聴率測定方法が試みられている。

テレビ視聴率は，主に視聴率調査会社であるビデオリサーチにより調査され，番組コンテンツの人気の指標として，テレビ・メディアの広告効果測定に用いられてきた。通常，視聴率といえば「世帯」視聴率を指している。**世帯視聴率**とは，調査の対象となっている世帯のなかで，どれくらいの世帯がテレビを視聴していたかを示す指標である。つまり，ある時間の視聴世帯数を全体の世帯で割った割合である。これは**ピープル・メータ**（PM）と呼ばれる測定機器をテレビに取り付けて視聴番組のデータを収集することで得られる。しかし，世帯によって構成人数も違えば，住人の年齢や性別などの属性も異なるため，個々の視聴者の嗜好や属性がわからず，視聴率の内訳までつかめないでいた。

この問題を解決するために，1997年からビデオリサーチは「個人」視聴率の測定を開始した。従来のピープル・メータに，調査対象となる世帯の各個人に割り当てられたボタンが追加され，視聴開始と終了が記録できるようになった。このデータに視聴者の性別・年齢・職業などのデータを紐づけて，どのような人がどれくらい番組を視聴しているかを個人視聴率として割り出すようになった。

さらに，テレビ・メディアの視聴スタイルに合わせた視聴率測定方法として，2016年から**タイムシフト視聴率**が導入された。従来のリアルタイム視聴に加えて，録画した番組を放送終了後に視聴す

図 7-1 リアルタイム視聴率とタイムシフト視聴率

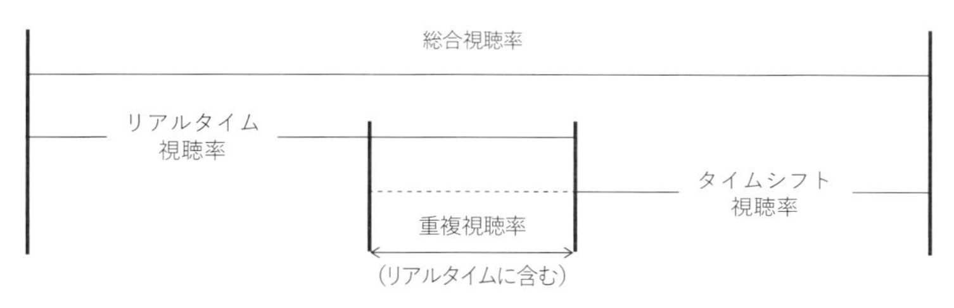

（出所） ビデオリサーチ（n.d.2）より作成。

る視聴行動も測定の対象となった。そして，広告効果におけるリーチの考え方に基づき，リアルタイム視聴率とタイムシフト視聴率を足し合わせて，重複分（重複視聴率）をリアルタイム視聴に換算して合計から除いた，**総合視聴率**を指標に用いてテレビ・メディアの視聴実態を捉えるようになった（図 7-1）。番組コンテンツの視聴スタイルが多様化するなかで，視聴実態を正確に捉える測定法の開発が，今後のテレビ・メディアの媒体価値の証明において課題となっている。

ラジオ・メディア

ラジオは音声を利用して聴取者にコミュニケーションするメディアであり，日本においてテレビよりも長い歴史がある。自然災害時にも，携帯ラジオなどで聴取が可能であるため，災害時に信頼できる情報源として重要な役割を果たしている。ラジオの代表的な媒体特性として，「ながら聞き」が可能であり，車や電車の移動中や仕事や勉強の作業中でも電波を受信する端末さえあれば聴取できる。

ラジオ・メディアの広告は，テレビ・メディアと同様に CM（コマーシャル）と呼ばれ，出稿形態もテレビと似ている。ラジオは高いメディア・エンゲージメントをもち，テレビに比べて比較的安価で消費者が気軽に利用できるため，他のマスメディアに比べて規模は小さいものの広告費の減少幅は少ない。

従来，ラジオを聴取するために専用の機器が必要であったが，近年は「radiko」というデジタル配信サービスが開始され，インターネットを通じていつでもどこでも聴取が可能になり，ラジオに対する聴取者のアクセシビリティが大幅に改善した。インターネットの普及に伴い，ラジオ業界もラジオ離れを防ぐための対策をとっている。

ラジオ・メディアの特徴

ラジオ・メディアのメリット　　ラジオ・メディアのメリットとして，「**セグメンテーション効果**」「**パーソナリティ効果**」「**イメージ醸成効果**」が挙げられる。

ラジオは他のマス媒体と比較して，明確な**セグメンテーション**が可能である。家事をしている最中や運転中など，定時にラジオを聴取すると考えられる層が存在するため，聴取者の属性が似通う傾向がある。ラジオ局も曜日や時間帯に応じて聴取者層を分析し，その層に合わせた番組作りをしている。

ラジオは番組ごとにパーソナリティが存在する。聴取者はパーソナリティとのつながりを感じることで番組に愛着が湧き，番組との結びつきを強く感じるため，メディア・エンゲージメントが高くなる傾向がある。聴取者は番組を通じてパーソナリティに親近感を抱くため，番組内で流れる広告のブランドとの結びつきも強まる。また，継続的に番組を聴取する聴取者が多いため，繰り返しアプローチでき，高いフリクエンシーを獲得できる。**生 CM**（生シーエム，生コマ）と呼ばれる，パーソナリティが番組内で CM 原稿を読み上げるスタイルの広告が特徴的で，親近感を覚えているパーソナリティから推奨される広告の説得効果も注目されている。

ラジオには音声だけのメディアならではのイメージ醸成効果がある。映像がないため視覚的な訴求力はないものの，音声によって映像を喚起させることで，聴取者の想像力に訴えかけることができる。また，ラジオは聴覚に訴えるため，ジングルやキャッチフレーズが覚えられやすい。テレビ広告と同じジングルやサウンドを利用することで，聴取者のイメージを喚起させ，テレビ広告の効果を高めるとされる。

ラジオ・メディアのデメリット　聴覚に訴えるというラジオ広告の特徴は，メリットであると同時に，デメリットとも捉えられる。なぜなら，広告クリエイティブで表現できる内容が限定されるからである。とくに，デザイン性の高さなどを訴求する必要がある場合や外見が消費者に十分に認知されていない新製品などは，ラジオが適切な広告媒体とはいえない。

また，ラジオは「ながら聞き」が可能であるため，消費者が集中して接触していないことがある。新聞や雑誌などのように，消費者が能動的に情報を取得する媒体とは異なり，ラジオは自動車の運転中や家事の最中などに情報を受動的に受け取る傾向がある。そのため，番組内容や広告に対して消費者が向けられる注意が少なくなる可能性があり，情報伝達効果が薄れることがある。

ラジオのターゲティング　ラジオ・メディアのターゲティングは，テレビと同様に番組内容や放送時間帯によって行われる。音楽番組であれば，音楽に関心のある消費者が聴取していると考えられる。また，出勤・通学の時間ではビジネスパーソンや学生，日中はドライバーや主婦，深夜では若者など，聴取者の属性からターゲティングが可能である。自宅以外にも移動中の車のなかでラジオを聴取するという聴取スタイルがとられやすいため，ドライバーや車に関心のあるターゲット層へアプローチがしやすい。

ラジオ番組とスポンサーの間に密接なつながりがあることは広告主にとって大きなメリットである。広告主は番組提供する番組の内容に影響を与えることができるため，自社の製品やサービスを自然に聴取者に紹介できる。たとえば，若い世代の聴取者が好む音楽番組は，同年代向けの商品を訴求する良い機会である。つまり，特定の聴取者層が関心をもつ番組コンテンツのスポンサーになることで，関連商品を効果的・効率的に訴求することが可能である。

ラジオ・メディアの今後

近年，radiko のインターネット配信という特性を活かして，広告配信に新たな取り組みが行われている。デジタル音声広告「ラジコオーディオアド」というサービスで，指定された特定の枠を決められた期間に購入する純広告という従来のラジオ広告の出稿形態とは異なり，**プログラマティック広告配信**（第9章も参照）というデジタル広告の配信技術を用いて，広告枠に都度最適な広告を配信する仕組みを用いている。聴取者の位置情報や興味関心などのデータを用いたターゲティングが可能となり，効果的かつ効率的にラジオ広告を配信できるようになった。インターネット広告と比較したときのマス媒体の弱点である，ターゲティングの精度を克服する技術として期待されている。

3 活字メディア

新聞メディア

新聞は，マスコミ四媒体のなかでも最も古い歴史がある伝統的な媒体である。確かな取材力による記事の正確性が強みであり，媒体自体への信頼性が高く，掲載される広告に対する信頼性にもつながっている。

新聞を含む紙媒体の売上げは減少傾向にあり，広告費の金額や全体の広告費に占める割合も年々低下している。このため，新聞業界は新聞の電子化に積極的に取り組み，紙以外の収益源の確保に力を注いでいる。また，新聞がもつ取材能力や記事の作成能力のノウハウは，現代でも重要な価値をもっている。インターネット・メディア独自のニュースや記事の情報源も，依然として新聞社や通信社である場合が多い。新聞はインターネットの情報提供元としても，重要な役割を果たしている。

日本新聞協会は，直接的な購読者だけではなく，電子版，ニュースサイト，SNS などインターネット経由で，なんらかの新聞に触れる消費者を「**新聞オーディエンス**」と定義し，メディアが多様化している現代の新聞の受容行動を捉えようとしている。この新しい定義によると，接触する消費者の数は依然として多く，今でも約9割の人が広い意味で新聞の情報に触れているとされる。

新聞メディアの特徴

新聞メディアのメリット　　新聞の広告メディアとしてのメリットについて，「**信頼性**」「**説得性**」「**能動性**」が挙げられる。新聞の最も特徴的なメリットとして広告メディアに対する信頼性がある。新聞は媒体としての歴史が長く，また厳密な取材に基づく記事でオーディエンスからの信頼を得ている。総務省が発表した「令和3年版 情報通信白書」でメディアに対する信頼を調査しており，新聞を信頼できると回答した割合が 61.2% であり，テレビ，ラジオ，雑誌・書籍，その他インターネット・メディアと比較して最も高い結果となっている。そして，新聞広告も日本新聞協会が定める新聞広告掲載基準が求める審査を経ているため，広告内容や広告製品の信頼性が高い。

また，新聞はオーディエンスが情報を能動的に取得するメディアである。前述の通り，テレビやラジオなどのメディアは音声だけの視聴が可能であり，他の作業と同時並行できるため，受動的な接触が多いとされる。新聞のオーディエンスは，記事を能動的に読む読者で形成されているため，記事だけでなく広告にも注意深く目を通す可能性がある。メディアに対する接触態度が良好であるため，広告メッセージが精緻に処理され，記憶に残りやすい。このため，新聞は広告効果が高いメディアと考えられる。

新聞メディアのデメリット　新聞の広告メディアとしてのデメリットは，リーチできるターゲット層が限定されている点である。とくに，新聞の購読者層は中高年層に偏っているため，若年層をターゲットとする製品の広告を出稿する媒体には不向きである。この背景には，近年叫ばれている「若者の新聞離れ」の問題がある。新聞は記事の速報性が低いのに対し，インターネット・メディアは即時的に，かつ容易に情報が得られるため，インターネットに慣れ親しんだ若年層はインターネットを情報源として重宝する。現在，新聞社はこの問題に対処するため，各社のウェブサイト上でオンライン版のニュース速報記事を提供し，速報性を補っている。

新聞メディアのターゲティング　新聞は読者のデモグラフィック（配布されるエリアの地理的）特性に基づいたターゲティングが可能である。

新聞の読者層はとくに中高年層が多く，この層は日常的に新聞を購読しているため，接触頻度が高い。さらに，新聞を定期購読する層は，一定の所得水準以上の層に限られ，経済の動向に関心があり，ビジネスに精通した層が多い。デモグラフィック特性では，所得の高い消費者やビジネスパーソンに訴求できる強みがあり，これらの消費者を対象とした製品やサービス，教育的価値の高いビジネス書などの広告に適している。

また，新聞広告は地域によるターゲティングが可能である。**五大紙**と呼ばれる，『読売新聞』『朝日新聞』『毎日新聞』『日本経済新聞』『産経新聞』などの全国紙はもとより，地方ごとに**ブロック紙・地方紙**が各地域に密着したニュースを提供しており，配達される地域特有の広告出稿が可能である。さらに，『日本経済新聞』などの経済に特化した経済紙や『日刊スポーツ』といったスポーツに特化したスポーツ紙など，興味関心によって紙面が分類されている。特定の業界に所属するオーディエンスを対象とした**専門紙**（**業界紙**）も存在し，特定の興味関心をもつターゲットに対してアプローチできる。このような専門紙は，一般消費者向けではなく，法人を対象とした生産財に関する産業広告が出稿される。

雑誌メディア

近年の消費者の雑誌メディアに対する接触状況は，インターネット・メディアの台頭によって大きく変化している。電通の「日本の広告費」では，マスコミ四媒体合計が年々減少傾向にあるが，とくに印刷媒体，雑誌の減少傾向は顕著である。全国出版協会・出版科学研究所によると，紙の雑誌販売額は1997年をピークに減少を続け，2022年にはピーク時（1兆5644億円）の約3分の1以下（4795億円）にまで減少している。定期刊行される月刊誌や週刊誌には，インターネットのような速報性がないことも，このような背景として考えられる。

出版社は雑誌離れの現状を改善するために，さまざまな試みを行っている。その代表的な対策が雑誌のデジタル化である。冒頭のクイズにあるように，雑誌はマスコミ四媒体のなかでもデジタル化への移行が最も進んでいるとされる。全国出版協会・出版科学研究所によると，2014年から統計を開始した電子出版の市場規模は年々拡大を続け，2022年には5000億円を突破した。それに伴い，電通の「2023年 日本の広告費」の「マス四媒体由来のデジタル広告費」では，雑誌デジタルの占める割合が最も大きくなっている。

雑誌メディアの特徴

雑誌メディアのメリット　　雑誌のメリットには**「ターゲット・セグメンテーション効果」「能動性」「保存性・記録性」**などがある。雑誌は銘柄によって読者の属性が特定できるメディアであり，特定の興味・関心をもった読者に向けた出稿が可能である。特定の分野を扱う雑誌に対してエンゲージメントが高い読者は，雑誌を保存し，繰り返し読むとされる。

雑誌は新聞と同じように，原則的に消費者が自ら購買し，記事を始め掲載されている内容に対して能動的に接触するメディアである。このため，雑誌の購読者は広告への注目度（広告注目率）が高い。日本雑誌協会と日本雑誌広告協会，ビデオリサーチが行った効果測定調査では，全体の約半数の読者が「確かに見た」と回答しており，そのうち広告に注目した読者だけを見ると6割強が広告商品に興味関心をもち，さらにそのうち5割が購入・利用意向を示している。

また，雑誌は新聞と同様に紙媒体であるため，保存しやすいという特徴がある。特定の事柄を扱った雑誌に対してエンゲージメントが高い読者が多数存在している。それらの読者は，定期的かつ継続的に雑誌を購入する傾向があり，これにより広告主はフリクエンシーの高い繰り返し接触が可能である。加えて，雑誌は病院や美容室など，公共性の高い場所や多くの消費者が触れる場所に置かれることが多く，直接的な売上部数以上に広範な波及効果も期待できる。

雑誌メディアのデメリット　雑誌広告のデメリットは，雑誌はマスメディアのなかでも興味・関心によって細かくビークルが細分化されているため，読者が分散している点である。『週刊文春』『週刊新潮』に代表される総合雑誌をはじめ，特定の分野を扱う専門誌などが多数存在している。そのため，ビークルごとでリーチできる消費者の数は自ずと小さくなる傾向にある。

また，雑誌は消費者に届くまでに時間を要する。雑誌に広告が掲載されることが決まってから，工場での印刷や流通を経て，書店やコンビニなどに並べられるというプロセスを要する。そのため，キャンペーンに速報性を求める広告には不向きである。

雑誌メディアのターゲティング　雑誌広告を出稿する際のターゲティングは，主に出稿先の雑誌の読者層によって決定される。新聞（とくに一般日刊紙）やテレビなどは**ゼネラル・メディア**と呼ばれ，「年齢，教育程度，職業，ライフスタイルなど，あらゆる社会層の人々を普遍的にオーディエンスにしている」（『広告用語辞典』）媒体である。一方で，雑誌はラジオとともに，**クラス・メディア**と呼ばれる「特定の社会層もしくは集団を対象とした媒体」（同上）であり，市場細分化に適した広告媒体と位置づけられる。

雑誌はその専門誌の取り扱う内容によって読者が明確に異なる。たとえば，釣り雑誌を購読する読者は，すでに釣りを趣味としているか，これから始めようとしている消費者である。ファッション誌の読者は，日頃からファッションへの関心が高い人々である。このように，特定分野に関心が高い消費者に対して効果的に広告を出稿することができる。

さらに，雑誌は**編集タイアップ広告**が出稿可能である。編集タイアップには２つの方法がある。１つは，広告主に出版社の編集部が協力して広告を制作する場合である。もう１つは，広告主が出版社に対して取材便宜の提供や取材費の負担を通じて，編集側にメリットを提供し，その結果として製品やサービスに関する記事掲載を図る場合がある。編集タイアップの大きな利点は，読者から見て他の雑誌記事と体裁が似ているため，読者にとって馴染みやすく，通常の広告よりも抵抗なく受け入れられることである。意識せずに接触させることが可能で，広告効果を高めることが期待できる。

編集タイアップは，一見**パブリシティ**のように見えるが，報道機関の第三者的立場から報道価値を見出したニュースを記事として消費者に伝えるパブリシティとは異なり，金銭のやり取りが存在するため，**ペイド・パブリシティ**と呼んで区別されている。また，編集部が関わる広告という意味から，アドバタイジング（広告）とエディトリアル（編集）を組み合わせた造語である**アドバトリアル**や**記事（体）広告**とも呼ばれる。

雑誌メディアの今後

雑誌メディア業界は，デジタル技術を利用した収益源の多様化を試みている。出版社には雑誌の知名度とブランド力，そして，コンテンツの制作力が重要な資源として蓄積されている。これらの資産を利用し，デジタル環境下で新たなビジネス機会を模索している。雑誌には読者ファンによって構成されるエンゲージメントの強いコミュニティが存在しており，出版社は電子商取引事業による関連グッズの販売などにも力を注いでいる。また，オンライン，オフライン問わずイベントを開催し，体験型サービスの提供にも力を入れている。これらの戦略は，読者ファンとの直接的な接点を作り出し，強固なコミュニティを築くのに有効である。一方で，デジタル戦略としてはコンテンツのオンライン展開に注力している。とくに，雑誌コンテンツを利用した電子版のサブスクリプション・サービスは，新たな収益モデルとして期待されている。

4　モダリティを軸にしたメディア分類

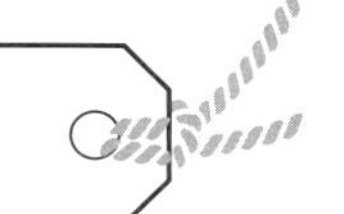

インターネットの登場によって，広告メディアの垣根がなくなってきている。インターネットは従来のメディアよりも幅広い用途のある基盤技術であり，インターネットによって「メディア」の意味が曖昧になっている（岸，2020）。現代の消費者はどの媒体で接触しているかを意識せずに，コンテンツを消費している。たとえば，テレビ番組はテレビ受像機以外の，ラジオ番組もラジオ受信機以外のパソコンやスマートフォンなどのモバイル端末で視聴する形態が当たり前になっている。新聞や雑誌もデジタル版を発行し，タブレット端末で講読する消費者も増えており，紙媒体とデジタル媒体の融合が進んでいる。

これらの動きには，伝統的なマスコミ四媒体が今後のデジタル社会で生き残っていくために，**デジタル・シフト**を進めているという背景がある。マスメディアがインターネット企業に対してもつ優位性は，そのコンテンツ作成力である。テレビ・ラジオには番組コンテンツを作るノウハウが，そして，新聞・雑誌には記事を作成する取材力や構成力がある。今後，デジタル社会では，コンテンツや著作権，放映権などライツを軸としたビジネスへの転換がよりいっそう進んでいくことだろう。

そのため，広告メディアの分類において，従来の媒体という枠組みでは適切ではなくなってきている。広告メディアの分類には，**モダリティ**（modality；様相）という概念を用いることが有効である。モダリティとは，人間の生物学的な感覚に基づく，表現や経験の特定の形のことであり，テキストやイメージ，ナレーション，ビデオなどが該当する。媒体に限らず，それぞれの感覚を刺激するメディアによって分類が可能である。ラジオは音声のみで聴覚に訴えかけるメディアであるため，聴覚という単一の感覚モダリティをもつと考える。一方で，テレビは音声と映像によって，視覚と聴覚の2つの感覚を同時に刺激できる**マルチモーダル**（multimodal）なメディアである。

媒体の垣根がなくなっていく社会において，広告主はこのモダリティを軸にして，適切な媒体戦略を策定する必要がある。たとえば，製品のビジュアルや詳しい利用方法を訴求する際は，テレビやオンライン動画広告のような音声と映像のメディアが適している。一方，製品の詳しい情報を訴求する際は新聞や雑誌，ニュースサイトなどのテキスト・ベースのメディアが有効である。このように，モダリティによってメディアを選定し，組み合わせることで，製品やサービスの特徴や魅力を多角的に伝え，広告効果を最大化することができる。

Bibliography 引用・参考文献

American Marketing Association（n.d.）Advertising Media, AMA Dictionary. https://marketing-dictionary.org/a/advertising/

Belch, G. E., & M. A. Belch（2021）*Advertising and Promotion: An Integrated Marketing Communications Perspective*, 12th ed. McGraw Hill.

DAC Solution Service（n.d.）「デジタルマーケティング用語集『プログラマティック配信』」https://solutions.dac.co.jp/glossary/programmatic-ad

電通（1958）『電通広告年鑑』電通。

電通（2022）「2021年 日本の広告費」https://www.dentsu.co.jp/knowledge/ad_cost/2022/

電通（2023）「2023 年 日本の広告費」https://www.dentsu.co.jp/knowledge/ad_cost/2023/index.html
Elleström, L.（2021）The Modalities of Media II: An Expanded Model for Understanding Intermedial Relations. In L. Elleström Ed. *Beyond Media Borders, Volume 1: Intermedial Relations among Multimodal Media*, Palgrave Macmillan.
濱田信夫（2006）「戦後日本における広告ビジネスの革新――吉田秀雄（電通）の企業家活動をめぐって」『紀要 visio: research reports』第 33 号，1-14 ページ。
長谷正人（2015）「アウラとしてのテレビジョン――1950 年代のテレビ受容をめぐって」『早稲田大学文学研究科紀要』第 60 号，21-35 ページ。
市川孝一（2014）「テレビ文化再考――テレビメディアの特性についての覚書」『文芸研究』第 123 号，255-272 ページ。
石崎徹編著（2019）『わかりやすいマーケティング・コミュニケーションと広告』［第 2 版］八千代出版。
キクコト編集部（ジェイアール東日本企画）（2023）「テレビ CM の効果とは？　知っておくべき最新の効果測定」https://online-soudan.jeki.co.jp/information/blog/ooh_advertising/cm-effect/
木村幹夫（2022）「なぜテレビを持たないのか？　part1～『データが語る放送のはなし』③」民放 Online https://minpo.online/article/part1.html
Kirmani, A.（1997）Advertising Repetition as a Signal of Quality: If It's Advertised So Much, Something Must Be Wrong. *Journal of Advertising*, 26, pp. 77-86.
岸志津江（2020）「広告効果の理論――心理学およびメディアの発展を中心に」『東京経大学会誌（経営学）』第 306 号，261-276 ページ。
内閣府（n.d.）「消費者動向調査」https://www.esri.cao.go.jp/jp/stat/shouhi/menu_shouhi.html
日本経済新聞ホームページ（2024）「日経朝刊・電子版の購読数 231 万」https://www.nikkei.com/topic/20240116.html
日本広告業協会（2022）『〈新版〉広告ビジネス入門』［第 24 版］日本広告業協会。
日本新聞協会（n.d.）「新聞オーディエンス調査（定点調査）」https://www.pressnet.or.jp/adarc/data/audience/report.html

日本新聞協会（n.d.）「新聞広告倫理綱領／新聞広告掲載基準」https://www.pressnet.or.jp/outline/advertisement/
日本雑誌協会・日本雑誌広告協会・ビデオリサーチ（2019）「第６回 雑誌広告効果測定調査『M-VALUE（エム・バリュー）』リリース」https://www.j-magazine.or.jp/assets/doc/20190924.pdf
radiko for business（n.d.）「radiko audio Ad（ラジコオーディオアド）」https://biz.radiko.jp/service/ad/
志岐裕子（2018）「若者にとって，テレビとは何か？──大学生へのインタビュー調査から」『慶應義塾大学メディア・コミュニケーション研究所紀要』第68巻，47–61ページ。
総務省（2021）「令和３年版 情報通信白書」https://www.soumu.go.jp/johotsusintokei/whitepaper/r03.html
出版科学研究所（n.d.）「電子出版販売額」https://shuppankagaku.com/statistics/ebook/
竹島奈歩（2013）「『お茶の間』とメディアとの関わり」『同志社大学 日本語・日本文化研究』第11号，59–67ページ。
テレビ朝日（n.d.）「お役立ちコラム　テレビ番組の『視聴率』とは？　その調べ方って？　視聴率にまつわるアレコレを紹介！」https://www.tv-asahi.co.jp/ex/sales/column/rating/
ビデオリサーチ（n.d.1）「沿革」https://www.videor.co.jp/company/history.html
ビデオリサーチ（n.d.2）「タイムシフト視聴率」https://www.videor.co.jp/service/media-data/tstvrating.html
全国出版協会・出版科学研究所（n.d.）「雑誌販売額」https://shuppankagaku.com/statistics/mook/

Chapter

第 8 章

サポート・メディア

生活に溶け込む広告

Quiz クイズ

Q 以下のソーシャル・メディアのプラットフォームで，全世界で月間アクティブ・ユーザー数（2024 年 4 月）が一番多いのはどれだろうか。

a. Instagram
b. YouTube
c. Facebook
d. TikTok

ニューヨークのタイムズスクエアには広告がひしめく。
（©makoto honda / stock.foto）

Chapter structure　本章の位置づけ

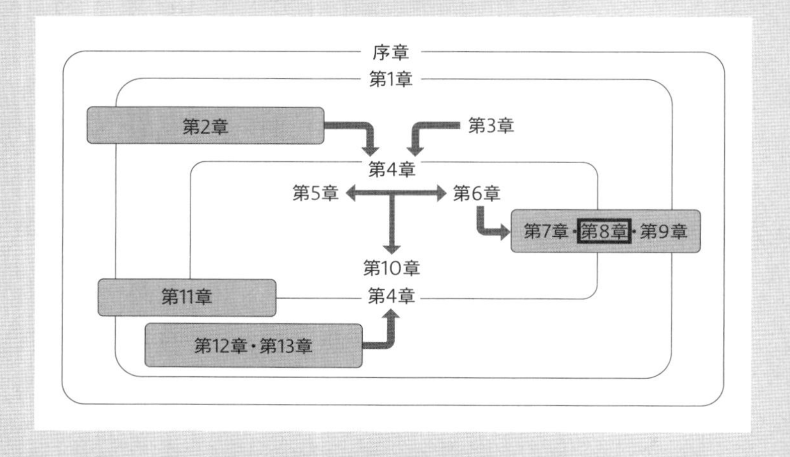

Summary　本章の概要

私たちは，日々多種多様な広告と接している。テレビやインターネットだけでなく，通勤や通学経路，電車やバス，タクシーのなかでも広告に接することになる。その形態も，広告と直感的に理解できるものから，広告でないようで広告のようなものなどさまざまである。これらの多くは，マスメディア広告を補完するサポート・メディアであり，現代における広告媒体としての価値は高まっている。

本章では，サポート・メディアの効果と現代における有効性を，インターネット・メディアやデジタル技術との関係を踏まえて明らかにする。

クイズの答え：c

（出所）DIGITAL 2024 APRIL GLOBAL STATSHOT REPORT
https://datareportal.com/reports/digital-2024-april-global-statshot

1 サポート・メディア
── 身の回りにある広告メディア

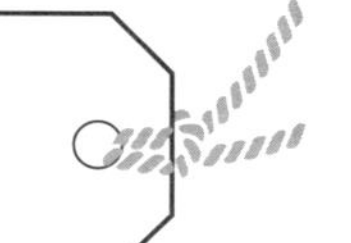

注目されるサポート・メディア

近年，マスメディア広告の有効性が疑問視されている。消費者がマスメディアから発信される広告に慣れてしまい，広告処理（広告情報への反応）の低下が指摘されている。消費者の広告処理の低下だけでなく，広告それ自体が気づいてもらえず，認識がなされない場合も多い。さらには，広告との接触を回避したり，広告それ自体を嫌悪したりする広告回避行動も存在する。

このように消費者は，マスメディアの広告を消極的，場合によっては否定的に捉えている。それゆえ，広告の効果を高めるには，マスメディア広告だけでは十分ではなく，マスメディアの課題を補うものとして**サポート・メディア**の存在が必要とされている。

マスメディア広告に接触していない消費者が多数存在する現代においては，サポート・メディアを活用する統合型マーケティング・コミュニケーション（IMC）が求められている。とくにインターネット媒体は，その双方向性によって，消費者を含む多様な主体によってさまざまなコンテンツがアップロードされ，消費者も自身のニーズに適合するコンテンツに接触することができる。そうしたさまざまなコンテンツはサポート・メディアとして位置づけられる。

マスメディア以外の伝統的な媒体もサポート・メディアに該当する場合もある。たとえば，生活圏内に存在する看板広告などは，マスメディア広告に接触していない消費者に到達することができる。もしくは，マスメディア媒体のなかで，通常の広告枠以外の番組や記事などのコンテンツを利用し，広告に相当するメッセージを伝達することができる。こうしたサポート・メディアを理解する前に，マスメディア広告の影響力が低下した背景を考えてみることにしよう。

サポート・メディアが重要視される背景

マスメディア広告の効果が低下している背景としては，マスメディア広告に対する視聴行動の**低関与**，その**信頼性の低下**，そして，視聴者セグメントの**断片化**，広告の**クラッター化**が挙げられる。

クラグマン（Krugman, 1965）は，テレビ広告の視聴行動が低関与であることを指摘した。大衆消費社会に大きな役割を果たしたマスメディアを以前ほど熱狂的かつ能動的に視聴するのではなく，消費者のライフスタイルが多様化することに伴い，受動的な視聴態度が一般的になってきた。さらには，テレビ視聴の際に，雑誌を読んだり，スマートフォンで検索したり，メールを見たりするなど，他の行動を伴いながら視聴する**マルチタスキング**も日常的になっている。こうした受動的で関与度の低い視聴行動は，マスメディア広告の効果を低下させることになる。

さらに，デジタル技術の発展によってテレビ番組などのコンテンツを録画し視聴することが一般化し，その間に挿入される広告はスキップされる。これらは，広告視聴の関与度を低下させるだけでなく，広告回避行動を押し進めることになる。

さらに，消費者は広告に慣れ親しむことで，広告を出稿する狙いや商業的な目的を同時に学習することになる。「なぜ広告するのか」「なぜ番組は無料で見ることができるのか」などを考えることで，広告それ自体の目的を理解する。そうした広告に対する通念が社会に浸透することで，広告自体の信頼性も低下することになる。「広告は，製品やサービスを販売することを目的とするために，売上げに貢献することしか言わない」という暗黙の前提が生まれ，それが広告に対する懐疑心を生むことになる。広告を疑う態度が身につき，広告の信頼性が低下する。これも広告に対する回避行動や嫌悪感を促進することになる。

メディアなどの供給側の事情も，マスメディアの効果を弱めることになる。マスメディアは，地上デジタルテレビだけでなく，衛星テレビ，ケーブル・テレビというように**多チャンネル化**している。かつてのように多くの人々が視聴するようなマスメディアは存在せず，それぞれのメディアにはニッチな層のオーディエンスしか存在していない。こうした供給側の環境変化は，メディア視聴者の断片化を進めることになる。1つの媒体でも多チャンネル化し，それぞれにセグメントされた視聴者が断片的に存在する。

さらには，大量の広告が出稿されることで，オーディエンスによっては，処理できないほどの過剰な情報がもたらされることになる。過剰に情報が負荷された環境は，広告のクラッター化を押し進め，広告の内容を記憶することが難しく，記憶化されても断片的で間違ったものとなる。

これらの理由とともに，インターネット媒体の登場は，マスメディアの視聴行動の低下に拍車をかける（第7章参照）。こうしたマスメディア広告の効果を補うものとして，サポート・メディアにその役割が期待されている。まずは伝統的な媒体から見てみることにしよう。

2 伝統的なサポート・メディア

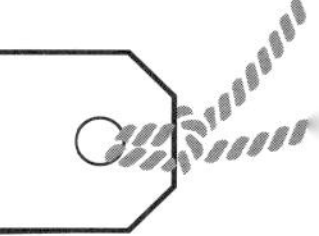

OOH：看板広告・交通広告

OOH（out of home）とは，普段の生活圏のなかで日常的に触れる媒体である。表 8-1 は，日本の広告費であり，広告費のなかで2割を超えるプロモーション・メディア広告費のなかに，屋外，交通広告の広告費が位置づけられている。

屋外広告は，街や道路に掲出される広告のことを指す。屋外の広告板，ビルボード，映像広告などが挙げられる。普段の通学・通勤の際に見かける郊外などの居住地域に設置される場合もあれば，流行の発信地である都市や地域で設置される場合もある。設置範囲の自由度が高く，人々の移動が行き交う流動性の高い都市部であれば地域的な網羅性がある。同時に，他の広告媒体に比べれば，景観に関する制限があるものの，看板の大きさや色や文字のスタイルなどの広告表現に関する制約は比較的少なく，クリエイティビティの高い広告を掲載することが可能である。

交通広告とは，バスや電車・飛行機などの乗り物に掲出される広告や，バスターミナルや駅・飛行場などの交通施設に掲出される広告である。前者の場合，車両であれば，車両の上部に吊り下げられる中吊り広告，網棚の上部に掲出される窓上広告，窓ガラスに貼付されるステッカー広告などがある。後者は，駅の場合は，駅ホームやコンコース，駅構内などに広告が掲出される。

こうした屋外・交通広告は，郊外などの生活空間に設置される場合，反復接触（**フリクエンシー**）の効果（第6・7章も参照）を期待している。通勤・通学の経路に設置されれば，頻繁にその広告が目に

表 8-1 日本の広告費の内訳

	広告費（億円）			構成比（%）		
	2020 年	2021 年	2022 年	2020 年	2021 年	2022 年
総広告費	61,594	67,998	71,021	100.0	100.0	100.0
マスコミ四媒体広告費	22,536	24,538	23,985	36.6	36.1	33.8
インターネット広告費	22,290	27,052	30,912	36.2	39.8	43.5
プロモーション・メディア広告費	16,768	16,408	16,124	27.2	24.1	22.7
屋外	2,715	2,740	2,824	4.4	4.0	4.0
交通	1,568	1,346	1,360	2.6	2.0	1.9
折込	2,525	2,631	2,652	4.1	3.9	3.7
DM（ダイレクトメール）	3,290	3,446	3,381	5.3	5.1	4.8
フリーペーパー	1,539	1,442	1,405	2.5	2.1	2.0
POP	1,658	1,573	1,514	2.7	2.3	2.1
イベント・展示・映像ほか	3,473	3,230	2,988	5.6	4.7	4.2

（出所） 電通「2022 年 日本の広告費」より作成。

留まることになる。通勤や通学に利用する交通施設も同様である。毎日，通勤・通学に同じ交通機関を利用することが予想され，反復接触をもたらす。また，中吊り広告など車両広告は，その場にとどまることが多いことから 1 回あたりの接触時間も長くなることが予想できる。

しかし，問題点もないわけではない。広告と接触を繰り返すことで，広告の理解が促進されるが，その反面，繰り返し接触することで，広告それ自体に慣れるという問題が生じてくる。そうなれば，接触を重ねてもそれほどの効果を期待できない。たとえば，車体利用広告としてバスや電車のラッピングなどが登場した当初は話題を集めていたが，それが日常になることで風景化し，現在では，新規性を感じて意識的に見ることは少ない。広告に過剰なまでに接触すると，最終的に飽きるという否定的な反応にもつながる。

都市の中心街やターミナルなどの交通広告は，反復接触だけでなく，幅広く多様な人々に到達する効果が期待できる。その街が流行の発信地であれば，都市との親和性を生み，都市がもつイメージを付加することもできる。さらに，都心部の人々が集まる場でクリエティブに富んだ広告を見せることができれば，そのインパクトが大きい。さらに，そうした目立つ広告は，近年スマートフォンで撮影され，その画像が転送・共有されることで話題や注目を得る**バズ**(buzz) が生まれることになる。

しかし，近年，OOH 広告が再評価されているのは，購買地点に近接しているためであろう。自宅で TV 広告を見るよりも，OOH 広告に接触するときは，消費者はすでに屋外に出ており，店頭などの購買地点と近接している。そのため，近接性が生むリーセンシー効果を期待できる（第 6 章参照）。自宅の TV で広告を見ても外出すると忘れてしまうことや他に興味が奪われることは多々あるが，購買地点と近ければ，購買に至る可能性が高まる。

デジタル化する OOH

OOH 広告は，近年，急速にデジタル化されており，**デジタル・サイネージ**と呼ばれている。看板やポスターの代わりに，デジタル・ディスプレイを設置することで，リアルタイムな広告の情報発信ができる。デジタル以前の交通・看板広告の問題点は，いったん設置されてしまうと広告内容をすぐに変更することが難しく，ターゲット層を変更することが容易ではなかったことにある。しかし，外出する人々の属性は，同一の場所であっても，時間帯によって大きく変化する。午前中や午後，夕方以降では，街を回遊する人々や交通機関を利用する人々の属性は異なる。どの時間帯にどのような人々がどんな目的でどこに集まるのかを理解することができれば，デジタル・サイネージにターゲットに合わせた広告を出稿することができる。さらに，店舗付近のデジタル・サイネージでターゲットに適した広告を出稿すれば，購買を喚起する可能性が高い。近年，交通広告は，車両や駅構内などの広告がデジタル・サイネージに置き換えられつつある。看板広告も，デジナル・サイネージ，屋外ビジョンへと転換されつつある。

店舗内広告としては，店内の **POP 広告**などが挙げられる。レジなどの購買地点と最も近接していることが，店舗内広告の特徴といえる。同一店舗内で広告に触れることで，レジなどの決済にすぐに進むことができるからである。また，衝動買いの**非計画購買**なども促進することができる。店頭の POP 広告だけでなく，商品の陳列それ自体も広告効果を期待できる。陳列棚で商品を見つけることで，はじめて商品を認知する場合がある。近年のマスメディア視聴の低下やクラッター化によって，新製品のキャンペーンを展開してもその広告が認知されることが難しくなっているが，店頭では，商品認知の獲得が期待できる。

たとえば花王の「ヘルシア」の発売時の認知度調査では，テレビ媒体などの認知度よりも，店頭での認知度が高かった。ヘルシアの購買層は，働く中高年であり，自宅でテレビ広告に触れる機会は少なく，店頭で知る機会が多い。こうしたことを考えると，店頭での陳列棚を拡大することが製品の認知度の上昇につながる。新商品の発売に際して特定のコンビニ・チェーンを優先的に選択するのは，それによって多くの陳列棚を割り当ててもらうことを期待しているからである。

3 新しいサポート・メディアの台頭

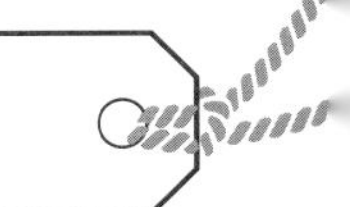

コンテンツと広告の融合

近年の消費者は情報過多の環境で生活をしているため，広告それ自体を認識してもらうことは難しい。さらに，広告と認識されたことで，情報自体の信頼性が低下し，その処理の水準も低下する。従来は，番組や雑誌に広告が挿入されていても，記事とは違う形式で，記事と広告の違いを識別できるような形式であった。広告とコンテンツの境界は明確であったといえる。広告と認識されるとその効果が低下することから，それを防ぐために，広告とコンテンツの境界を曖昧にすることで広告と明瞭に意識されないような方法が勘案されることになる。その１つとして**コンテンツと広告の融合**がある。

その具体例として，まずは，協賛などの**スポンサーシップ**が挙げられる。金銭や現物などの対価を支払うことで，明確に決められた範囲のなかでブランド名やブランドのロゴの露出などの商業的な利用が可能となる。オリンピックなどのスポーツ・イベントや文化活動などがそれに該当する。具体的には，スポーツ・イベントや文化活動のなかで，統一的なフォームでブランド名やロゴを露出することができる。イベントや文化活動という閉じられた空間での露出のように見えるが，テレビやインターネットの放映だけでなく，動画共有サイトにその動画がアップロードされると，その効果は計り知れない。国内の有名選手が国際大会に出場したときに，国内企業の看板広告が目立つのは，国際大会の現地への広告効果だけでなく，有名選手を見ようとする国内消費者向けの広告として位置づけられているためと考えることができる。また，そのイベントが広告とは程遠い社会貢献事業などであればあるほど，スポンサーシップを広告として理解されることも少なくなる。

コンテンツとブランドとの連携を強めているのが**タイアップ**である。たとえば，番組や雑誌記事などの企画テーマでブランドが取り上げられるなど，伝統的に採用されてきた手法である。一般的に**コラボレーション**と呼ばれ，双方の価値を高める**シナジー効果**が期待されている。たとえば，YouTube の人気料理動画で，調味料や食品メーカーが自社の製品を使用してもらうコラボレーション企画はこれに該当する。自社商品に関する情報をもとに作成される番組なども同様である。その連携の程度には多様性がある。コラボレーションという企画は，一方的に製品に関する情報を伝達する広告とは異なるイメージを生むことで，広告然とした見え方を払拭することができる。

さらに，新たなサポート・メディアの形態として，プロダクト・プレイスメントとブランデッド・エンターテイメントが存在する。

コンテンツに挿入される広告

コンテンツのなかに製品やサービスやそのロゴを挿入する手法を**プロダクト・プレイスメント**と呼ぶ。映画やテレビ番組，書籍などで広告主の製品を使用することで，製品の認知度や理解を促進し，好意的な態度を形成することを目的としている。有名な例としては，『007』シリーズ，『トランスフォーマー』などの映画，『アメリカン・アイドル』などのオーディション番組を挙げることができる。ブランドがコンテンツに挿入されることで，ブランドはそのコンテンツの演出の材料と見なされ，広告と認識されにくい。さらに，コンテンツのなかに挿入されているので，広告のみを回避することは難しい。その反面，消費者は，コンテンツに焦点を当てて視聴しているために，製品やブランドに焦点をあわせることが少なく，まったく認識されない可能性も存在する。そのため一目でわかるような製品デザインやロゴは，プロダクト・プレイスメントに適合的であるといえる。たとえば，アップルのロゴ，ダイソンの製品は，目立ちやすくそれ自体でブランドが認識されやすい。プロダクト・プレイスメントとして露出することで，製品デザインのコミュニケーション効果が期待でき，IMC（第1章参照）の実践に貢献しているといえる。

ただ，製品が目立ちすぎる場合は問題となる。たとえば，商品の登場が，ドラマのストーリーの展開と調和せず唐突であったり，商品が目立ちすぎて，ストーリーを解釈するのに邪魔になったりする場合は逆効果となる。コンテンツに登場する広告として認識されれば，通常の広告以上に嫌悪感が生まれる場合もある。

広告化するコンテンツ

ブランデッド・エンターテイメントとは，広告以外の番組や記事，イベントなどのコンテンツを利用してブランドの価値を効果的に伝えることである。このように，ブランドデッド・エンターテイメントを広義に捉えると，プロダクト・プレイスメントを含むことになるが，狭義に捉えると，ブランドを中心とするエンターテイメント・コンテンツといえる。ブランドがもつ世界観やストーリーなどのブランド・コンセプトをもとに作成されたショート・フィルムなどの動画コンテンツがこれに該当する。これらはブランドのファンである消費者にとっては，ブランドをより深く知る機会となり，ブランド・ロイヤルティを維持することができる。

こうしたブランデッド・エンターテイメントは，デジタル化の進展によって動画ファイルの動作や利用環境が整うことで，その利用

コラム8　エンターテイメントを提供するサポート・メディア

Column 8

サポート・メディアの広告手法も従来とは異なり，さまざまなコンテンツが活かされ，開発されている。メディアのコンテンツに広告を挿入するプロダクト・プレイスメントは，従来の実写の映画やドラマだけでなく，アニメやゲームでも活用されている。たとえば，アニメでは，新海誠監督の映画が挙げられる。『天気の子』では，現実の製品やブランドのロゴが数多く登場している。登場するブランドや製品の広告効果だけでなく，架空のアニメ・コンテンツに現実に存在する製品やブランドが登場することで，そのストーリーの演出に貢献している。アニメやゲームなどコンテンツがもつ娯楽性は，消費者の関心や興味が高く，プロダクト・プレイスメントを挿入するコンテンツとしては魅力的である。

さらに，娯楽の経験や体験を広告効果として活用しているのが，アバターを利用した仮想空間のメタバースである。ゲームの仮想空間であるロブロックスでは，多数の企業やブランドがゲームサイトを開設している。たとえば，ナイキは，NIKELANDを開設し，鬼ごっこやドッジボールで遊ぶことができる。また，アバター用のナイキ製品も提供されている。このようなNIKELANDの例は，プロダクト・プレイスメントというよりは，仮想空間におけるブランド体験の空間を提供するブランデッド・エンターテイメントということもできる。NIKELANDという広告空間のなかで，娯楽を体験することで，ブランドや製品に対する親近感を生むだけでなく，楽しい体験それ自体が運営する製品やブランドに結びつくことが期待されている。

が促進されている。広告という枠を購買する必要はなく，自社サイトにアップロードしたり，ソーシャル・メディアでブランド・アカウントのフォロワーに投稿するなど，低コストで運営することができる。自社で完全に管理可能なコミュニケーションとなる。

ブランデッド・エンターテイメントは，ドラマ風のショート・フィルムに限定されない。ユニクロは，「UNIQLOCK」という時計機能をもつブログパーツを展開した。時刻に合わせて，ユニクロ製品を着た女性がオリジナルなダンスを踊るというものである。ダンスという言葉を超えたコミュニケーションで，ユニクロの世界観を伝えている。

インフルエンサー・マーケティング

伝統的に，影響力のある有名人やセレブリティは，テレビ・映画・芸能事務所などから構成されるエンターテイメント産業に関わることで，人々が憧れを抱くようになり，その結果，影響力をもつことになった。その影響力を期待されて，タレントや有名人は，広告に採用されることになる。タレントに支払う広告費は，その影響力の対価として支払われているといえる。しかし，ソーシャル・メディアの進展は，それとは異なる有名人を生むことになった。それは，新たな影響力をもつ人々，**インフルエンサー**である。

ソーシャル・メディアのインフルエンサーは，タレントや有名人も存在するが，それぞれの分野の専門家や，同世代に共感を生む一般の人でもなりうる。インフルエンサーの影響力は，フォロワー数によって把握することができる。世界中でフォロワーがいる俳優やミュージシャン，スポーツ選手は，メガ・インフルエンサーとして位置づけられる。それに対して，そこまでのフォロワー数には及ばないが，熱狂的なフォロワーをもつマイクロ・インフルエンサーも存在する。フォロワーに対するマイクロ・インフルエンサーの影響力は大きい。こうした影響力のあるインフルエンサーに製品を推奨してもらうことを**インフルエンサー・マーケティング**と呼ぶ。テレビ広告におけるタレントや有名人による費用と効果を考えることに比べれば，フォロワーの数が確認できるため，その費用対効果も予測しやすい。また，スポークス・パーソンとして広告での役割を演じるのではなく，自身のアカウントから現実の推奨者として投稿するので，信頼性も高い。

しかし問題点がないわけではない。通常は，広告とは関係のないクチコミ，自分の真実の意見や感想として捉えられるので，それが広告に相当する金銭的な支援による投稿であると推測されるとたちまち炎上することになる。そうした誤解を生まないように，ソーシャル・メディア・プラットフォームの投稿に関するガイドラインでは，広告に相当する投稿は，PRラベルを付記するよう指導されている。YouTubeやInstagram，TikTokのインフルエンサーも，PRラベルやタイアップ動画であることを明示する場合としない場合などを使い分けることで，炎上を予防している。

4 連動を狙うメディア

PESOモデル

IMCの考え方に従えば，すべての顧客接点をメディアとして捉えることになる。さらに，インターネットは消費者に双方向性や能動性をもたらし，顧客接点の選択も可能となる。同時に，インターネット上には，手軽にだれでも情報を提供できるために，さらなる広告のクラッター化が促進される。さらに，信頼性が異なる膨大な情報のなかから消費者は選択し，その真偽を判断しなければならない。そうした現状を理解するには，**PESOモデル**という考え方が有効である。

PESOモデルとは，メディアをペイド・メディア（paid media），アーンド・メディア（earned media），シェアード・メディア（shared media），オウンド・メディア（owned media）の４つに区分して捉える考え方である（第11章も参照）。

ペイド・メディアは今までの広告と同様に，広告枠のタイムやスペースを購買するメディアである。伝統的な媒体だけでなく，オンライン上では，バナー広告や検索連動広告がそれに該当する。そのため，広告ということで無視されたり回避されることが多い。興味がない場合は，まったく情報処理を行わない可能性が高く，インターネット上の広告は，情報量も多いことからクラッター化する。その反面，広告枠を購買するので，大量の広告を出稿することができ，消費者にリーチする可能性が高い。また，ペイド・メディアであっても，コンテンツのデザインや形式を統一する**ネイティブ広告**といわれるものがある。コンテンツと広告が一体化していることで，コンテンツと広告の境界を意識することがなく，それゆえコンテンツと同様に違和感なく閲覧されることになる。しかし，あくまでも広告なので，「PR」などの表記は必要になる。

アーンド・メディアとは，テレビ番組やニュース・サイト，雑誌の記事で，第三者機関が情報を発信するメディアを指す。伝統的な媒体の雑誌記事，新聞記事，テレビ番組，もしくは，専門的な動画サイトなどで自社製品が取り上げられることで，信頼や評判が獲得できる。これらの媒体の影響力が大きい理由は，専門的な情報を提供するだけでなく，取り上げるブランドや企業から財政的な支援がないことで中立性が担保されているからである。ゲームやファッションなどの専門誌や専門サイトでの製品の紹介が信頼性をもって受け入れられることは，そのことを示している。

シェアード・メディアとしては，SNSやブログなどが該当する。製品に関する情報のリツイートや「いいね」などの反応も消費者を経由することになるので，シェアード・メディアということができる。インフルエンサー・マーケティングの項で述べたように，発信される情報の信頼性は高く，さらに転送・共有されることで幅広いリーチを確保することができる。しかし，信頼性の高い消費者の情報でも，膨大な数の投稿が流れるタイムラインでは埋没し認識されないことになる。

オウンド・メディアは，ペイド・メディアのようにタイムやスペースの広告枠を購買するというものではなく，企業のサイトやSNS上のブランド・サイトやアカウントのことである。さらにウェブサイトに限らず，自社で開発したアプリもオウンド・メディアということができる。オウンド・メディアは，自社サイトで運営することができるので，ペイド・メディアと同様の位置づけのように見えるが，掲載できる情報量が多く，広告費がかからないために，低コストで高頻度の情報掲載や投稿が可能である。しかしながら，自社サイトにアクセスやフォローをしてもらう必要がある。そのアクセス数は，さまざまな場所に広告を出稿できるペイド・メディアに比べれば，リーチという点では劣る。しかし，ソーシャル・メディアを利用すれば，すでにフォローしている人々に対して，新製品の告知だけでなく，ブランドに関するコミュニケーションを頻繁に行うことができる。

これらPESOモデルを，広告主と消費者それぞれの**管理領域**という視点から理解することができる（図8-1）。ペイド・メディアは，広告であることから広告主の管理領域にある。オウンド・メディアは，自社サイトゆえに，情報の露出や管理に関しては，ペイド・メディアと同様である。一方，アーンド・メディアおよびシェアード・メディアは，広告主以外の主体によって運営されているので，広告主はその内容について管理できない。そのことが，ペイド・メ

図 8-1　PESO モデルの広告主と消費者の管理領域

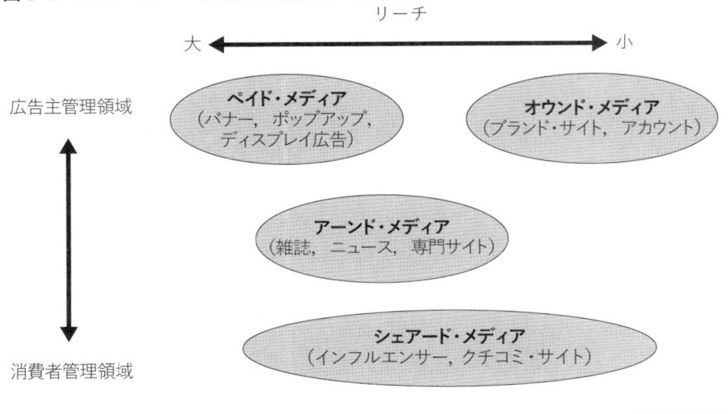

ディアやオウンド・メディアに比べて情報の信頼性を高めている。シェアード・メディアは，消費者管理領域にあり，膨大な数のフォロワーをもち，影響力があるインフルエンサーがその例となる。さらに，広告主が管理可能なペイド・メディアやオウンド・メディアなどのコンテンツを，消費者がレビューやコメントをしたり，転送・共有する行動は，消費者管理領域ということができる。このように，同じコンテンツであっても，広告主管理領域と消費者管理領域が重なる場合がある。

4つのメディアの連携と課題

これら4つのメディアの特性を活かしながら，それぞれのメディアの連携を図る必要がある。バナー広告などペイド・メディアは**ポータル**として位置づけることができ，興味や関心を喚起し，最終的には，ブランド・サイトなどのオウンド・メディアへ誘導することを目的としている。ペイド・メディアは，**広告枠**を確保することで，オウンド・メディアやアーンド・メディアよりも，人々の目に触れる機会を作ることができるが，広告ということで積極的に処理されず，また過剰なゆえにクラッター化する場合がある。それを避けるために，インターネット広告やデジタル・サイネージに関しては，さまざまな情報をもとに，より効果的で効率的な広告を目指している。

あるいは，オウンド・メディアでも，自社ブランド自体の関心がなくても消費者に興味をもってもらう情報を集積することで，潜在的な顧客にアプローチするやり方もある。たとえば，ブランドが属する製品カテゴリーへの関心や，もしくは，社会の課題などに関する情報を提供することで，間接的にブランドへの興味を生み，オウンド・メディアへ誘導する方法である。その例としてコンテンツ・マーケティングが挙げられる。ブランデッド・エンターテイメントと違い，ブランドのロイヤル・ユーザーを対象とするだけでなく，新規や潜在的なユーザーを対象とする。たとえば，ブランドが所属する製品カテゴリーに関する新たな使用用途などを提案するコンテンツが，それに該当する。ブランドのロイヤルティを高めたり，ブランドの直接的な販売に結びつくことはないが，製品カテゴリーの理解を深めることで，そのカテゴリーへの関心の創造と自社サイトへの誘導を目的としている。調味料メーカーによる料理やレシピなどのサイトや，化粧品メーカーによる美容に関する情報を提供するサイトなどが，それに該当する。

また，広告主管理の程度が低いアーンド・メディアを活用しそれと連携することで，信頼性の高い情報として理解してもらうこともできる。コンテンツの発信元は広告主と無関係である第三者として理解されていることから，情報の信頼性は高まる。人気の料理レシピ・サイトや音楽配信サービスなどとコラボレーションすることは，パートナーのメディアを利用することで，リーチを高めるだけでなく広告主管理領域という見方を弱めることによって信頼や評判も勝ち取ることもできる。
同様に，シェアード・メディアであるインフルエンサーとコラボレーションをすることで，情報の信頼性が高まるだけでなく，フォロワー数が多ければリーチできる伝達力は計り知れないほど増大する。
ペイド・メディアだけでなく，アーンド・メディアやシェアード・メディアを考慮して，オウンド・メディアであるブランド・サイトへの誘導を達成する必要がある。
しかし，留意点も存在する。オウンド・メディアの役割については詳細に検討しなければならない。他のメディアと効果的な連携を考えた場合に，オウンド・メディアの役割を明確にする必要がある。自社メディアであるがゆえに，ファンづくりや製品告知，決済など多様な役割が考えられる。しかし，目的によっては，連携するメディアも異なる。同様に，SNS上でのブランド・サイトとスマートフォン上の自社アプリでは，消費者が求める便益は異なる。SNS上のブランド・サイトではインフルエンサーを中心としたライフスタイルの提案が重要視されるかもしれないし，自社アプリでは新製品の告知や検索機能，もしくはクーポンやポイント，セール情報が重要視されるかもしれない。つまり，自社サイトやアプリの役割の明確化が必要になるのである。
また，アーンド・メディアやシェアード・メディアなどの広告主の管理の程度が低いとしても，いったん消費者に疑われてしまえば不信感をもたられてしまう可能性がある。消費者管理領域に位置づけられるインフルエンサーにおいても，紹介している製品やブランドから財政的な支援を受けていると疑われるかもしれない。その一方で，ペイド・メディアの情報も消費者に好意的なコメントや「いいね」で反応されることで，消費者管理領域の側面を帯びることになる。この複雑な過程は，これら４つのメディアの境界それ自体を曖昧化することにつながる。そのため，このような複合的な過程を戦略的に活用する必要がある。

百貨店などで，製品紹介をライブで中継する**ライブ・コマース**がInstagramなどのSNSを通じて実施されている。具体的には，シェアード・メディアなどのインフルエンサーを登用するだけでなく，実際の販売員がSNSを通じて製品の実演やデモンストレーションを，フォロワーの質問を受けながら実施していく。それは，自社のオンライン販売サイトのオウンド・メディアだけでなく，実際の店舗に誘導する施策となっている。ライブというリアルタイムで，販売員とSNSのフォロワーとの相互作用がその他のフォロワーにも共有される過程は，広告主管理領域と消費者管理領域が融合する事例として位置づけられる。広告主管理領域にある販売員の実演が，ライブでフォロワーと相互作用を行い，それが共有されていることで，信頼性を担保しながら幅広いリーチを確保しているのである。

Bibliography 引用・参考文献

Belch, G. E., & M. A. Belch (2021) *Advertising and Promotion: An Integrated Marketing Communications Perspective*, 12th ed. McGraw-Hill Education.

DIGITAL 2024 APRIL GLOBAL STATSHOT REPORT https://datareportal.com/reports/digital-2024-april-global-statshot

電通（2023）「2022年 日本の広告費」https://www.dentsu.co.jp/news/item-cms/2023004-0224_2.pdf

広瀬盛一（2021）「デジタル広告研究の展開」岸志津江・田中洋・嶋村和恵

編（2021）『現代広告全書――デジタル時代への理論と実践』有斐閣，187–205 ページ。

Johar, G. V., & M. T. Pham (1999) Relatedness, Prominence, and Constructive Sponsor Identification. *Journal of Marketing Research*, 36, pp. 299–312.

岸志津江・田中洋・嶋村和恵・丸岡吉人（2024）『現代広告論』［第 4 版］有斐閣。

Krugman, H. E. (1965) The Impact of Television Advertising: Learning without Involvement. *The Public Opinion Quarterly*, 29, pp. 349–356.

Lemon, K. N., & P. C. Verhoef (2016) Understanding Customer Experience throughout the Customer Journey. *Journal of Marketing*, 80, pp. 69–96.

丸岡吉人（2021）「マーケティング・コミュニケーションの新手法群――新しい情報環境下における取り組み」岸志津江・田中洋・嶋村和恵編『現代広告全書――デジタル時代への理論と実践』有斐閣，106–119 ページ。

中野香織（2019）「ダイレクト・マーケティング」石崎徹編著『わかりやすいマーケティング・コミュニケーションと広告』［第 2 版］八千代出版，228–241 ページ。

日経ビジネス（2003）「デフレを超える価値『チャネルの利』で売る」『日経ビジネス』12 月 15 日，64–69 ページ。

日経デザイン（2022）「メタバースで変わるビジネス」『日経デザイン』10 号，64–69 ページ。

Rodgers, S., & E. Thorson (2000) The Interactive Advertising Model: How Users Perceive and Process Online Ads. *Journal of Interactive Advertising*, 1, pp. 41–60.

関谷直也・薗部靖史・北見幸一・伊吹勇亮・川北眞紀子［2022］『広報・PR 論――パブリック・リレーションの理論と実際』［改訂版］有斐閣。

Chapter

第9章 デジタル・メディア

インターネット時代の広告のあり方

Quiz クイズ

Q デジタル広告のターゲティングに用いられている技術は次のどれだろうか。

a. Cookie
b. SEO
c. アドブロッカー
d. モダリティ

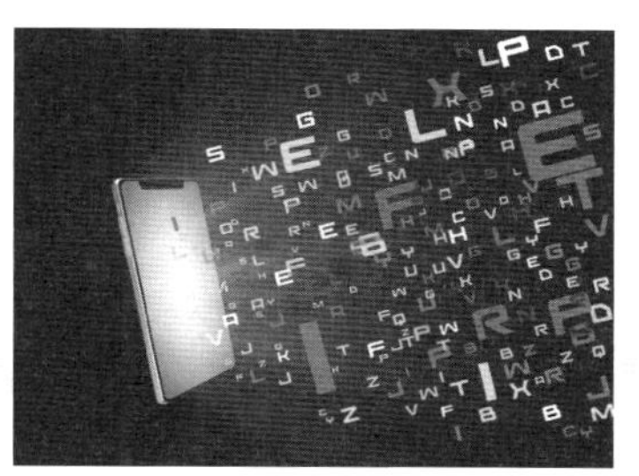

スマートフォンの登場で人々が受け取る情報量は激増した。
(©Hajime_Ishizeki / amanaimages)

Chapter structure　本章の位置づけ

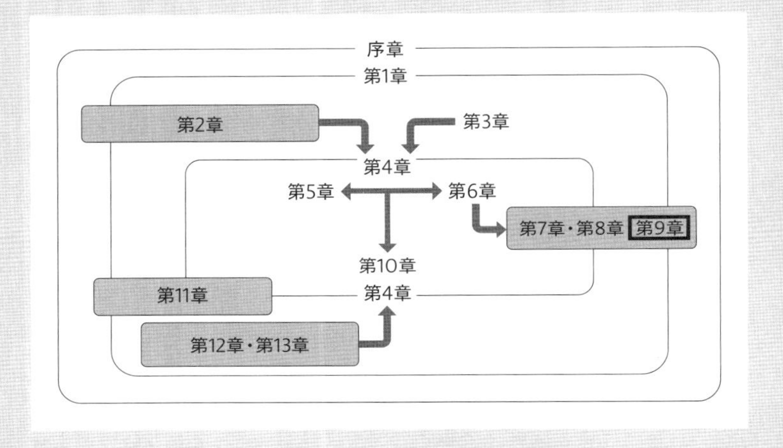

Summary　本章の概要

近年の広告コミュニケーションにおける変化の要因には，インターネットの世界的な普及がある。インターネットは，社会全体に影響を及ぼしてきた。オンラインのビジネスが増えただけでなく，インターネットのコンテンツやサービスを提供する企業が，メディアとしての存在感を高めることで，多方面から広告ビジネスに関わるようになっている。デジタル広告について学ぶことは，インターネット中心の社会について理解を深めることにもなる。

クイズの答え：a

パソコンやスマートフォンを使ってインターネットにアクセスしない日が考えられないくらい，オンラインで何かをするのは当たり前のことになっている。そのような生活様式の変化に伴い，広告主はデジタル広告に最も多くの比率を割くようになってきた。デジタル広告には，従来のメディアにはない仕組みやプラットフォーマーと呼ばれるIT企業の関わりなど，インターネット固有の特徴や課題がある。個々の利用者に向けた広告コミュニケーションを展開することができるが，その仕組みに関連して大手プラットフォーマーの存在や個人情報の扱いについて理解する必要がある。

1 デジタル広告とは

情報技術の発展・普及により，インターネットの技術がさまざまな広告コミュニケーションに活用されるようになっている。インターネットを活用した媒体はデジタル・メディアとも呼ばれており，そこで展開される広告はインタラクティブ広告，オンライン広告，デジタル広告などとも呼ばれている。本章では，デジタル広告の定義や種類だけにとどまらず，デジタル広告が発展した背景にある業界構造の変化などについても見ていくことにする。

デジタル広告の定義

1994年にインターネット上で最初の広告が出稿されてから四半世紀以上が経過している。初期のインターネットでは**双方向性**（interactivity）がインターネットを定義づける特徴として認識されていた。双方向性は，現在でもデジタル技術の中心的な概念ではあるが，1つの要素に過ぎなくなっている。リーとチョウ（Lee & Cho,

2020）は**デジタル広告**を「デジタル媒体を通じて消費者とインタラクトする製品，サービス，アイディアに関する説得的メッセージ」と捉え，その具体例として，デジタル・サイネージ，オーバー・ザ・トップ・サービス，SNS，VR／AR プラットフォーム，ゲーム内広告，アドバゲーム，デジタル・プロダクト・プレイスメント，AI スピーカーなどを挙げている。またデータ駆動型，人工知能（AI），ビッグデータの 3 つをデジタル広告の特徴として挙げている。

デジタル広告には，従来の広告の定義にあてはまらないものがある。たとえば広告主が自社の SNS アカウントで広告コミュニケーションを展開することは，従来の広告の定義では想定されていなかった。また実務においても，広告と広告以外の垣根も曖昧になりつつある。デジタル広告は広義にはインターネットに関連する技術を用いた広告配信全般を指すが，本章ではパソコン，タブレット，スマートフォンを前提としたコミュニケーション活動と関わりの深いものを中心に取り上げることにする。

インターネットは広告費の規模から見れば最大の広告媒体であるが，そこで展開される広告コミュニケーションは多岐にわたる。そのため，インターネットにおける広告コミュニケーションを理解するための枠組みを，従来のメディアと比較しながら提示する。またインターネットを活用したデジタル広告の特徴や課題についても検討していく。

アドテクノロジー

デジタル広告が従来の広告と大きく異なる点は，広告出稿に関わるさまざまな技術基盤の存在にある。従来の広告媒体では，各種データから広告媒体ごとにオーディエンスを推定していた。媒体やビークルの特性から，オーディエンスのプロファイルが示されることはあるものの，それは標本調査によって導かれたオーディエンスの一部に過ぎなかった。ビークルの特性にもよるが，マス媒体では広告商品に対するオーディエンスの興味・関心までを把握するのは困難だった。デジタル広告では，個人の行動に基づいた情報を用いて，広告主の希望する条件を満たすオーディエンスを特定して広告を配信することができる。広告主のニーズ，オンライン・メディアの広告枠，オンライン・メディアの利用者であるオーディエンスの行動を，個別にマッチングさせるシステムができたことで，従来のメディアにはなかった精度の高い広告露出が可能になった。このような技術基盤は，**アドテクノロジー**や**アドテク**（adtech）と呼ばれている。

ターゲティング

デジタル広告は，ターゲットに合わせて個別的に広告出稿ができる点に特徴がある。ユーザーの興味・関心に合わせて出稿する広告の方法は運用型と呼ばれており，2023 年の日本のインターネット広告費の約 9 割に用いられている（電通，2024）。ターゲティングには一定の日時などのスケジュールや，オーディエンスが自ら登録した個人情報，GPS などの位置情報やスマートフォンなどのデバイスの識別 ID などが使われる（表 9-1 参照）。とくに，プラットフォーマーが収集する検索履歴やオンライン上の行動履歴をもとにターゲティングされた広告を**行動ターゲティング**（BTA：behavioral targeting advertising）という。

またBTA にはリターゲティングという手法も含まれる。この手法は，一度訪れたサイトの情報を活用して，繰り返し広告を露出させるものである。ユーザーが旅行サイトを訪れて，ある地域のホテルを検索すると，他のページを見ているときにも，旅行サイトで見

表 9-1 デジタル広告におけるターゲティング方法

スケジュール	曜日や時間帯を指定して配信
オーディエンス・ターゲティング	年齢，性別などの登録情報を利用
ジオ・ターゲティング	GPS による位置情報を利用
デバイス・ターゲティング	アクセスしているデバイスに合わせて配信
行動ターゲティング	過去のサイト閲覧情報を利用
コンテンツ・ターゲティング	閲覧コンテンツの内容，検索キーワードを分析

た地域のホテルの広告が掲載されるようになる。BTA には，ウェブサイトの利用者情報を保存する **Cookie**（クッキー）という仕組みが中心的な技術として用いられている。Cookie はデジタル広告の初期に開発された技術であるが，個人情報であるため倫理的な観点から利用が制限される方向にある（コラム 9，第 13 章も参照）。そのため，デジタル広告では，従来からある BTA に替わる方法が模索されている。

なおターゲティングの方法には，一定の日時などのスケジュールをはじめ，オーディエンスの登録情報，GPS などの位置情報，デバイス，閲覧コンテンツ，検索キーワードなどを用いたものもある（表 9-1）。

プログラマティック広告

行動ターゲティングをより進化させたものが，**プログラマティック広告**（programmatic advertising）である。デジタル広告のメディア・バイイングでは，人工知能やビッグデータを活用した**リアルタイム・ビッディング**（RTB：real-time bidding）と呼ばれる仕組みがあり，広告主のターゲットとするユーザーがアクセスしたその瞬間に広告を露出（表示）させることができる。

RTB では，広告へのアクセスが 1 つずつ取引されている。オン

図 9-1 リアルタイム・ビッディング（RTB）の仕組み

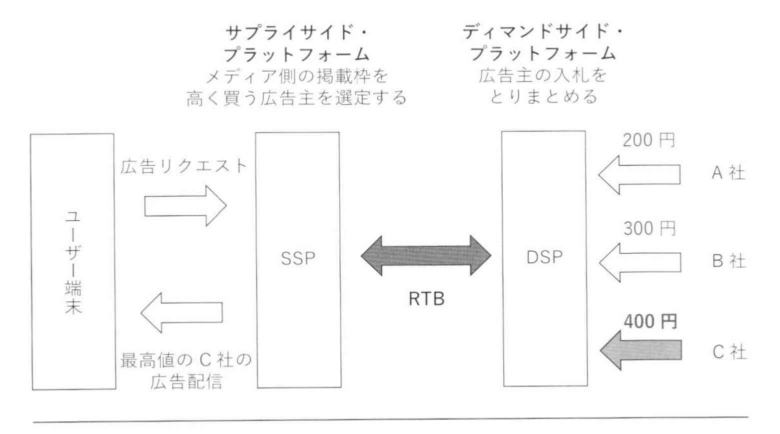

ライン・メディアは，自社の広告枠，広告主の制限，最低落札価格などの情報を**サプライサイド・プラットフォーム**（SSP：supply side platform）に登録する。SSPは，広告掲載枠を最も高値で購入してくれる広告主を選択するツールである。一方，広告主はターゲットの情報，クリエイティブのデータ，希望する落札価格などの情報を，**ディマンドサイド・プラットフォーム**（DSP：demand side platform）に登録している。DSPは広告主の登録情報に基づいて入札をとりまとめるツールであり，SSPとDSPの間のマッチングは，プラットフォーマーの**アドサーバー**（ad server）を介して瞬時に（約0.1秒）処理され，パソコンやスマートフォンなどに広告が表示される。オンライン・メディア上にある複数の広告媒体をとりまとめたものを，**アドネットワーク**（ad network）という。

この一連の流れを示したものが図9-1である。大手プラットフォーマーのなかには，SSP，DSP，アドサーバーすべての運営に関わっているものもある。

デジタル広告の種類

コンピュータやスマートフォンの画面に表示される広告にはさまざまな種類が存在する。ここでは，主に広告配信の観点から広告の種類について見ていく。

画面上に広告として表示されるタイプの広告

パーソナル・コンピュータであろうとスマートフォンであろうと，インターネットを利用するときは四角い画面を見ている。画面上に，広告とわかるように表示されるタイプの広告には，バナー広告，ポップアップ広告，インタースティシャル広告などがある。画面上に広告が表示されることに変わりはないが，その仕組みは異なる。サイトやアプリ上の広告枠に表示する画像やテキストなどの形式の広告は，ディスプレイ広告に分類されている。

バナー広告はデジタル広告で最も一般的な形態である。1994 年にアメリカの通信会社の AT & T がウェブマガジン HotWired に掲載したバナー広告（banner ads）がインターネットで最初の広告とされている。ニュースサイトやポータルサイトなどのアクセス数が期待できるページに広告スペースが用意されていることが多い。

ポップアップ広告と**インタースティシャル広告**は，ユーザーが見ている画面に重なるようにして表示されるタイプの広告である。ポップアップ広告は，ユーザーが特定のページにアクセスしようとしたときに，画面の一番手前に登場する。目的のページに広告を重ねて表示させるので，広告への注目度が高くなるとされる。インタースティシャル広告は，ページを切り替えるタイミングで画面に重なるように表示される。利用者が広告を消すための動作をしない限り表示される。

デジタル広告の初期から存在するこれらの広告は，ターゲットの関心との関係性が低かったりすると，ユーザー・エクスペリエンスを損ねてしまうことも多い。そのため，**アドブロッカー機能**によって表示を制限するユーザーもいる。ユーザーが能動的にインターネットを活用しているときには，広告を回避しようとする傾向が強くなる。そこで，ウェブサイトのコンテンツと親和性が高い広告を，記事に溶け込ませるように表示する**ネイティブ広告**という手法が注目されるようになっている。コンテンツとの一致度が高い広告を表示することでオーディエンスの注目を集められるとされるが，広告と気づかずにアクセスした場合には広告主やメディアに対する不満につながる可能性もある。

検索エンジンに連動するタイプの広告

インターネット・ユーザーが多種多様な情報のなかから自ら望む情報を探せるように，**検索エンジン**は 1990 年代から開発競争が続いてきた。世界的に見ても検索エンジンはアクセス数が最も多いカテゴリーで，デジタル広告のなかでも多くの広告費が費やされている。検索結果は，検索エンジンの仕組み（アルゴリズム）によって，関連度の高いものから順に表示される。検索結果の最初のページに，検索キーワードと関連させて表示される結果を**オーガニック検索**または**自然検索**，検索に連動して表示された広告を**検索連動型広告**または**リスティング広告**などと呼ぶ。

リスティング広告は「スポンサー」などの表示を伴うため，利用者から敬遠されることもある。そのため広告主は，オーガニック検索でも自らのサイトが上位に表示されることを望んでいる。検索エンジンが検索結果を表示するアルゴリズムを分析し，ウェブページの HTML などを編集してサイトが上位に表示されるようにすることを，**サーチ・エンジン・オプティマイゼーション**（SEO）という。検索結果は，インターネットを活用したビジネス全般に影響するため，ほとんどの広告主は SEO に力を入れている。検索エンジンを提供する企業は，過度なSEOを規制する方向にあり，検索の手続きであるアルゴリズムを定期的に修正している。なお，このアルゴリズムで有名なものには，Googleが開発した**ペイジ・ランキング**があり，創設者の1人であるラリー・ペイジ（L. E. Page）の名前にちなんでいる。

サイトなどの評価には，外部からのリンクなどが重要な要素になる。評価の高いサイトは，検索結果でも上位に表示されやすくなる。SNSなどでフォロワーの数や「いいね」が求められる背景には，このような仕組みがある。

ソーシャル・メディア上の広告

インターネットの利用目的におけるSNSの割合が高まっている。**ソーシャル・メディア**のプラットフォーム上で展開される広告は，**ソーシャル広告**とも呼ばれている。ソーシャル広告が掲載されるメディアには，文字や写真を中心としたSNSと動画をコンテンツの中心にしたSNSがある。

インターネット・ユーザーの多くがなんらかのソーシャル・メディアを利用している。従来型メディアのオンライン・コンテンツも，ソーシャル・メディアでの拡散を前提としている。FacebookやX（旧Twitter）のように他者とのネットワーキングを主たる目的としたソーシャル・メディアもあれば，YouTubeのようにメディアのコンテンツを共有するもの，Uberなどのシェアリング・エコノミーに関するものなどがある。

ソーシャル・メディアのユーザーは，自分の興味・関心によって他のユーザーをフォローしたり，他人のコンテンツを評価したり，他のユーザーと情報を共有したりしている。メディアはユーザーを，利用履歴などから容易にプロファイリングして，プログラマティック広告や行動ターゲティングといったアドテクノロジーを適応することができる。

広告主やマーケターは，自社サイトへの誘導，顧客とのコミュニケーション，ブランドや企業の露出などを目的としてソーシャル・メディアを活用している。従来のメディアと異なり，企業やブランドのアカウントで情報発信することによって，SNS に PR の機能をもたせたり，**電子的なクチコミ**（electric word-of-mouth：eWOM）の効果を期待することもできる。

2 インターネットが広告業界に与えたインパクト

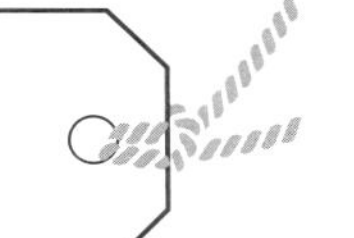

デジタル広告は 1990 年代中旬に普及したインターネットとともに発展してきた。インターネット上のサービスの多くは，インターネットへのアクセス料金を除き，広告収入を前提としたビジネスモデルで成り立っている。インターネットは世界では 2018 年に（電通，2019），日本では 2021 年に，テレビを抜いて最も広告費が支出されている広告媒体になっている（電通，2022）。

デジタル広告伸長の背景には，消費者によるメディアの利用実態の変化がある。インターネット・アクセスの中心がパソコンからスマートフォンに移行し，ソーシャル・メディアや動画配信サービスなどが普及したことで，インターネットの利用時間は長くなっていった。博報堂 DY メディアパートナーズメディア環境研究所の「メディア定点調査 2023」によると，生活者全体のメディア総接触時間は 1 週間平均で 7 時間を超えているが，このうち 42.3% がマスコミ四媒体（テレビ・新聞・ラジオ・雑誌）に，57.7% がデジタル端末（パソコン・タブレット端末・携帯電話／スマートフォン）に割かれている。デジタル端末の利用が最も高い10代（77.6%）と最も低い60代（36.1%）で開きはあるが，デジタル端末の接触時間は総じて長い（博報堂DYメディアパートナーズメディア環境研究所，2023）。とくに若い年代でスマートフォンの利用が活発になっており，この傾向は今後も続くと考えられる。個人が肌身離さず持ち歩ける端末からインターネットにアクセスすることができるようになり，広告は広告配信の仕組みや効果測定といったミクロレベルでも，広告業界の産業構造といったマクロレベルでも，大きく変化することになった。

デジタル端末によって，生活者はあらゆる情報ニーズをワンストップで満たせるようになった。従来の媒体では情報コンテンツと媒体が不可分だったが，インターネットを通じてユーザーがあらゆる情報コンテンツにアクセスできるようになり，生活者が費やす時間も広告主が充てる広告費もインターネットに集まるようになった。

その結果，情報へのアクセスを一元管理するプラットフォーマー（次節も参照）が躍進している。2022年にはGoogleが約2245億ドル，Facebookが約1136億ドルと驚異的な金額の広告収入を報告しており，広告産業の新たな中心的存在といってよいだろう（総務省，2023）。アルファベット（GoogleやYouTubeの親会社），メタ（InstagramやFacebookの親会社），LINEヤフーといったプラットフォーマーが情報共有の場，従来メディアでいう情報流通の機能のみを引き受けており，オーディエンスの注意・関心を集めるコンテンツの制作は，不特定多数の利用者にゆだねられている。プラットフォーマーは情報を見せたい人と見たい人をマッチングさせる存在といえる。

コラム9　オンライン広告における個人情報利用の是非　オンライン広告の大きな強みの１つは，ユーザーに応じて表示する広告を差し替えられることである。その基盤的な技術の１つがCookieである。Cookieとは，閲覧者であるユーザーがサイトにアクセスするたびに，ユーザーのブラウザに記録されるログデータである。個々のサイトが閲覧者の記録を取るのではなく，閲覧者のブラウザにデータが蓄積されていく。誰かの部屋に足を踏み入れると，足の裏に絨毯や畳の繊維などが付着する。マーケターは，付着物のようにしてユーザーのブラウザに蓄積された情報を頼りに，ユーザーの関心を推測し，表示する広告を最適化している。

Cookieにはファーストパーティ製のものとサードパーティ製のものがある。ファーストパーティCookieは，ユーザーがアクセスしたサイトのドメインから発行されてブラウザに記録されるログデータである。たとえばアカウントを作成したとき，ファーストパーティCookieがブラウザに残っていれば，一定期間ログイン手続きをしなくてもログイン状態が持続される。一方，サードパーティCookieは，アクセスしたサイト以外（第三者）のドメインのタグ（ウェブページを制御する文字列）が，サイトのなかに設置されている場合に記録される。具体的には，マーケティング会社が発行するユーザー分析タグや，訪問したユーザーの追客を目的として設置するリマーケティング・タグなどである。あるサイトで検索して閲覧した商品の広告が，別のサイトの広告枠に表示されることがあるが，これはサードパーティCookieによるところが大きい。

Cookieを利用した広告の最適化は，ユーザーの気づかないうちに，行動履歴などの情報が入手されて活用されていることが問題で，付着物を分析して追跡し続けるような構造になっている。そのため，Cookieをどのように活用するかにについて，プライバシーや個人情報保護の観点から厳しい目が向けられている。とくに，主にマーケティングの目的で利用されているサードパーティCookieは，利用の是非そのものが問われている。

しかし2024年現在において，オンライン広告の業界でサードパーティ Cookie がなくなる気配はない。たとえば Google は 2020 年 1 月，自社のブラウザである Google Chrome におけるサードパーティ Cookie の利用を 2 年以内に廃止するとし，代替テクノロジーの開発を進めると発表したが，2024 年 7 月に廃止の方針を撤回した。この紆余曲折は，代替技術の開発がいかに難しいかを表している。

個人情報を活用することで広告の最適化が実現することは，広告業界の長年の夢の 1 つといえる。しかしそこでは常に，プライバシー・個人情報保護の問題が裏にあることを念頭に置かなければならない。

コンテンツの変化

従来のメディアは，番組や記事などのコンテンツを配信する企業（メディア）が，広告枠としての時間や場所を，代理店である広告会社を通じて広告主に販売していた。このビジネスモデルでは，コンテンツ制作の主体とコンテンツを提供する主体がほとんど同一であり，かつその数も限られていた。たとえば，テレビ局が（下請けの制作会社が関与するとしても）番組を用意して広告とともに発信していたし，新聞は記者の取材に基づく記事を広告とともに紙面に印刷して販売していた。不特定多数に向けたコンテンツの提供は，メディアの管理・責任の下にあり，広告も同様になんらかの審査を経ることが前提であった。そのため，マスメディアに広告が掲出されることそれ自体によって，広告主の**信頼性**が示されていた。

テレビであればプロデューサー，ディレクター，カメラマン，映像編集者などが，新聞であれば多くの記者や通信社といったように，多くの人員がコンテンツ制作に関与している。コンテンツ制作は媒体社が中心で，プロデューサーや編集者などの限られたクリエイターが「ターゲットが見たいと思うもの」や「広告主の意向に沿ったもの」を企画・制作していた。オーディエンスが番組や記事の制作に直接，主体的に関わることは，想定されていなかった。

しかしプラットフォームやスマートフォンが存在する現在の情報通信環境では，1人でもコンテンツ制作から配信までを行うことができる。情報通信技術の発展と普及を背景にコンテンツ制作の参入障壁が下がり，YouTuberと呼ばれるクリエイターが一般的な用語となった。プラットフォーマーの規約にさえ違反しなければ，誰もがインターネットでコンテンツを自由に発信できる。従来のメディアでは，コンテンツ制作費は広告主に依存していたため，コンテンツの倫理的な是非を，媒体社，広告業界，社会などの多様な視点から審査する必要性があった。つまり，従来メディアによるコンテンツにはなんらかの「お墨つき」があったが，一般の生活者もコンテンツを提供できるインターネットではコンテンツへの積極的な審査は限定的である。そのうえ，インターネット上のコンテンツ配信は即時に行われ，一度公開されたものは原則として永遠に残る。

広告環境の変化

このような従来メディアにない特徴は，広告コミュニケーションにどのような変化をもたらしたのだろうか。まず既存の広告主，広告会社，媒体社，オーディエンスの役割が変化した。放送媒体のコンテンツ制作は，広告主の出資に基づいていた。広告主の出資によって作成されるコンテンツ（番組）は自ずと公共的な存在となるため，放送される番組はもとより，広告が適切であるかどうかも確認する必要性が生じる。一方，プラットフォーマーはユーザーにコンテンツを届けるシステムを提供している。したがって，ユーザーが一定の倫理基準を満たしていれば，プラットフォーマーがコンテンツに過度に立ち入ることはない。つまりプラットフォーマーは，コンテンツ・プロバイダーであるユーザーの表現を最大限に尊重する立場であり，問題となるコンテンツがあれば，アカウントやコンテンツを削除するなどして秩序を保とうとする。

インターネットは従来の枠組みで考えると，媒体社抜きでも成立する構造であり，アイディアと行動力があれば，誰もが広告費を稼ぐこともできる。同時に，従来の広告会社が専門的に管理していた広告効果指標も，コンテンツ・プロバイダーであるユーザーが，プラットフォーマーの力を借りて，フォロワー数や再生率などを把握できる。とりわけ従来メディアの広告効果は，一部の標本から得たデータで推測されていたのに対し，インターネットではアクセス全数からオーディエンスのリアクションを計測できる。つまり，**悉皆調査**が前提となっている点も大きな違いである。

こうした背景から，広告主企業も企業内の組織を強化し，自社でYouTubeチャンネルやSNSアカウントを運用して顧客とのコミュニケーションを図るようになっている。

3　プラットフォーマーの果たす役割の増大

インターネットを介した情報の受発信の舞台装置を提供する**プラットフォーマー**が，現代の広告業界の最も重要なプレーヤーとして莫大な収益を上げるようになっている。プラットフォーマーは，情報アクセスの元締めのような役割を担うことで，いつ，だれが，どこから，いかなるコンテンツにアクセスしたかといった情報を集めることができる。

大手プラットフォーマーは，検索エンジン，動画配信サービス，

SNSといったサービスに関わる時間やスペースへの広告出稿だけをビジネスにしているわけではない。大手プラットフォーマーのアカウント（会員）情報は，他のサービスのログインにも用いられることがある。このような仕組みにより，サービスの提供者は，ユーザーに対して会員登録の手続きを簡略させることができ，利用者を増やす効果が期待できる。一方，大手プラットフォーマーは，他のサービス事業者にアカウント情報を開放することによって，自社サービスの利用者のオンライン行動を把握することができる。大手プラットフォーマーはこのように得た情報に基づきアドネットワークを用いて，広告主とターゲットを効率的に結びつけることができる。

また，プラットフォーマーのなかには決済機能を提供するものも現れてきた。プラットフォーマーにとって，アドネットワークへのユーザー・アクセスを増やしたり，ユーザー情報を収集することは，オンラインで収益を上げようとするメディアやデジタル広告の展開を考える広告主の期待に応えることにもつながる。プラットフォーマーの多くは，検索キーワードやウェブサイトの訪問履歴といった情報に頼っていたが，商品購入などの具体的な行動に関わる情報の収集は限定的だった。ただし，EC（オンライン販売）サイトを運営したり，決済機能を提供するプラットフォーマーであれば，商品購入に関する情報も入手ができるようになる。インターネット上の行動を，購買行動も含めて把握することにより，広告配信において精度の高いマッチングが可能となる。しかし，このようなサービスを提供できるのは資金力のある一部のプラットフォーマーに限られるため，プラットフォーマーの寡占が進むことも懸念されている。

プラットフォーマーのビジネスが，既存メディアの経営や広告業界にも少なからず影響していることから，各国でさまざまな議論が展開されるようになっている。これまでプラットフォーマーのニュースサイトでは，メディアの記事などが無料で表示されていた。プラットフォーマーは，メディアのコンテンツへのアクセスを促進すると主張していたが，メディアは自社のコンテンツを無償で活用していると主張していた。メディアの作成したコンテンツに対する著作権保護の取り組みも進みつつある。たとえば，Google はオーストラリア，ドイツ，フランス，カナダなどで記事を表示するたびに，メディアに記事使用料を払うことに同意している（日本経済新聞，2022）。

このように，プラットフォーマーはユーザーの情報をできるだけ収集しようとしているが，**個人情報保護**の観点から，これまでの情報収集方法に制限がかけられつつある。メディアは，ユーザーがコンテンツにアクセスしたときに，収集するユーザー情報について確認をするなどの対応を迫られている。ツーリズムやコンテンツ産業のように，オンライン上でデジタル広告への接触から売上げまでを把握できる企業はともかく，プラットフォーマーもユーザーの情報すべてを把握することはできない。とくに，ブランドや広告の認知といった広告効果測定において重要な情報は，オンラインの行動だけで把握することが難しい。そのためプラットフォーマーのなかには，動画配信サービスなどで広告やブランドの認知率調査を実施して，ユーザーの情報を補完しようとする企業もある。個人情報保護への配慮やメディア産業の要請といった問題はあるが，プラットフォーマーがデジタル広告において果たす役割や影響力が非常に大きくなっていることに変わりはない。

4 デジタル広告のこれから

デジタル広告には文字，音声，動画といったさまざまなモダリティに対応できること，データ駆動型マーケティングと相性が良いこと，ターゲティング精度が高いことなど，メリットが数多く挙げられる。そして，ほとんどの消費者が最も長時間にわたり利用する端末がスマートフォンという背景もあり，スマートフォンを活用したデジタル広告への需要はとどまるところを知らない。

本章で取り上げたデジタル広告だけでなく，広告主がSNS上で展開する公式アカウント，一般ユーザー・専門家・インフルエンサーによるオンライン上のさまざまなクチコミが展開されるサービスなどがアプリというインターフェイスでユーザーに展開されている。広告主のなかには自社の提供するブランドのアプリ（**ブランド・アプリ**）を通じたコミュニケーションを展開するものもある。フードサービスなどのように，アプリで商品購入まで完結させられるような業種の場合，クーポンや製品情報の提供などによる購買促進効果を期待できるだけでなく，アドバゲームなど日常的なアクセスを促す取り組みを通じてブランドへの接触を高めることもできる。電子メールや既存のデジタル広告とは異なり，アプリの利用者は顧客であることが前提としてあるので，広告回避も起きにくい。また，ブランド・アプリを利用すれば，顧客の行動をプラットフォーマーなどの第三者を経由することなく，直接入手することができるようにもなる。広告主は，新たなオンライン上のツールを，新しい広告コミュニケーション・ツールとして活用する可能性を模索している。

従来の広告メディアと比較して優れている点に目が向きがちであ

るが，デジタル広告には固有の課題も指摘されている。デジタル広告の効率的・効果的な出稿は，自動化されたアドテクノロジーによって実現している。この最適化は主にオーディエンスの属性や時間帯に基づいて行われている。一方で，現状の技術ではコンテンツ内容の自動的な選別は実現できていない。とりわけリアルタイム配信の動画では，内容の事前確認は不可能である。したがって，コンテンツの**倫理基準**に対する判断が必ずしも容易ではない。従来のメディアでは，想定されていなかった事態が問題になるようになった。

こうした背景から，デジタル広告では**ブランド・セーフティ**の確保が広告主にとっての課題となっている。これは，ブランドが，意図せぬコンテンツと紐づいた広告スペースに広告配信されることで，そのイメージや信頼を毀損する事案を指す。たとえターゲット・オーディエンスに届くとしても，アニメや映画などの違法アップロードを許容するサイトや，暴力やヘイトを肯定するサイトに広告が配信されれば，その広告主はそうしたコンテンツを支持しているかのように映ってしまう。

ブランド・セーフティを確保する方法の１つとして，安全で問題のないコンテンツのみに広告を配信するという，**プライベート・マーケットプレイス**（PMP）が注目されている。PMPは，アドネットワーク事業者が事前に問題がないことを確認できたページをホワイトリスト化することによって成り立つ。広告主にとって広告配信先は限定されるが，上記のような心配はなくなる。

またデジタル広告では，従来のメディアであれば比較的容易であった「広告出稿の確認」が難しい。テレビ番組のスポンサーである広告主は，番組放送から自社のCMを確認できる。新聞や雑誌でも，媒体の現物を取り寄せれば広告の出稿を用意にチェックできる。他方，デジタル広告は希望するターゲットへの広告露出に特化していることから，あらかじめ広告を露出するメディアやコンテンツを前提としていない。そのため，実際に広告が表示された回数などを，広告主が直接確認することは極めて困難である。これを逆手にとり，実際には広告を配信していない，あるいは配信の回数を水増しして過大な広告費を請求するという**広告詐欺**（**アドフラウド**）が問題視されるようになっている。具体的には，オーディエンスが視認不可能な秒数で広告を表示するプログラムで閲覧数（PV）を増幅させるという事案があった。

インターネットには次々と新しい技術革新が起きている。デジタル広告も，それらの技術を取り込みながら新しい広告コミュニケーションが開発されている。VRやARと呼ばれる仮想現実やAIを用いた**チャットボット**は，これまでになかったようなコミュニケーション・ツールといえる。新しい技術やツールの導入は，想定していなかった問題を引き起こすこともある。デジタル広告の前提である莫大な個人情報の集積であるビッグデータの活用には，適切なデータの管理・収集・活用が前提とされるべきである。デジタル広告の活用には，プライバシーとユーザーの利便性のバランスが求められている。

Bibliography 引用・参考文献

電通（2019）「『世界の広告費成長率予測（2018～2020）』を発表」https://www.dentsu.co.jp/news/release/pdf-cms/2019003-0111.pdf

電通（2022）「2021年 日本の広告費」https://www.dentsu.co.jp/news/item-cms/2022003-0224.pdf

電通（2024）「2023年 日本の広告費 インターネット広告媒体費 詳細分析」https://www.dentsu.co.jp/news/release/2024/0312-01070

0.html
博報堂 DY メディアパートナーズメディア環境研究所（2023）「メディア定点調査 2023」https://mekanken.com/data/4159/
Lee, H., & C.-H. Cho（2020）Digital Advertising: Present and Future Prospects. *International Journal of Advertising*, 39, 332–341.
日本経済新聞（2022）「グーグル，記事使用料支払い合意 欧州の 300 社と」『日本経済新聞』2022 年 5 月 13 日付朝刊，14 面。
清水孝輔（2024）「グーグル，クッキー廃止を撤回 広告業界反発で転換」『日本経済新聞』2024 年 7 月 23 日付夕刊，3 面。
総務省（2019）「情報通信白書 令和元年版」https://www.soumu.go.jp/johotsusintokei/whitepaper/ja/r01/html/nd111120.html
総務省（2023）「令和 5 年版 情報通信白書」https://www.soumu.go.jp/johotsusintokei/whitepaper/r05.html

効果測定

数値で広告を評価する

第 10 章 Chapter

Quiz クイズ

Q テレビ CM に接触した人のうち，テレビ CM を覚えていない人の割合は，どれくらいだろうか。

a. 約 30%
b. 約 50%
c. 約 15%
d. 約 5%

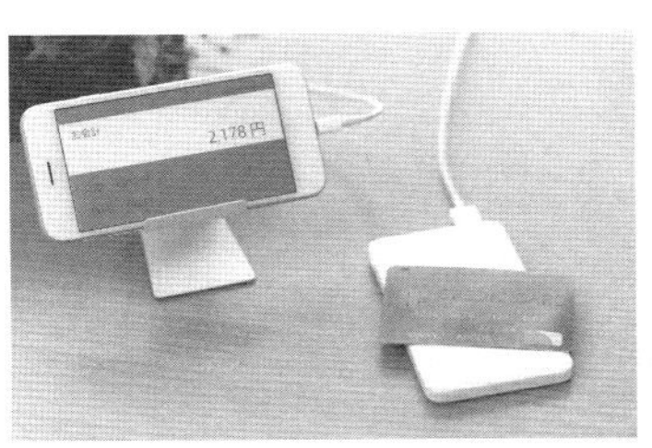

決済時にもマーケティングのための各種情報が収集されている。
（©C-geo / PIXTA）

Chapter structure　本章の位置づけ

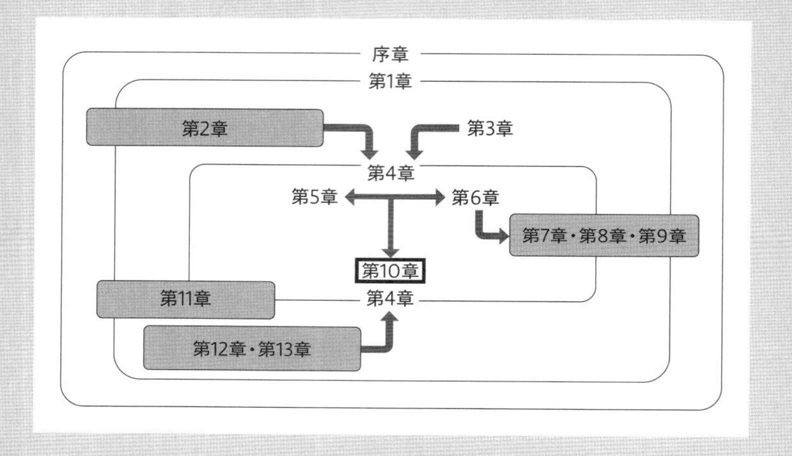

Summary　本章の概要

広告の制作には，多くの金銭的・人的資源が投入されており，それを知る機会も少なくない。しかし，広告それ自体の効果測定に関しては，それに費やした投資に関する成果を判断する機会にもかかわらず，それほど知られていない。それは，広告がその内容や出稿するメディアなどの形態が多様であると同時に，人々の行動だけにとどまらず，記憶の内容を測定することの難しさが一因でもあろう。

本章では，成果を測定することが決して単純ではない広告測定が具体的にどのように行われているのかを明らかにする。

クイズの答え：a

（出所）インテージ i-SSP 分析レポート「広告接触と認知のギャップに関する考察」2015 年 3–5 月調査 https://www.intage.co.jp/library/20160210/

日経広告研究所（2022）によると，広告効果の測定方法で一番多いのは，自社サイトのアクセス数である。自社サイトであるオウンド・メディアは，製品やブランドの情報伝達やその訴求を行う場だけでなく，広告の効果測定の指標としても使われる。それに続いて，広告の認知率，商品ブランドの認知率，広告の好感度が挙げられている。売上データ（39.3%）と視聴率・GRP（売上総利益率；38.8%）は4割弱となっている（表10-1）。このことから，広告の効果を売上高で判断するだけでなく，ブランド認知度や広告の認知度・好意度でも判断されていることがわかる。さらに，視聴率とGRPの指標は，広告到達の指標であり，広告が到達したことそれ自体も広告効果の評価対象となっている。

この調査結果は，複数回答によるものであることから，1つの測定指標というよりは，複数の指標で効果を測定していることが推測できる。

表 10-1 広告効果を測定する方法（複数回答%，*N*=242）

自社サイトへのアクセス数	60.7
広告の認知率	59.5
商品ブランドの認知率	48.3
広告の好感度などクリエイティブ評価	42.1
商品・ブランドの売上データ・POS データ	39.3
視聴率・GRP	38.8
企業の好感度やイメージ	37.6
企業の認知度	33.5
アトリビューション分析データ	10.3
その他	2.5

（出所）日経広告研究所編（2022）『広告主動態調査 2022 年版』19 ページ。

1 効果測定の目的
──テストが必要な理由とその実態

広告効果の測定とは，広告目標の達成度を測定することである。その結果をフィードバックすることで，広告目標設定それ自体の修正や調整を行うことができ，広告の有効性と効率性を高めることができる。同時に，広告目標の達成に貢献しない不適切な支出も理解することができる。

その一方で，効果の測定を困難にする要因もある。製品やブランドに関する成果は，広告だけでなく，多様な要素の組み合わせで達成されるために，広告それ自体の効果を識別することが難しい。さらには，効果を測定すること自体に金銭的なコストと労力が必要となる。広告の実施だけでもコストがかかるうえに，効果測定を予算化したり，それに担当者を割り振ることは，敬遠されがちである。財政的な支援，担当者の時間や労力は，すでに実施したことの確認作業より，これからの活動に振り分けられがちである。その結果，時間的，もしくは財政的制約を理由に，広告の効果測定が実施されない場合が存在する。

広告活動に関わる関係者の多様性も，阻害要因となる。広告活動，とくに広告キャンペーンの実施に際しては，自身の会社だけでなく，広告会社，媒体社，調査会社，イベントやPR会社など，多様な人々が関わっている。その結果，広告効果の定義や効果の測定項目が一様でない場合がある。たとえば，広告媒体やソーシャル・メディアのプラットフォームは，それぞれ独自の測定方法で効果を測定するため，それらを横断するような共通の評価項目が欠如しており，それぞれの効果を比較検討することが難しい。SNS や動画共有サイトでは，それぞれ広告閲覧に関する定義や測定方法が異なる。

このように，広告に関して，膨大な予算と人員が投入されていることから広告効果の測定が重要であることは間違いないが，現実には，関係者が同意する明確な基準がないだけでなく，効果測定が実施されない可能性も存在する。

2　広告効果測定の実施

——何を，いつ，どこで測定するのか

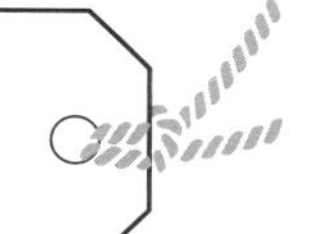

広告目標と計画

広告効果測定とは，広告目標の達成度を測定することであり，目標によって測定する内容も変わってくる。広告目標は，第４章で触れたようにマーケティング目標とコミュニケーション目標が存在する。前者であれば，売上高や利益率の向上が目的になる。後者であれば，心理的な段階の推移を促進することが目的となる。

たとえば，心理的な段階を広告接触，広告やプロモーションの処理，広告コミュニケーション効果という段階に分類した場合，最終的な購買という行動に向けて，広告やプロモーションの接触と処理，コミュニケーション効果の各段階での変化が目的となる。広告接触は，接触それ自体やその程度，広告やプロモーションの処理は，広告に対する注意などの知覚や学習や記憶に関するものである。広告コミュニケーション効果とは，ブランドに関するものであり，商品の認知度，商品それ自体の特徴や機能に対する理解や確信，商品に対する態度などである。

このような段階に応じた広告の媒体計画と表現計画は図 10-1 の

図 10-1 コミュニケーション目標のフロー

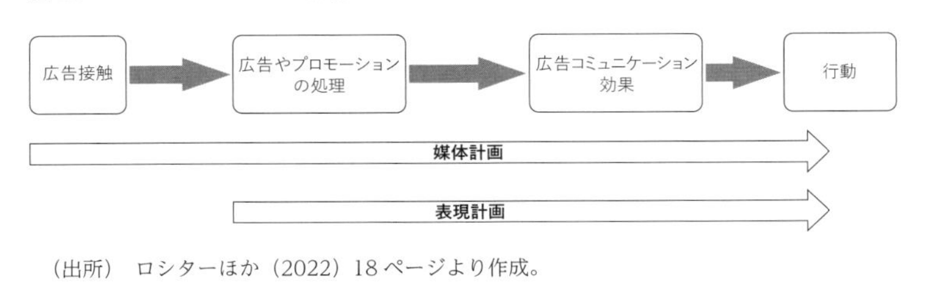

（出所） ロシターほか（2022）18ページより作成。

ような流れになる。媒体計画は，接触から行動に至るまでの過程を考慮して立案されるのに対して，表現計画は，広告処理から行動に至る過程を考慮して策定されることになる。

事前テストと事後テスト

広告効果の測定は，実施するタイミングによって事前テストと事後テストに分類することができる。**事前テスト**は，計画の段階で実施されるテストである。広告キャンペーンを実施する前に，少数の人々に対して意見聴取を行うことや，類似する環境で複数の案を提示することで，その反応の違いを調査するものである。その結果を受けて，実施の最終的な判断を行う。広告効果というよりは，広告表現やコンセプトの構成・適性を判断するテストといえる。

それに対して，**事後テスト**とは，キャンペーンなどで広告が出稿されたのちに，その効果を測定することである。**トラッキング調査**とも呼ばれている。キャンペーンの効果測定を行うことで目的の達成度を理解し，次なる広告目標の設定に向けての指針とすることができる。

多様な測定方法

広告効果の測定について，効果を確認する場所で分類すると，実験室テストとフィールド・テストに分けられる。**実験室テスト**では，状況をコントロールすることで，広告以外の影響をできるだけ排除することに力点が置かれる。もう1つは，**フィールド・テスト**であり，現実の状況のなかで，広告の効果を測定することに力点が置かれている。

実験室テストは，ある特定の場所に参加者を集めて，広告に関する提示物を作成して質問をしたり，なんらかの機材を用いて反応を測定したりする。その際，参加者を特定の場所に集めることで外部からの影響を遮断する。実験対象者の視聴環境を均一にしながら，広告表現が異なる広告を視聴するグループを作り，各グループの反応を比べることで，広告表現の効果を純粋に抽出することが可能となる。

しかし，問題がないわけではない。1つは，**テスト効果**というバイアスを生んでしまうことである。実験参加者が調査の対象であることを意識することで，通常，広告を見ているときよりも意識して回答を行うかもしれない。たとえば，調査に関する主催者の意図を汲み取ろうとして自身の感情とはかけ離れた回答をすることなどが考えられる。

さらには，実験室での視聴行動は，現実の行動と乖離する可能性も考えられる。実験室やそれに相当する環境で広告を視聴することは，家でくつろぎながらテレビ広告を見る場合とは明らかに異なる。そのことによって，広告に対する回答が歪められる場合もある。

一方で，実際の生活の場で行われるフィールド・テストは，実験室とは違い上記のようなバイアスが生まれる可能性が少ない。現実の生活のなかで広告を視聴することで，生活の文脈に沿った効果を理解することが可能である。しかし，実験室実験のように，広告以外の条件を均一にすることができず，それ以外の要因の影響を排除することができない。フィールド・テストでは，現実に沿った効果を測定できるが，広告の効果を純粋に抽出することが難しいという課題がある。

ダイレクト・レスポンス

そのほかのテスト方法として**ダイレクト・レスポンス**を活用する方法もある。ダイレクト・レスポンスは，消費者の直接的な反応を把握できる場合の広告効果の測定方法として採用されている。もともとは，実際の販売店を通さずに，カタログや広告などを通じて消費者に直接販売をする通信販売会社などで利用されていた。消費者から購買の注文を受ける通信販売は，カタログや広告以外に消費者との接点がなく，広告の出稿量やパターンと販売数量の関係がより明確に理解できるダイレクト・レスポンスという効果測定の手法が発達した。その方法は，一般的な広告キャンペーンにも採用されている。具体的には，クーポンや懸賞などを用いて，消費者からアクセスしてもらいその反応を見ることで，広告の効果を測定するというものである。消費者の心理的な態度を測定するコミュニケーション効果とは異なり，広告という刺激と消費者の行動というダイレクトな効果を理解することを主眼としている。

ダイレクト・レスポンスは，実際の活動によるテストであるため，フィールド・テストとも位置づけられる。その方法の1つとして，異なる広告表現の効果の違いを確認するために，異なる広告表現を用いる**スプリット・ラン**がある。同一の雑誌や新聞に広告や折込チラシを出稿する際に，2つの相違する広告をランダムに振り分ける。そのうえで，その広告にクーポンをつけたり問い合わせ先を明示し

コラム10　デジタル化によるシングルソース・データ分析の促進　広告キャンペーンの測定方法として，シングルソース・データが存在する。同一の対象者から，テレビやPC，スマートフォンなどのメディア接触や購買に関するデータを収集することで，広告の効果を行動データから理解することができる。通常，消費者が回答するアンケートのデータは，消費者の主観に基づいて回答されており，客観的な指標ではない。主観的な回答ゆえに，記憶の劣化や曖昧さによって正確な回答を得られない場合がある。そこで，質問に対する消費者からの回答というコミュニケーションを通じた測定ではなく，生活の行動から得られるデータに基づくことで，質問というプロセスによって生じる問題点を解消することができる。また，測定する期間によっては，キャンペーン終了後に生じる長期的な効果も把握できる。

しかし，問題点もないわけではない。消費者の購買行動に焦点を当てることで，売上高などへの影響を確認することが可能であるが，心理的なコミュニケーション効果を把握することができない。心理的な変化はブラックボックスとなるので，製品カテゴリーの理解，ブランドの知名度やイメージなどがどのように改善されて購買に至ったのかが確認できない。それゆえ，アンケートで得られた心理的なスコアに関するデータを併用することで，広告がもたらすコミュニケーション効果と売上高の拡大との関係を理解することができる。

インテージは，情報接触と消費行動のクロスメディア効果を調査するi-SSP（インテージシングルソースパネル）を運用している。同じパネルからPC，モバイル，テレビの接触ログ，消費財の購買履歴ログ，消費者の属性や意識のアンケート回答を突き合わせることで精緻なデータの提供が可能となっている。それぞれのメディアの接触回数と購買の関係だけでなく，テレビとウェブサイト（PCもしくはモバイル）の同時接触と購買との関係の比較も可能となっている。メディア接触や購買行動の反応だけでなく，アンケート回答も収集することで，メディア接触と心理的な態度，購買意図，購買の関係も把握が可能となっている。

たりして，その反応データを用いて，広告効果の相違を理解するという方法である。さらに，出稿した多数の媒体にそれぞれ異なる記号を付与することで，問い合わせのときにそれを照合し，媒体それぞれの効果を把握する鍵つき広告も，この方法に含まれる。

この方法は，インターネットでは，**A/Bテスト**といわれ，インターネット広告の効果を測定するために頻繁に用いられている。たとえば，サイトのページ変更に関する効果を見る際に，変更を加えたページ，あるいは変更していないページそれぞれにユーザーをランダムに誘導する。インターネット上であることからユーザーの誘導も容易であり，測定指標もページの推移や決済行動など多様で客観的な指標を用いることができる。実験室テストとフィールド・テスト双方の強みを兼ね備えている。

しかし，実際の活動によるテスト方法は，曜日や季節変動による影響など特有のバイアスを回避しなければならない。さらに，インターネット上のデザインの変更のテストでは，実験初期の効果の歪みである，**プライマシー効果**と**ノベルティ効果**を考慮しなければならない。プライマシー効果とは，今までのデザインに慣れていることから新しいデザインの学習には時間がかかるという効果であり，ノベルティ効果とは，新規性は注目を生むが持続しないという効果である。

3　広告キャンペーンの事前テスト

広告キャンペーンが始まる前に，広告表現の作成においてターゲットの反応を探るためのテストを実施する。事前に小規模なテストを実施することによって，広告キャンペーンの失敗を未然に防ぐことを目的としている。広告キャンペーンは，膨大な金銭的なコストだけでなく，それに関わる人々の多大な労力や時間を費やすことになる。そのため，広告キャンペーン開始前の小規模のテストを繰り返すことで，失敗したときに生じる多大な損失を回避することが求められる。

そのテストで重要なことは，広告の表現に関する複数の代替案を作成することである。最初の段階で，複数の代替案を作成するための調査やテストを行う。どのような広告表現が消費者にとって有用なのかを把握しなければならない。診断的情報（有用性が判断できる情報）に基づいて広告表現の作成を行う。最終的なテストに近づけば近づくほど，複数の選択肢から特定の表現を選択するテストになる。事前テストは，コンセプト・テスト，未完成広告テスト，完成広告テストに分類できる。

コンセプト・テスト

広告表現を作成する最初の段階として，まずは対象となる製品やブランドを訴求する指針となる**広告コンセプト**を決定する。広告コンセプトとは「その製品の何を伝えるのか」を意味している。何を伝え，何を強調すべきか，また，どのように伝えるべきかという点を考慮して，具体的な広告表現が作成される。

続いて実施する**コンセプト・テスト**では，広告コピーやイラストなどのビジュアル素材を被験者に提示し，広告コンセプトを評価してもらう。ビジュアル素材を用いることで広告のアイディアがわかりやすくなる。こうした事前の広告表現の調査は，単独の消費者インタビューやグループ・インタビュー（後述）などの定性的な調査を用いて，消費者の反応を探っていく。

未完成広告テスト

コンセプトが決まった段階で，いくつかの広告案を作成する。テレビ広告は膨大なコストがかかるうえに，1回あたりの広告の放映時間は15秒程度と非常に短い。それゆえ，製品すべての特徴を広告にすることは，時間の制約上難しい。それらの問題を回避するために，複数の広告案を作成し，それらに対する消費者の反応を調査する必要がある。これが**未完成広告テスト**である。具体的な方法は，**インタビュー**や**グループ・インタビュー**の場合もあれば，会場にモニターとなる人々を集めて，実際に広告案を見てアンケートに回答してもらうことで，定量的な調査を行う場合もある。

質問項目としては，広告内容の想起に関するもの，広告された商品の購入意図，興味度，商品ベネフィットの理解などが挙げられる。こうした未完成広告テストの状況は，実際の広告視聴や閲覧の状況と異なることに留意する必要がある。さらに，特定項目の好意的評価や全体の高評価によって否定的な点を見逃してしまう**ハロー効果**や，特定の表現物や内容に対する評価が極端なものになりやすい傾向にも留意する必要がある。

完成広告テスト

実際に，完成した広告を用いる**完成広告テスト**を実施する場合もある。その段階では，広告作成に活かすためのフィードバックというよりは，最終決定のテストと位置づけられる。完成広告テストでは，広告が視聴できるシアター会場にモニターを集め，完成広告を視聴してもらい，効果を確認する**シアター・テスト**という方式が採用される。具体的な質問としては，広告されたブランド名や商品に関する情報の再生の程度，伝達内容の理解，広告の好感度，診断的情報，表現効果，購買意向などが挙げられる。これらの方法は，前述した実験室実験に該当する。

フィールド・テストで完成広告テストを使う場合もある。**オンエアー・テスト**と呼ばれ，実際のCMを放送し，その反応を調査することでその広告効果を確認する。具体的には，パイロット版のCMを放送し，その広告を視聴した人を何かしらの方法で探し出し，その人に広告の効果に関する質問を行う方法である。先に示したように，インターネット広告に関しては，A/Bテストも利用できる。広告表現が異なるウェブページのいくつかのパターンを作成し，それぞれ実際の消費者にアクセスしてもらい，クリック率，コンバージョン率などの実際の行動データで確認することになる。

4 事後効果測定の方法

トラッキング調査

広告キャンペーンの効果を測定する事後テストには，多様な方法が存在する。

広告に接触するには，まず，広告を伝達する媒体それ自体が浸透していなければならない。さらに，媒体が普及していても，オーディエンスが媒体に接触しなければならない。若者のテレビ離れが指摘されているように，テレビという端末が普及していても接触しているとは限らない。そのため，媒体が普及しかつ接触されていることではじめて，その媒体の広告に接触する可能性が存在することになる。接触に関しては，テレビであれば，**視聴率**がそれに該当する。近年では，テレビ視聴率には，世帯主視聴率だけでなく個人視聴率も存在する（第6・7章も参照）。そのCMが放送された時間帯の視聴率が，その広告接触の指標となる。インターネット広告であ

表 10-2 広告接触の指標

カテゴリー	データ名	開発機関
テレビ	テレビ視聴率調査	ビデオリサーチ
	個人視聴率	NHK 放送文化研究所
ラジオ	ラジオ個人聴取率調査	ビデオリサーチ
新聞	部数公査データ	日本 ABC 協会
	J-MONITOR	ビデオリサーチ
雑誌	部数公査データ	日本 ABC 協会
	MAGASCENE/ex	ビデオリサーチ
交通・屋外広告	SOTO/ex	ビデオリサーチ
	キクコト	JR 東日本企画
インターネット	デジタルコンテンツ視聴率	ニールセンデジタル
	ウェブレポート	ビデオリサーチ

れば，インプレッションやクリック数が接触の指標となる。具体的な指標は表 10-2 のようになる。

広告処理や**コミュニケーション効果**の測定は，広告の心理的な処理の段階やブランドや製品に対する心理的な段階に応じて行うことになる。

広告キャンペーンの効果を確認するには，キャンペーン前後で測定し，その変化率を把握する必要がある。広告処理の項目として**広告の認知度**，広告の評価や態度（好き－嫌い）が挙げられる。広告の認知度については，知っているかどうか，見たことがあるかどうかを単純に質問するものから，具体的に広告の想起を測定するものまでさまざまである。広告の想起に関しては，再生法と再認法が存在する。**再生法**は，ヒントを与えず，広告の記憶の活性化を測定するものであり，**再認法**は，具体的な広告を見せることで，記憶されている程度を測定する方法である。

しかし重要なのは，広告処理が製品やブランドのコミュニケーション効果にどのような影響をもたらしたのかを把握することである。その測定方法として，ブランドに関する情報を伏せる覆面広告の再認がある。ブランドに関する情報を隠したうえで，広告を見たり聞いたりしたことがあるかどうかを質問し，聞いたことがあると答えた回答者にそのブランド名を回答してもらう。広告それ自体の再認と，それがブランドに結びつくような効果が存在するかどうかを判断することになる（ロシターほか，2022）。

現代においては，同一製品カテゴリー内で広告が競合することで干渉し，競争的クラッターが生じている。同一カテゴリーの競合製品は，ターゲットが同じであることが多く，接触する媒体も類似する傾向があるために消費者は混同する可能性が高い。さらに，広告表現などの広告内容に着目してしまうと，そのコミュニケーション効果とブランドの結びつきを弱めてしまう場合が存在する（ケラー，2000）。広告自体の再認だけでなく，ブランドの想起に結びついているのかを確認しなければならない。

広告の接触頻度は広告効果をより強めることが想定されることから，広告接触の頻度を質問することで広告処理の効果を測定することもできる（ロシターほか，2022）

広告コミュニケーション効果の測定

効果測定の内容は，以下のような，製品やブランドに対するコミュニケーションによる心理的な効果の測定である。

カテゴリー・ニーズ

各ブランドの知名度を測定する前に，そのブランドが属するカテゴリーに対するニーズを測定する必要がある。iPhone であれば，スマートフォン・カテゴリーに属することになる。その他のスマートフォンもスマートフォン・カテゴリーに属する。その製品カテゴリーそれ自体を必要と感じなければ，当然，その製品に属するブランドを購買することにならない。具体的には，そのカテゴリーの商品群を購買することを予定しているかどうかを尋ねる質問になる。

ブランド認知

覆面広告テストとは異なり，ブランド名を直接尋ね，知っているかどうかを測定することになる。それには，再生と再認の２つの測定項目が存在する。**ブランド再生**とは，商品のカテゴリーを提示し，それに該当するブランド名をすべて挙げてもらう方法である。一番最初に想起されるブランドは，第一再生として重要視される。もう１つは，商品名とその商品のパッケージなどを提示し，知っている程度を測定する**ブランド再認**である。

再生率が高い商品が知名度が高いということになり，通常，ブランドの知名度の高さとして再生を重要視する。ただし，現代のように多種多様な製品やブランドが存在する環境では再認も同様に重要である。実際，カテゴリー名でそれに属するブランド名の想起ができなくても，実際の購買においては，小売店などの店頭で商品の購買を決めるような**非計画購買**や，ブランドそれ自体を忘れており商品陳列を見て思い出すということが多々ある。とくに，複数の商品やブランドを取り扱う小売店に商品を卸している日用品や食品メーカーでは，再認率も重要視されている。

ブランドへの態度と購買

好き嫌いなどの好意の程度によって，ブランドへの態度を測定する必要がある。対象となるブランドだけでなく，他社ブランドとの比較で測定する場合もある。

購買に関しては，購買した回数や**購買意図**を測定する。購買データに関しては，商品の出荷データは存在しても，購買自体のデータの入手が難しいことがある。その場合は，ダイレクト・レスポンスの項で解説したように，キャンペーンの懸賞やノベルティなどの応募率などでその効果を推定する。あるいは，購買意図を測定することで，それに代替する。実際の購買ではなく，購買意図を測定することが有用な場合もある。景気などの経済状況や，該当カテゴリーの製品をすでに所有している場合などを考えると，キャンペーンの効果として購買という成果が見られないことは珍しくない。購買意図を測定することで，購買をもたらす可能性を測定することができ，有用である。

こうしたコミュニケーション効果を，質問項目で心理的な変容として測定するのではなく，ウェブ上の行動履歴から判断することも可能である。たとえば，自社サイトへのアクセス数や検索数なども効果の測定方法となる。近年では，広告が話題性を呼んでいることかどうかも，ウェブ上の動向で把握することができる。掲示板やソーシャル・メディアの投稿を分析することで，広告がバズ（buzz）を生んでいる程度を理解することができる。それらウェブ上のデータをコミュニケーション効果のなかで位置づけることで，精度の高い情報を獲得することができる。

コミュニケーション効果の多様性

上記のコミュニケーション効果の説明は，すべての消費者は一様に反応することを前提としていた。しかし，消費者の特性によってコミュニケーション効果に違いがある。消費者のデモグラフィックな属性や商品の購買履歴などの情報と関連づけることで，広告キャンペーンがどの層に効果的であったかどうかを確認することができる。

消費の購買履歴に関していえば，ブランドの購買者と非購買者では，広告に対する注意の程度に相違がある。ブランド購買者は積極的に広告を処理するのに対して，ブランドの非購買者はそのブランドの広告への処理に消極的である（Rice & Bennett, 1998）。**ブランド知識**の有無による消費者の分類も同様である。ブランド知識がある消費者は積極的に広告に注意を向け学習し，好意的な態度を形成している（ケラー，2000）。ブランド購買経験や知識の有無によって，それぞれの段階の効果は相違すると考えることができる。

さらに，ブランドやカテゴリーの利用の有無から**ターゲット・オーディエンス**を分類することが可能である（ロシターほか，2022）。カテゴリーの利用経験，自社ブランドと他社ブランドの認知度やトライアル，利用頻度を質問することで，以下のタイプに分類することができる。

- ブランド・ロイヤル層——自社のブランドを習慣的に購入する。
- 好意的なブランド・スイッチャー——自社のブランドを買うこともあるが，他のブランドも購入する。
- 他ブランド・スイッチャー——他のブランドを購入するが，自社のブランドは購入しない。
- 他ブランド・ロイヤル層——他のブランドを習慣的に購入する。
- 新規カテゴリー・ユーザー——自社ブランドを購入することで，はじめてこのカテゴリーを利用する。

上記のグループに分類し，各ターゲット層においてコミュニケーション効果を測定する。

広告の対象は，購買を対象とする消費者だけに限らない。たとえば，広告だけで製品に関する情報を取得するわけではない。広告に接触した人を経由することで，広告に接触していない人に伝わる場合がある。インターネットが登場する前は，コミュニケーション・モデルとしてマスメディア→オピニオン・リーダー→フォロワーという2段階フローが想定されていた。マスメディアの情報は，オピニオン・リーダーを介して多くの人々に伝わるという考え方である。多くの人々とつながりをもち信頼が置かれているオピニオン・リーダーは，情報を効率的かつ効果的に伝達する。しかし，近年，ソーシャル・メディアの登場によって，リアルな社会関係が介在しなくても，人気のブロガーやインフルエンサーをフォローすることで，製品やブランドに関する情報を取得することができる。その意味で，キャンペーン対象の製品を取り上げたインフルエンサーの投稿がどれだけシェアされたかなども効果測定のデータとなりうる。

ブランドや製品が家族で利用し消費する集団的な消費財に該当する場合は，個々のメンバーの集団的決定の役割を分類することで，それぞれの効果を理解できる。家族のなかで，購買の決定者，利用者，情報探索者など役割が異なっている場合が存在する。おやつなどのスナック菓子は，利用者は子どもであるが，購買決定者の多くは母親である。そうした役割を理解したうえで，効果を測定する必要がある。

その他の効果測定

セールス・プロモーションの効果測定は，POS（point of sales；販売時点情報管理）システムなどのスキャン・データで測定することが可能である。さらに，クーポンの償還や懸賞の応募数などで測定することもできる。スポンサーシップなどのPR活動に関しては，メディアに露出した程度を測定する場合もある。テレビであれば，PR活動が放映された時間の長さなどが挙げられる。雑誌や新聞などの紙媒体であれば，紙面に占める面積となる。これらをテレビ広告や紙媒体の広告出稿量に相当する効果として位置づけて，その費用対効果を確認することができる。また，広告効果のトラッキング調査のように，PR 情報の処理やそのコミュニケーションの心理的な効果を測定することも可能である。

さらに，IMC（統合型マーケティング・コミュニケーション）の効果を測定するには，メディアの広告接触とセールス・プロモーションのトライアルのシナジー効果を測定する必要がある。たとえば，テレビ広告もしくはインターネット広告とセールス・プロモーションそれぞれに接触した人々がその商品を購買する確率と，双方に接触した人々が購買する確率などの比較である。

購買に至るまでの接点がデジタル化されている場合は，テレビ，スマートフォンとそのアプリ，クレジットカードやモバイル決済の電子決済データなどのデータを統合することで，正確な情報接触と購買行動の関係を把握し，広告効果を測定することが可能である。これはシングルソース・データといわれている（コラム 11 も参照）。モニターの協力を得て，データ取得を可能にする端末を利用してもらうことで，行動データとして測定し，広告効果を判断することになる。

Bibliography 引用・参考文献

Belch, G. E., & M. A. Belch (2021) *Advertising and Promotion: An Integrated Marketing Communications Perspective*, 12th ed. McGraw-Hill Education.

インテージ i-SSP 分析レポート「広告接触と認知のギャップに関する考察」2015 年 3–5 月調査 https://www.intage.co.jp/library/20160210/

岸志津江・田中洋・嶋村和恵・丸岡吉人（2024）『現代広告論』［第 4 版］有斐閣。

ケラー，K. L.（恩蔵直人・亀井昭宏訳）（2000）『戦略的ブランド・マネジメント』東急エージェンシー。

Kohavi, R., D. Tang, & Y. Xu（大杉直也訳）（2021）『A/B テスト実践ガ

イド――真のデータドリブンへ至る信用できる実験とは』ドワンゴ（Kohavi, R., D. Tang, & Y. Xu〔2020〕*Trustworthy Online Controlled Experiments: A Practical Guide to A/B Testing*. Cambridge University Press.）

楠本和哉（2006）「広告効果測定の考え方」嶋村和恵監修『新しい広告』電通，177-196 ページ。

中野香織（2019）「ダイレクト・マーケティング」石崎徹編著『わかりやすいマーケティング・コミュニケーションと広告』［第 2 版］八千代出版，228-241 ページ。

日経広告研究所編（2022）『広告主動態調査 2022 年版』日経広告研究所。

Pritchard, M.（2021）Commentary: "Half My Digital Advertising is Wasted...," *Journal of Marketing*, 85, pp. 26-29.

Rice, B., & R. Bennett（1998）The Relationship between Brand Usage and Advertising Tracking Measurements: International Findings. *Journal of Advertising Research*, 38（May-June）, pp. 58-66.

ロシター，J. = L. パーシー = L. ベルクヴィスト（岸志津江監訳）（2022）『広告コミュニケーション成功の法則』東急エージェンシー。

薗部靖史（2022）「インタビューと実験によるデータ収集」古川一郎・上原渉編著『1 からのデータ分析』碩学舎，123-136 ページ。

第 11 章 Chapter

広報・PR

社会と向き合うコミュニケーション

Quiz クイズ

Q 日常でも「PR する」という言葉はよく見かけるが，この PR の P は何を意味するだろうか。

a. Public
b. Promotion
c. Personal
d. Private

PR には入念な準備が欠かせない。
（©AID / amanaimages）

Chapter structure 本章の位置づけ

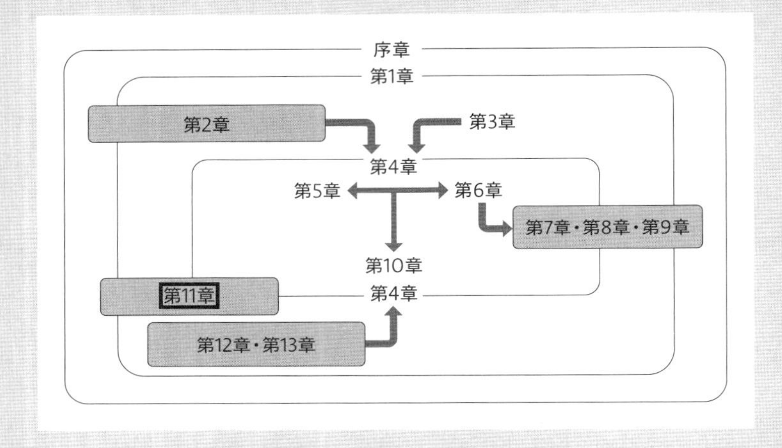

Summary 本章の概要

本章では，広告活動と混同しやすい広報活動について，その意味や意義を理解すると同時に，それらを具体的な手法と結びつけて説明できるようになることを目指している。

クイズの答え：a

広告（advertising）は広告費を支払った広告主のメッセージをメディアに載せてターゲットに届けることを指し，製品への好意的な態度の形成や購買行動の活性化などを目的とする場合が多い。広告はマーケティング・コミュニケーションの代表的手段といえるが，これに対し，社会全体（パブリック）と企業との関係維持を目的としたコーポレート・コミュニケーションを**広報**（public relations：PR）と呼ぶ。広告と広報は異なる概念であるが，広報活動の一環として広告を使う場合もあり，両者は混同されることも多い。本章では，広報活動の意義や具体的手法を理解するとともに，広報活動を効果的に行うための基礎知識を学ぶ。

1　広報の重要性

広報の定義と機能

広報は「組織体とその存続を左右するパブリックとの間に，相互に利益をもたらす関係性を構築し，維持をするマネジメント機能」（日本パブリック・リレーションズ協会編，2012）を意味する。企業によって違いはあるが，一般的に広告活動は宣伝部門が担当するのに対し，広報は広報部門が担当する場合が多い。

広報部門の機能は５つに分けられる（図 11-1）。①**広報機能**——外部の**ステークホルダー**が企業に求める役割について情報を収集し，受信する機能，②**情報参謀**——収集した外部情報を経営者や従業員に伝える機能，③**社内広報**（a）——経営者のビジョンや研究開発の動向といった社内情報を収集する機能，④**社内広報**（b）——社内情報を社内の適切なステークホルダーに伝える機能，⑤**対外広報**——自社の情報を組織の外部のステークホルダーに発信する機能で

図 11-1 広報部門の機能

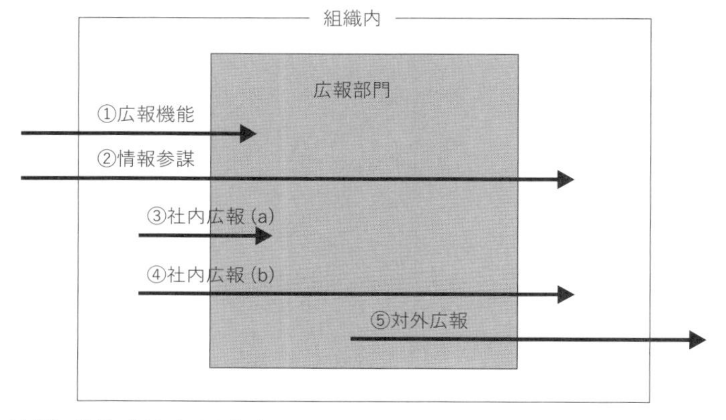

（出所） 駒橋（2024）より作成。

ある。

広報活動の対象

広報は，どのようなステークホルダーに向けられるかによって実態が異なる。たとえば自社の従業員を対象とする場合，トップマネジメントの方針や各事業の業績などの情報公開や，従業員の意見の傾聴が広報活動となる。そうすることで企業と従業員の間の信頼関係が深まり，従業員のモチベーション向上，健全な組織文化の形成などが期待される。こうした広報はとくに**インターナル・リレーションズ**と呼ばれている。

銀行や株主，金融投資家などとコミュニケーションを取る必要がある企業も多い。取引相手がより正確に企業の将来像を予測できるよう，商法や証券取引法に基づく情報開示をはじめ，研究開発の現状や従業員の働き方といった非財務情報を自主的に発信する企業もある。こうした広報は**インベスター・リレーションズ**（IR）と呼ばれ，株主総会や企業説明会などでの対話やアニュアル・レポートなどの出版物を中心に展開される。

政府や行政組織，政治団体も，企業によっては重要なステークホルダーとなりうる。世界的イベントの開催誘致を積極的に行うか否か，事業活動に影響する法律を改正するか否か，事業に関わる規制を緩和するか否かなどの政治的な挙動は，経済活動に少なからぬ影響を及ぼす。そこで自社に有利な展開を推進する目的で，企業がロビー活動を行う場合がある。具体的には，複数企業からなる経済団体に加盟して政策提言を行ったり，政治団体への献金を行ったりする。こうした広報は**ガバメント・リレーションズ**（GR）と呼ばれる。

広報と社会的責任

広報が重要視される背景に，**企業の社会的責任**（CSR）がある。CSRとは「企業が社会や環境と共存し，持続可能な成長を図るため，その活動の影響について責任をとる企業行動」を指す。

企業が自社の利益追求を最優先に事業活動を進めた結果，経済格差，労働問題，環境問題といったさまざまな社会課題が表出した。さらに競争の過熱によって，使用者の安全への配慮が不十分な製品が販売されたり，製品の仕様を偽るといった不正が行われたりと，消費者問題が深刻化していった。

こうした事態を受け，アメリカでは1960年代に企業の責任を問う消費者運動が広まり，企業と社会のあり方が変わっていった。たとえば弁護士であるラルフ・ネーダー（R. Nader）は大手自動車メーカーを相手取り，乗用車の欠陥を告発した。この活動をきっかけに，アメリカ政府は自動車の安全に関する法律や対応部署を設置するに至った。

こうした動きと並行して，日本においても公害問題や消費者問題の深刻化などから，企業の責任に光が当てられるようになった。1965年以降には企業が企業財団を設立し，公益的事業を行う動きが活発化した。1973年の日本経済団体連合会の総会決議では社会的責任に関する提言が行われ，それ以降は継続的にCSRや企業倫理を主題とする取り組みが行われている。

近年では，企業が環境（environment）・社会（social）・ガバナンス（governance）の3要素に適切に対応しているかどうかが投資の判断基準として重視されており（ESG投資），社会をよりよくするという発想をもたなければ，企業の持続的な成長は難しい時代にある。PRはCSRへの取り組みを幅広いステークホルダーに発信するための有効な手段であり，PRはCSRと密接に関係している。

2　広報の種類と役割

コーポレートPRの特徴

組織体の維持を目的とし，企業ブランドの価値形成を企図する広報を**コーポレートPR**（CPR）という。CPRは経営理念や事業内容，CSR活動の中身などを組織内外のステークホルダーに伝えることで，組織が社会的に承認されることを目指す。企業のブランド価値は企業が自ら決めるものではなく，第三者による評価として形成される。したがって，企業のブランド価値は**コーポレート・レピュテーション**（企業の名声・評判）と言い換えられる。

CPRの重要性は，不祥事の発生などにより企業が危機的事態に直面したときに際立つ。消費者の安全を脅かす製品の販売，株主に対する虚偽の情報開示，従業員との労使トラブル，行政のルールに違反する脱税など，企業の不祥事はさまざまなステークホルダーとの間で起こりうる。

経営責任者による謝罪や経緯説明，情報公開や対応措置などをCPRとして適切に実行できなければ，事業存続が難しくなるおそれがある。なお適切なCPRは不祥事の発生などによるコーポレート・レピュテーションの低下を抑制できるほか，平時からコーポレート・レピュテーションが確立されていれば，そうでない場合に比べてより信頼を回復しやすいといわれる。

マーケティングPRの特徴

CPRは，ステークホルダーとの関係構築を通じて組織の社会的承認を目指す**コーポレート・コミュニケーション**といえる。これは，消費者との関係構築を通じて持続的な利益確保を目指す**マーケティング・コミュニケーション**とは異なる概念である。しかし広報は，ブランドの認知や理解を広める，消費者とのコミュニケーションを促す，買う理由を付与するといった副次的結果をもたらす場合が多い。したがってIMC（統合型マーケティング・コミュニケーション）戦略のツールとして，広報にマーケティング支援の役割を期待することが可能である。商品の認知向上や購買促進といったマーケティング目標の達成の支援を企図するPRを，**マーケティングPR**（MPR）と呼ぶ。

MPRは具体的にどのようなもので，どのような役割を果たすのか。たとえば「プラスチック製ストローを廃止して紙ストローに切り替える」といった海洋汚染を防ぐ取り組みを公表することで，環境意識の高い消費者を自社に取り込む効果が期待できる。また最新技術を駆使した新製品の発売に先立って，SNS上の自社アカウントから情報発信すれば，広告費をかけずに話題を喚起でき，製品への関心を高められる。また経営者が著した書籍や行った講演，スピーチなどが多くの人に感銘を与えるものであれば，その企業や商品に対する好意的なイメージ形成の一助となる。

CPR と MPR の目的は異なるが，実行手段は共通である場合が多く，1 つの活動でいずれの目的も達成しうる。次節以降では，広報の代表的手段を紹介する。

3 広報の代表的な手段①
──企業広告

企業広告の概要

企業広告は広報部門が広告を通じて行うコーポレート・コミュニケーションであり，組織内外の幅広いステークホルダーが企業広告のターゲットとなりうる。特定の商品やサービスではなく，組織そのものに関わるメッセージを伝えることで，企業ブランドのプロモーションを図る。狭義には広告費を払い，媒体を通じて広告を出稿する広告活動を指すが，広義には社名を広めたり望ましい組織イメージを構築したりするためになんらかの費用をかけるコミュニケーション活動を指す。

まずは狭義の企業広告について，具体的な広告表現の種類を整理する。

イメージ広告

組織に対する好意的イメージの形成を促す広告であり，組織内外から信用を得る，組織のポジショニングを明確にする，人的資源や財源を確保しやすくするといったさまざまな目的と合致する。

意 見 広 告

政治，経済，社会，文化的なテーマなどに対して広告主の意見を示す広告である。イメージ広告が理念やアイディアを直に訴えるのに対し，意見広告は特定のテーマに対する見解を示すことで，間接的に企業の立場を表明する。

コーズリレイテッド広告

コーズリレイテッド・マーケティングを円滑に進めるため，あるいはその効果を最大化するための広告である。コーズリレイテッド・マーケティングとは，自然環境保護や文化遺産の修繕などの慈善活動と事業活動を結びつけることで，利益確保と社会善（ソーシャル・グッド）の両立を企図するマーケティングである。

続いて広義の企業広告には，スポンサーシップやネーミング・ライツが挙げられる。

スポンサーシップ

スポンサーシップは，狭義にはイベント・スポンサーシップを意味し，スポーツ・チームやスポーツ大会，音楽祭（フェス）などに協賛金を支払い，その見返りとして社名やブランド・ロゴの露出機会などを得る活動を指す。スポンサーシップの効果として，イベント参加者への認知拡大のほか，当該イベントへの賛同を表明することによる企業イメージの形成が期待できる。

広義のスポンサーシップには，テレビ番組の提供スポンサーが含まれる。提供スポンサーは番組制作費を負担し，その見返りとして番組中にタイム CM を流せるほか，番組のオーディエンスに対して，その番組の企画に賛同する企業というイメージを形成する効果も見込まれる。

ネーミング・ライツ

ネーミング・ライツは，主にキャラクターやスポーツ・文化施設などに対する命名権を指す。公共施設の場合，施設やキャラクターの所有者がネーミング・ライツを販売することが多く，民営施設の場合はフランチャイズ契約を結ぶプロチームが販売することが多い。施設に企業名やブランド名を冠することで，ニュースなどで取り上げられた際に幅広い認知の獲得が期待できる。このほか施設内で自社製品を独占的に販売したり，施設内での販促機会を確保できたりする。

企業広告の特徴

企業広告は次の３つの点で優れている。１つめは，企業ブランドを自由に**ポジショニング**できる点である。消費者にとって製品のポジショニングが曖昧だと購入しにくいのと同様に，ステークホルダーにとって企業のポジショニングが曖昧だと，関係構築が難しくなる。

２つめは，情報の**露出機会**が確実に得られる点である。露出機会の獲得のためになんらかの費用が充てられており，打ち出したい情報がステークホルダーに向けて発信されないという事態は避けられる。

３つめは，**ターゲティング**が容易な点である。広報は大衆に向けて漠然と行うよりも，投資家や管理職など個別のセグメントに向けて行うほうが効果的である。企業広告は，各セグメントに対して最適な情報を望むタイミングで伝達できる点で優れている。

ただし企業広告に対しては否定的，あるいは懐疑的な指摘もある。具体的には，①そもそも消費者を含むステークホルダーは企業広告に興味がない，②製品広告と比べてメッセージが抽象的で簡潔さに欠ける，③事業不振をごまかすために広告をしていると勘ぐられる，④ターゲットや目標が明確でない場合は費用の無駄である，などである。

4 広報の代表的な手段②
—— パブリシティ

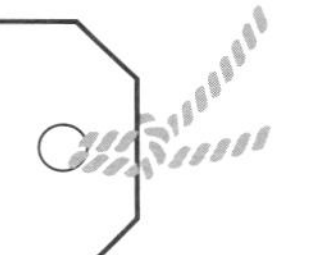

パブリシティの概要

広報部門が担う業務の1つに，**プレスリリース**がある。プレスリリースとは，企業が伝えたい情報を報道機関向けにまとめた資料，あるいはその資料をメディアに発信する行為を指す。化粧品などの場合は商品の試供品を，映画作品などの場合は作品のダイジェスト映像をセットしたプレスキットを発送する場合もある。

プレスリリースを行う主な理由は，それらの情報に価値を見出したメディアがニュースなどの形で掲載・放送する可能性があるからである。メディアが情報を取り上げるように促す活動を**パブリシティ活動**といい，その結果として報道された内容や掲載された記事を**パブリシティ**という。

パブリシティは2種類に分けられる。純粋な情報提供のみによってメディアでの露出機会を得る**フリー・パブリシティ**と，媒体料金や取材費などをメディアに支払い，その見返りとして記事やニュースが掲載される**ペイド・パブリシティ**である。フリー・パブリシティの場合，パブリシティ活動の対象はメディアの編集・制作・報道部門であるが，ペイド・パブリシティは実質的に広告であるため，メディアの広告部門と共同で作業を進めていく。

フリー・パブリシティには，メディアが第三者的立場から情報の価値を評価するプロセスが介在するため，通常の広告と比べてオーディエンスからの信頼性が高いという特徴がある。一方，料金の支払いによって展開されるペイド・パブリシティは，内容の決定権が企業にあり，必ず発信される点が特徴である。

フリー・パブリシティとペイド・パブリシティは本質的には異なるものであるため，オーディエンスが両者を区別できるよう，ペイド・パブリシティには「PR」「企画広告」「スポンサード」といった文言の明記が必要とされる。意図的に広告であることを隠し，中立的な立場で制作された記事や番組などを装う情報発信は，**ステルス・マーケティング**として糾弾されるおそれがある（第12章も参照）。

フリー・パブリシティを促す工夫

フリー・パブリシティは露出機会が保証されておらず，意図したとおりに情報が発信される保証もないため，プレスリリースを効果的に発信しなければうまくいかない。プレスリリースを行う際には，次のような工夫が効果的である。

情報利用の容易さに配慮する

多忙な記者の興味を引くよう，メディアの立場に立って情報を吟味する。たとえばそのまま記事にできるような見出しでプレスリリースを配信したり，内容がすぐに把握できるよう，情報をまとめたりする。

未知の情報を含める

メディアも競争環境にあることから，他社で報道されない情報に注目しがちである。そこで情報の希少価値を高めれば，取り上げられる確率を高められる。したがって，プレスリリースに未公開の情報を含める，配信先のメディアを一部に限定するといった工夫が有効である。

ニュース性を意識する

メディアは，自社コンテンツによってオーディエンスの生活の質が向上することを目指している。したがって，プレスリリースの内容もその目標と歩調を合わせたほうがよい。その情報を知ることで世の中の理解がどう深まるか，社会や暮らしがどう変化するかという視点から，情報を今取り上げる必然性を示すべきである。

5 広報の代表的な手段③
── オウンド・メディア

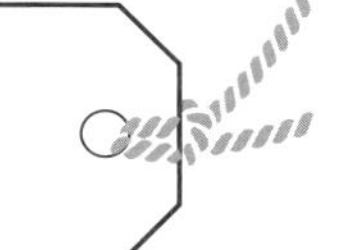

PESOモデル

インターネットの普及以前は，広告であれパブリシティであれ，メディアを介したコミュニケーションが必要となれば，企業は広告会社や媒体社などに頼るほかなかった。また消費者は情報を受動的に受け取ることが中心であり，意見や考えを能動的に主張する機会は限定的であった。しかしインターネットが広まり，双方向のコミュニケーション機会は万人に開かれたといえる。こうした状況で，企業は広報を目的とした**コミュニケーション・チャネル**を自ら運用できるようになった。

ここで，インターネットを前提にメディアの特徴や役割を再検討して提唱された**PESOモデル**というメディアの分類方法を紹介する（第8章も参照）。このモデルはコミュニケーションを4つの「メディア」に分類しており，PESOとはその4つ，すなわち「ペイド」「アーンド」「シェアード」「オウンド」の頭文字である。ここでの「メディア」は必ずしも物理的な媒体（テレビ，新聞など）を指していない点に注意が必要である。

ペイド・メディアは広告枠を購入してメッセージを送るメディアを指す。企業によるコントロールが可能だが，広告費の負担は避けられない。**アーンド・メディア**は記者や専門家などが発信するメディアを指し，前述のフリー・パブリシティと重なる概念である。**シェアード・メディア**は消費者同士が情報を交換するメディアを指し，具体的にはSNSやブログが該当する。企業がアーンド・メディアとシェアード・メディアを望み通りにコントロールすることは難しい。

広告費を必要とせず，企業が自らコントロールできるメディアが**オウンド・メディア**である。代表的なものとして，企業のウェブサイトやSNSに設ける公式アカウントが挙げられる。オウンド・メディアは企業が自ら運用するため手間がかかるが，情報発信・情報収集の即時性が高いことから，ステークホルダーとの関係構築に有効である。

これまで企業は，社外との情報交換の機能を広告会社に付託するしかなく，ペイド・メディア一辺倒であったといえる。しかしアーンド・メディア，シェアード・メディア，オウンド・メディアの台頭を受け，一部の企業はこれまで広告会社に任せてきた機能を内部化する動きを見せている。この動きを**インハウス化**と呼ぶ。

オウンド・メディアの活用

オウンド・メディアの活用事例として，**ブランド・サイト**と**SNS公式アカウント**を紹介する。

ブランド・サイトはブランドの世界観を表現すると同時にIR情報，CSRへの取り組みなどを示すことができ，外部のステークホルダーとの有効な接点として機能する。しかし情報発信が主目的になると情報の押しつけと受け止められ，PR の役割がうまく果たせないおそれがある。そのためブランド・サイトを企画する場合には，そのサイトが利用者の課題解決に寄与するように配慮するべきである。

サントリーはブランド・サイトの 1 つとして，「サントリーグルメガイド」を所有している。このサイトでは駅名やキーワードから，サントリーのビール・サーバーが設置された全国の飲食店が検索できる。利用者に自社製品の取扱店舗を知らせると同時に，グルメ情報も提供していることから，利用者にメリットがあるサイトとなっている。

また近年，企業担当者が SNS 上に公式アカウントを設けて運用を行う手法も広まっている。SNS は情報交換の即時性が高いほか，投稿やコメントによって 1 対多数のコミュニケーションが可能であり，個別のユーザーへのダイレクト・メッセージによって 1 対 1 のコミュニケーションが可能である。

6 その他の PR 手段

メセナ活動

メセナ（mécénat）は芸術・文化活動の支援を指すフランス語であり，PR の文脈ではとくに企業による支援を意味する。芸術・文化活動は営利が本来の目的ではなく，市場原理に委ねると活動の持続が困難になる分野も多く存在する。一方で，人の創造力や感性を育む芸術・文化活動は，人が人らしくあるために欠かせない営みといえる。そうした背景から，CSR の一環としてメセナ活動に注力する営利企業も多い。

コラム 11　本業を通じた社会貢献活動　SDGs（持続可能な開発目標）やESG投資（社会的責任投資）といった概念が生まれる以前から，社会貢献と利益確保の両立に成功している企業の1つにヤクルト本社が挙げられる。ヤクルトの創始者である依田稔博士は腸内環境を改善する乳酸菌シロタ株を発見，強化培養した。そして1935年から乳酸菌シロタ株を含む「ヤクルト」の製造・販売を始めた。「予防医学」の視点から研究を行っていた依田博士は，誰もが手に入れられる価格で販売することを信条としたそうである。

1963年からは，ヤクルトレディによる配達営業を本格的に開始した。地域に商品を普及させる手段であると同時に，当時の社会課題であった女性の労働力活用を解決するアイディアでもあった。現在，ヤクルトレディはヤクルトのさまざまな情報受発信の接点であるとともに，高齢者の見守りや地域の健康意識の向上といった社会貢献も担っている。

同社は時代とともに変化する健康のあり方にも目を向け，現代人の健康を支える商品開発を持続している。近年では，ストレス緩和と睡眠の質向上の機能を果たす「Yakult1000」が大ヒット商品となった。この背景には工夫されたマーケティングPRがある。性急に全国発売するのではなく，飲用したヤクルトレディが感想を対面で説明したり，店頭に担当者を置いて地域限定で発売したりした。その結果，効果を実感した試用者が自発的にSNSで情報拡散して世間の期待を高め，ヒットの土壌が形成された。

同社の2023年3月期における売上高，営業利益はともに過去最高となっている。コーポレート・スローガンである「人も地球も健康に」に合致した事業活動によって，商品やサービスを通じて社会貢献を果たすとともに，優れた業績を維持している企業に数えられている。

芸術・文化活動との関わり方に注目すると，メセナ活動は大きく2つに分類できる。1つは，企業自ら企画・運営を行う方法である。

文化イベントやワークショップを主催する，美術館や音楽ホールなどを設立して運営するといった方法が挙げられる。

たとえばトヨタグループは1985年から「トヨタ青少年オーケストラキャンプ」を主催している。プロの演奏家を講師に迎え，全国各地でオーケストラの指導を受けている青少年を集め，ともに学び合う場を提供している。参加者はここで得た経験を地元に還元し，日本各地で音楽文化の発展に寄与することが期待される。またサントリーグループは1961年にサントリー美術館を，86年にサントリーホールを開館しており，日本人の「美への感性」を後世に継承する，音楽文化を牽引するといった社会貢献活動に力を入れている。

もう1つは，他団体を支援する方法である。支援の方法として，金銭や自社製品を無償で提供する寄付が一般的であるが，社員をボランティアとして派遣するなどマンパワーを提供する方法，活動の場として社内スペースを貸与する方法などもある。

たとえばトヨタ自動車は，公益社団法人日本アマチュアオーケストラ連盟や全国のトヨタ販売会社と協力し，日本各地のアマチュア・オーケストラの活動を支援する「トヨタコミュニティコンサート」を主催している。

企業文化の発信

事業活動そのもの，あるいは企業が歩んだ系譜などの**企業文化**もPRに活用できる。例として，自社工場などの施設・設備を一般公開する見学ツアーが挙げられる。たとえば株式会社明治が設けている「明治なるほどファクトリー」では，見学者が製造ラインを間近で見学できる。同社製品の製造工程を見学できるほか，かつてバター作りに使われていた機械を見学でき，チーズの種類や歴史などを学ぶこともできる。

また企業博物館を設立し，企業の歴史や育んできた技術などを広める方法もある。たとえば日清食品は2011年にカップヌードルミュージアム（安藤百福記念館）を開館した。同社の創業者である安藤百福はインスタント・ラーメンの発明者であり，創造力で食文化の発展に寄与した人物といえる。ミュージアムでは展示やアトラクションを通じ，創設者の創造的思考を体験できる。

こうした見学ツアーや企業博物館の多くは営利を目的としておらず，無料あるいは安価な参加・入館料金で利用できる。参加・入館者は，創業から今日までの歩みから近・現代史を学べたり，品質管理の工夫やサプライ・チェーンから現代社会の仕組みを学べたりするため，公益性がある。加えて，その企業のブランドに対する関与を高めたり，好感をもったりするといった効果も期待できる。

PRイベント

メディア露出を増やしたり，メディアとの関係を深めたりする目的で催すイベントを**PRイベント**と呼ぶ。以下にPRイベントの種類をいくつか紹介する。

シンポジウムは，なんらかのテーマに沿って専門家が集まり，意見を交わし合うことで，問題提起や課題解決策の検討などを進める討論会である。主催する場合には，討論の方向性や収束点を事前に検討しておく必要がある。露出機会を増やすためには，世間で話題となっている時流のテーマを選択する，有名なパネリストを起用するといった工夫が必要である。

プレスセミナーは，メディア関係者を比較的少人数招いて行う研修会・講習会である。社会情勢に目を向け，専門性が高い事柄や誤解を招きやすい事柄からテーマを企画する。そしてそのテーマに関する専門家・有識者をセミナーの登壇者に招く。プレスセミナーによって，メディア関係者と新しい接点を作れるほか，報道関係者の関心が高い内容を扱うことで，その分野に対する信頼を獲得できる。なおプレスセミナーは，短期的にフリー・パブリシティを促す効果よりも，中長期的な露出の増加に効果があるといわれる。

以下，本章の内容を整理してみよう。広報（public relations：PR）は事業体とパブリックとの間に良好な関係を維持・構築するためのコミュニケーション手段であり，広告（advertising）と重なる部分もあるが，同義に捉えてはならない。

コーポレートPRは，企業ブランドの価値（≒コーポレート・レピュテーション）の形成を企図する広報である。一方，マーケティングPRは，商品の認知向上や購買の促進といったマーケティング目標の達成支援を目的とした広報である。両者の目的は異なるが，1つの広報活動が両方の意義をもつ場合もある。

広報活動の具体的な手段は多種多様である。たとえば通常の広告活動と同様に，企業が伝えたいメッセージを広告にして発信する方法がある（企業広告）。また，第三者的立場にある報道機関がパブリシティとして取り上げることを促す活動や，自社ホームページやSNSアカウント（オウンド・メディア）を通じてステークホルダーとの情報の受発信を行う活動もある。

そのほかにも，コンサートや祭事といった芸術・文化活動を支援したり，自社工場を開放して見学ツアーを行ったり，ステークホルダーの関心が高いテーマに関するシンポジウムやセミナーを主催したりと，広報活動の幅は広い。

Bibliography 引用・参考文献

Belch, G., & M. Belch (2021) *Advertising and Promotion: An Integrated Marketing Communications Perspective*, 12th ed. McGraw Hill.

カップヌードルミュージアム（2024）「カップヌードルミュージアム横浜」https://www.cupnoodles-museum.jp/ja/yokohama/

カトリップ，S. M. = A. H. センター = G. M. ブルーム，日本広報学会監修（2008）『体系パブリック・リレーションズ』ピアソンエデュケーション。

電通パブリック・リレーションズ編著（2006）『戦略広報――パブリック・リレーションズ実務事典』電通。

駒橋恵子（2024）「パブリック・リレーションズとは」公益社団法人日本パブリック・リレーションズ協会ホームページ https://prsj.or.jp/aboutpr/

経済産業省（2023）「企業会計，開示・対話，CSR（企業の社会的責任）について」https://www.meti.go.jp/policy/economy/keiei_innovation/kigyoukaikei/index.html

明治（2024）「ようこそ！ 明治の工場見学へ」https://www.meiji.co.jp/learned/factory/

日本パブリックリレーションズ協会編（2012）『広報・PR概論』[改訂版] 同友館。

サントリー（2024）「サントリーグルメガイド」https://gourmet.suntory.co.jp/

サントリー（2024）「サントリーグループのサステナビリティ」https://www.suntory.co.jp/company/csr/soc_culture/

トヨタ自動車（2024）「トヨタ青少年オーケストラキャンプ」https://www.toyota.co.jp/jpn/sustainability/social_contribution/society_and_culture/domestic/tyoc/

ヤクルト本社（2024）ホームページ https://www.yakult.co.jp

規制・ルール

社会を守るための決まりづくり

第 12 章 Chapter

Quiz クイズ

Q 次のうち，ルール違反と判断されるおそれの大きい事例はどれだろうか。

a. フォロワーが多いインフルエンサーにお金を払い，自社商品を勧める動画を SNS に投稿してもらう。ただし，その動画には視聴者にわかるようにしっかり「広告」や「PR」と明記する。

「STOP! 20 歳未満飲酒」はビール酒造組合が中心となり開始したプロジェクトで，加入している企業のアルコール飲料のテレビ CM・広告には，必ず「STOP! 20 歳未満飲酒」マークを表示することを義務づけている。

b. 新装開店セールで，テレビを格安の 1 台 1 万円で販売することを告知する折込広告を出した。ただし販売数量が 5 台限りであることは広告に記載しなかった。

c. レモン果汁をまったく用いていない飲料のパッケージにレモンのイラストを用いて，商品名にも「レモン」の文字を使う。ただしパッケージには「無果汁」と明記してある。

d. 抽選で 10 名に現金 100 万円が当たる懸賞を主催する。なお，その懸賞は商品やサービスの購入を条件にせず，誰でも自由に応募できるものにする。

Chapter structure　本章の位置づけ

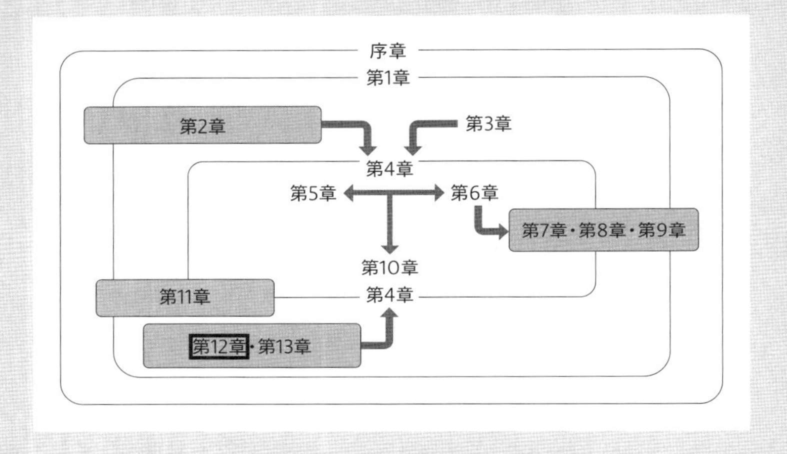

Summary　本章の概要

本章は，マーケティング・コミュニケーションを実践するにあたって注意しなければならない規制について，どのような意義があるか，どのような主体がルールを設けているか，違反した場合にどのような罰則があるかなどを理解することを目標としている。

クイズの答え：b

日本国憲法は職業選択の自由（第22条第1項）と表現の自由（第21条第1項）を国民の権利として定めている。広告活動は職業として行う表現と考えられ，広告にも表現の自由は認められる。しかし表現行為が「本来，他者との関わりを前提とするものである以上，表現の自由が，他人の権利・利益との関係で一定の制約を受ける場合がある」（浦部，1997，5ページ）。したがって広告に関してもさまざまな制限があり，広告活動を行うときには広告規制に違反しないよう注意しなければならない。本章では，広告およびプロモーションに関する規制の基礎知識を学ぶ。

1　広告におけるルール

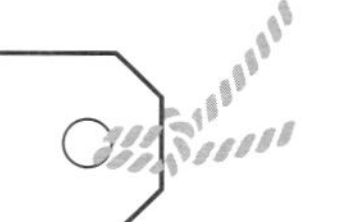

広告規制の必要性

広告はオーディエンスを説得する狙いを含むメッセージであって，多くの場合，不特定多数に届けられることから発信者の責任は大きく，モラルに反した内容や，偏った価値観を押し付ける広告などは倫理的にも許容されない。人種差別を肯定したり，犯罪行為を勧奨したり，暴力を肯定的に描いたりする広告は，社会への悪影響が懸念される。

広告規制が存在しなければ，自由競争の原則が守れなくなる可能性がある。虚偽や誇大な表現が認められれば，企業同士の公正競争環境が失われるだろう。他社と同じ性能なのに自社製品のほうが優れているように広告すれば，不誠実な企業ほど顧客獲得競争で有利になり，正直な企業が淘汰される。したがって，広告や表示についてのルールが存在し，すべての企業がそのルールを守る前提がなければ，健全な競争環境は保てないといえよう。

広告規制は，**消費者の権利**を守るという目的からも必要である。企業が有する商品情報は消費者よりも圧倒的に多く，消費者と企業の間には大きな**情報の非対称性**がある。この状況で「商品情報を伝えない自由」を企業に認めると，消費者が適切に商品を選択できなくなるおそれがある。たとえば，眠気を促す副作用がある薬や，他の薬との飲み合わせにリスクがある薬について，製薬会社がそれらの情報を伝えない場合，消費者は実際より優れた薬と判断してしまうのみならず，居眠り運転などの危険を招きかねない。

規制の種類

広告規制の内容や対象は，業界や業種ごと，広告商品や広告媒体ごとに定められている。広告主は広告計画の段階，あるいは広告出稿前に，社内や広告会社の法務部などに確認を取るなど，注意を払う必要がある。

日本の広告規制は大きく2種類に分けられる。国や地方などの行政機関が施行する**法規制**と，広告主，広告会社，媒体社，業界団体などが掲げる**自主規制**である（表12-1）。いずれも広告活動を制限するものであるが，目的や主旨などに違いがある。

法規制

広告に関わる事業体は，法規制を遵守する義務がある。日本では，広告に関する法律が1つにまとまって存在するのではなく，複数の法律のなかに広告を制限する事項が分散している。たとえば薬機法（詳しくは後述）第66条第1項・第2項は，医薬品の**誇大広告**を禁止し，医薬品等適正広告基準を設けて広告を規制している。この規制により，たとえば一般化粧品の広告では「肌にハリ・ツヤを与える」とは主張できるが「肌の老化を改善する」とは主張できない。そのほかにも，たとえば健康増進法（詳しくは後述）第65条第

表 12-1　日本における広告規制

		法規制	自主規制
主な目的		①企業の自由競争を促すため，②消費者の利益を守るため，③行政上の目的を果たすため	倫理や道徳，業界固有の商慣習などを考慮し，社会的に認められる広告活動を遂行するため
対象	広告全般に関連	景品表示法など	広告倫理綱領など
	広告媒体に関連	屋外広告物法など	屋外広告倫理要綱など
	業界に関連	薬機法など	OTC 医薬品等の適正広告ガイドラインなど

1 項は，食品の健康保持増進効果の虚偽・誇大な表示（条文では「著しく事実に相違する表示著しく人を誤認させるような表示」）を禁止している。これにより，個人のアフィリエイターがブログなどで健康食品を広告する場合でも，著しく事実と異なる表現を行えば処罰の対象となる。

自 主 規 制

自主規制は「ある私的法主体に対して外部からインパクトが与えられたことを契機に，当該法主体の任意により，公的利益の実現に適合的な行動がとられるようになること」（原田，2007，14 ページ）と定義される。広告に関しては，倫理や道徳，業界固有の商慣習などを考慮し，社会的に認められる広告活動を遂行するために設けられる（嶋村，2024）。

高度な知識を有した専門家でなければ適切に規制できない業界・業種の場合や，違反事業者の特定に多大なコストがかかる場合などには，自主規制が有効である。なお業界が自主的に規制の整備に動くことで，企業と消費者との信頼関係が深まる効果が期待されるほか，国や行政による規制強化を回避できる効果も期待される。

広告の自主規制は法規制に比べて強制力は弱いが，幅広いテーマに対して細かい内容を設定できるという特徴がある。たとえばドラッグストアなどで販売される一般用医薬品（OTC 医薬品）では「OTC 医薬品等の適正広告ガイドライン」（日本一般用医薬品連合会）が定められている。このガイドラインは，アニメーションなどで殺菌作用を表現するときは菌全体の 2 割程度を残すなど，広告表現の細かな点にまで踏み込んでいる。

公正競争規約

法規制と自主規制の中間的位置づけの規制として，**公正競争規約**が存在する。公正競争規約の目的は，業界の良識を「商慣習」として明文化し，この規約を守れば他の事業者も守るという保証を与え，不当表示や過大な景品類の提供を防止することである。

公正競争規約は複数の広告主や業界団体が自主的に設定する規制であるが，公正取引委員会，および消費者庁長官が公正競争の確保のために適切であると認定した規制である。通常，業界ごとに規制を設けることはカルテルの一種として禁じられているが，公正競争規約は独占禁止法の適用から除外される。

公正競争規約には業界の特徴を考慮した幅広い内容を含めることが可能である。たとえば「コーヒー飲料等の表示に関する公正競争規約」は，商品の内容量 100 g 中に 5 g 以上の生豆を用いている場合は「コーヒー」，2.5～5 g であれば「コーヒー飲料」と呼称を使い分けることを定めている。

広告規制に関わる組織

法規制に関わる組織

法律は，たとえば薬機法であれば厚生労働省，屋外広告物法であれば国土交通省といった具合に，所管する行政組織がそれぞれ存在する。そのなかでも，とくに広告規制に関連する法律を多く所管する行政組織は**消費者庁**である。

消費者庁は，食品表示偽装問題や悪質商法による被害の増加などに対応すべく，消費者行政の「一元化」を目指して 2009 年に設立された。景品表示法（詳しくは後述）のほか特定商取引法，製造物責任法などの法律を所管しており，これらの違反を調査して行政処分を下す権限をもっている。

消費者庁が所管する**国民生活センター**や地方自治体が設置する**消費生活センター**は，消費トラブルに関する相談受付や情報提供を行う行政機関である。広告に関する苦情が寄せられた場合には，その調査や事実確認を進めるなかで事業者と関わることがある。

公正取引委員会（1947 年設置）は，消費者庁の設立以前に景品表示法を所管していた。現在は消費者庁から委任を受けて，景品表示法違反の調査や情報提供の受付，相談への対応業務などを行っているほか，前述した公正競争規約の認定を行っている。

規制は地域で独自に設けられる場合もある。都道府県や政令指定都市が地域の特性に応じて，広告規制の性格をもつ条例を公布している。さらに都道府県知事には景品表示法，薬機法，健康増進法，特定商取引法などの行政処分権限も与えられており，全国各地の違反行為に迅速に対応できるようになっている。

自主規制に関わる組織

自主規制は，広告に関わる組織（広告主，広告会社，媒体社，広告制作会社など）や，それらの組織で構成される業界団体がさまざまな水準で設けている。たとえば広告主や広告会社は社内基準（詳細が公表されることは稀である）に従って広告表現を制作したり，媒体社は各社の定めた考査制度に則って広告を校閲したりしている。

広告の自主規制を行う業界団体は主に広告主が組織する団体

（例：日本一般用医薬品連合会など），主に広告会社が組織する団体（例：日本広告業協会など），主に媒体社が組織する団体（例：日本新聞協会など），そして広告関連会社の混成団体（例：日本広告審査機構〔JARO〕など）に分類できる。

なお，公正競争規約は消費者庁が所管するものの，その運営や違反に対する措置は業界が組織する公正取引協議会が自主的に行うことになっている。公正競争規約も自主的なルールの一種であるため，意見の不一致などから業界団体に参加しない企業や離脱する企業などもある。

2　広告の法規制

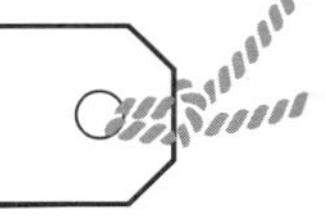

景品表示法の概要

広告規制の代表的な法律として，1962年に制定された**不当景品類及び不当表示防止法**（景品表示法）が挙げられる。1950年代後半の日本は高度経済成長期にあり，所得の増加を背景に消費市場が勢いづくとともに，一般家庭への白黒テレビの普及が進んだ。購買力の高まりとマス広告の機会拡大により企業間の競争は激しさを増し，やがて賛否が分かれる，または問題がある活動が散見されるようになった。たとえば牛肉大和煮と称した缶詰が実際は鯨肉や馬肉を使用していたという事件（ニセ牛缶事件）が話題となったり，ハワイ旅行や現金1000万円などの豪華な景品が当たる懸賞付きの商品が人気を博したりした。

こうした事案に対処するため，公正取引委員会が景品表示法を制定した。制定当初の目的は「公正な競争を確保し，もって一般消費者の利益を保護すること」であったが，2009年に「一般消費者による自主的かつ合理的な選択を阻害するおそれのある行為の制限及び禁止について定めることにより，一般消費者の利益を保護すること」へと改められている。

景品表示法は，事業者による表示と景品を対象とする。対象となる景品は「取引に付随して」提供される景品，つまり商品やサービスの利用者や来店者に提供される景品である。したがって購入や来店などが条件とならない懸賞（オープン懸賞）は対象外である。条件に合致する景品のうち，もれなく提供される景品（総付景品）と，抽選やくじの結果などにより提供される景品（クローズド懸賞）について，それぞれに金額の上限を設けている。

表示については，消費者に商品・サービスを販売するすべての事業体が行う表示が対象となり，広告以外にも容器包装，パンフレットや説明書の記載などが含まれる。また文字，写真，イラストといった目視可能な表示だけでなく，口頭や放送での音声も表示に含まれる。

消費者庁は，景品表示法に違反した事業者に対して**措置命令**を行う。措置命令は，事実を消費者に広く知らせて誤認を排除すること，再発防止策を実施し，今後同様の違反行為を繰り返さないことなどを命ずるものである。違反した事業者は，テレビCMであればCMの停止，パッケージであれば商品の回収などをしなければならない。措置命令に背いた個人や企業には刑事罰が科される。なお違反事実が認められない場合でも，違反のおそれのある行為が見られた場合には指導の措置が執られる。

不当な表示の種類

景品表示法が「**不当表示**」として禁じているのは優良誤認表示，有利誤認表示，そのほか誤認されるおそれがある表示の3つである。

優良誤認表示

優良誤認表示とは，商品・サービスの品質などが，①実際よりも著しく優れているように示す表示と，②事実に反して競合他社の商品・サービスより著しく優れているように示す表示を指す。たとえばバッテリー駆動時間が連続10時間のパソコンを，連続15時間などと謳う場合が①に該当する。一方，他社のパソコンも連続10時間駆動であるときに「連続10時間動作するパソコンは当社製品だけ！」などと謳う場合が②に該当する。なお，こうした表示のなかで説明する効果や性能は，試験や調査を通じて客観的に証明された内容でなければならない。

有利誤認表示

有利誤認表示とは，商品・サービスの価格やその他の取引条件などが①実際よりも著しく有利に誤認される表示と，②競合他社の価格やその他の取引条件よりも著しく有利に誤認される表示を指す。たとえば普段から5万円で販売しているパソコンを「本日限定価格5万円！」などと謳う場合が①に該当し，他社も同じパソコンを5万円で販売しているのに「5万円で買えるのは当社だけ！」などと謳う場合が②に該当する。とくに過去の販売価格などと対比させて安さを強調する二重価格表示を行う場合は，いくつかの基準を満たさなければ不当表示となる場合がある。

誤認されるおそれがある表示

優良誤認や有利誤認には当たらないが，消費者に誤認されるおそれがあると認められるとして内閣総理大臣が指定した表示も不当表示となる。たとえば無果汁の清涼飲料水について，パッケージに果物の写真を用いたり，果物の名前が入った商品名を用いたりする場合などには，果汁が使われていない点をはっきりと示さなければ，不当表示となる。

優良・有利誤認表示は「著しく」優良，あるいは有利と思わせるかが不正の判断の焦点となる。これは一般的に許容される誇張の程度を超えて，商品・サービスの選択に影響するかが基準となる。そのほか，テレビCMなどで販売を広く告知したにもかかわらず，開店時から当該商品の在庫がないといった事案が見られる。実際には購入できない商品・サービスを，購入できるかのように広告することを**おとり広告**といい，誤認されるおそれがある不当表示の1つに指定されている。販売数量が著しく限定されているときに，その情報を広告で明記しない場合でも，おとり広告と見なされる。

特定の事業者や広告媒体に関わる法令の紹介

景品表示法のほかに，広告表示に関する具体的な法令をいくつか紹介する。

薬機法（2014年まで薬事法：厚生労働省が所管）は医薬品，医薬部外品，化粧品，医療機器，再生医療等製品を対象として品質，有効性，安全性の確保のために必要な規制を行う法律である。とくに広告に関する部分に注目すると，誇大広告や未承認医薬品の広告の禁止，化粧品が標榜できる効果・効能の制限などを規定している。なお健康食品や健康器具はこの法律の対象外であるが，それらが医薬的効果を目的に販売される場合には対象となる場合がある。

健康増進法（厚生労働省が所管）は食品の誇大広告を禁止している。とくに「鉄分1mg配合」や「ゼロカロリー」などといった，食品が含有する成分量や熱量（カロリー）などの表示について，著しく事実と異なる表示をしたり，誤認させる表示をしたりすることを禁止している。

Column 12

コラム 12　不動産業界と広告規制　一般的な消費者にとって宅地や住宅用の建物は高額であり，かつ生涯で購入する機会は決して多くない。また販売には多くの仲介や委託が関与することが多く，所有権移転の登記のほか住宅ローンや税金控除の手続きなど，その購入には煩雑な手続きが伴う。したがって，商品知識に乏しい消費者と積極的に販売したい事業者の間で，情報の非対称性が大きい分野である。

こうした背景もあり，不動産業界では 1960 年代から虚偽の広告や不当な販売が数多く見受けられた。具体的には，駅から歩けない距離にある住宅の広告に「徒歩 6 分」などと表示する，都心の来店者を車で郊外に連れていき遠方の物件を勧めるなどである。不動産の誇大広告は宅地建物取引業法でも禁止されているが，違反が後を絶たなかった。

また不動産業界ではおとり広告も問題視されてきた。実際には扱っていない物件や売買契約済みの物件を広告に掲載し，それが目当てで来店した客に別の物件を紹介するという手口である。とくに，不動産情報サイトで賃貸不動産を探すことが主流となり，契約済み物件の掲載取り下げの更新を怠るという形でのおとり広告が多く見受けられるようになった。

こうした状況を改善するべく，現在は「不動産の表示に関する公正競争規約」と「不動産業における景品類の提供の制限に関する公正競争規約・同施行規則」の 2 つの公正競争規約が設けられている。これらの規約で定められているルールを紹介する。

不動産の広告には「○○駅から徒歩 10 分」など，各種施設までの距離（所要時間）が記される場合が多い。この徒歩による所要時間は，1 分あたり 80 メートルとして数値を算出するように定められている。これは直線距離ではなく道路距離であり，1 分未満の端数は 1 分として算出しなければならない。また不動産のインターネット広告には「情報登録日又は直前の更新日及び次回の更新予定日」の表示を義務づけている。広告内容がいつの情報に基づくのかを明らかにすることは，消費者による合理的判断の手助けとなる。

こうした規約をはじめ，不動産事業者は自主規制を強化することを通じて業界への信頼を高めるよう努力している。

屋外広告物法（国土交通省が所管）は，屋外広告の乱立によって景観が破壊されることを防ぐために，その掲出や表示を制限する法律である。都道府県や政令指定都市などはこの法律に基づいて屋外広告物条例を定めている。たとえば東京都屋外広告物条例には，公園や運動場，図書館や学校などへの屋外広告の掲出を禁止するなどの内容が含まれている。街並みが観光資源となっている京都や鎌倉などの地域では，彩度の高い色の看板や広告などが制限されている場合もある。

特定商取引法（消費者庁が所管）は，訪問販売，電話勧誘，通信販売などといった特定の販売方法を対象に，広告や表示を規制する法律である。訪問販売で商品・サービスを販売する場合には，勧誘に際して虚偽を告げること，故意に事実を告げないことが禁止されている。また契約の際には，一定事項を記載した書面を交付しなければならない。通信販売する商品の広告では，販売価格や商品の引き渡し時期などを表示しなければならず，販売業者は消費者の許諾（オプトイン）なしに電子メールなどで広告してはならない。

3　広告の自主規制

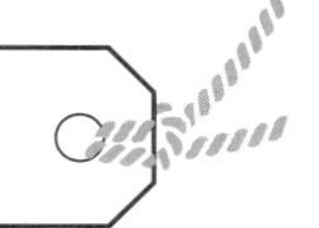

アルコール類に関する広告の自主規制

未成年者の飲酒や飲酒運転は法律で禁止されているが，アルコール類は全国のあらゆる小売店で販売されている。また妊娠中の飲酒は胎児の発育に悪影響があること，過度な飲酒がアルコール依存症などの精神疾患を招くことなどが知られている。こうした特徴を踏まえると，アルコール類の製造・販売事業者には，不適切な飲酒の防止や適正な飲酒環境の醸成に対して社会的責任があると考えられ，広告活動を行う際にも一定の配慮が求められる（コラム 13 も参照）。

飲酒に関する連絡協議会は，アルコール類の製造・販売事業者らが尊重すべき基準として「酒類の広告・宣伝及び酒類容器の表示に関する自主基準」を定めている。この自主基準はアルコール類，ノンアルコール飲料の広告・宣伝，容器の表示などに言及しており，内容は「20 歳未満の者の飲酒防止」と「アルコールと健康問題等」に関する事項に分けられる。

「20 歳未満の者の飲酒防止」に関しては，たとえば 15 秒以下のテレビ CM であれば 1.5 秒以上，30 秒超の場合であれば 2 秒以上の時間，「未成年者の飲酒は法律で禁じられています」や「お酒は 20 歳になってから」といった注意表示を露出させることが決められている（本章の扉も参照）。そのほかテレビ CM では 25 歳未満の人物を起用しないこと，25 歳以上であっても 25 歳未満に見えるような表現は行わないこととしている。

「アルコールと健康問題等」に関しては，スポーツ時や入浴時の飲酒を推奨・誘発する表現，「イッキ飲み」など飲酒の無理強いにつながる表現，妊娠中や授乳期の飲酒を誘発する表現などが，使用しない表現として挙げられている。近年，テレビ CM に関しては喉元を通る「ゴクゴク」などの効果音と，飲むシーンでの喉元アップの描写を使用しないことが追加された。

さらに午前 5 時から午後 6 時までは，テレビでアルコール類の製品広告を行わないこととしている。企業理念や CSR（企業の社会的責任）への取り組みなどを伝える企業 CM や飲酒マナーの向上に資するCMは認められるが，その場合にも商品の表示や，注いだり嗅いだりする飲酒の場面は禁止としている。

たばこに関する広告の自主規制

たばこは個人の嗜好品であるが，特定の疾病に対するリスクがあること，副流煙には主流煙より多くの有害物質が含まれることが疫学的に認められている。こうした背景から，特定の年以降に生まれた人へのたばこの販売を禁じるなど，喫煙に対して厳しい措置を検討する国も出始めている。

たばこ規制枠組条約（正式名称は，たばこの規制に関する世界保健機関枠組条約）は2003年5月に世界保健機関（WHO）総会で採択され，2005年2月に発効した条約である。この条約の締約国は，たばこ広告の規制義務やたばこ消費の減少義務を負う。日本はこの条約に批准しており，病院や学校の敷地内を原則禁煙とする法律や，施設管理者に対して受動喫煙防止に向けた努力義務を課す法律などを施行している。たばこ事業法第40条により，過度なたばこの広告は禁止されており，この規定に基づいて「**製造たばこに係る広告を行う際の指針**」が示されている。

一般社団法人日本たばこ協会は，広告活動が上記の指針に沿って行われるよう，「製造たばこに係る広告，販売促進活動及び包装に関する自主規準」を示している。この自主基準はテレビ，ラジオなどの電波媒体でのたばこの製品広告を禁止しているほか，「インターネットサイトを利用する製品広告については（中略），製品広告を含む画面の閲覧希望者が20歳以上であることが確認された場合に限り，表示させることができる」としている。新聞や雑誌などの出版物では統計調査の結果，読者の90%以上が20歳以上と確かめられた場合にのみ，製品広告を出稿するとしている。また喫煙と健康に関する注意文言，たばこ煙中に含まれるタール・ニコチン量，消費者に誤解を生じさせないための文言を，製品広告やパッケージに表示するように定めている。

一方で，近年普及した加熱式たばこについては「加熱式たばこ製品に係る広告，販売促進活動及び包装に関する自主規準」と「加熱式たばこ製品の製造たばこ以外の部分に係る広告及び販売促進活動に関する自主規準」を別々に設けている。デバイス（製造たばこ以外の部分）を対象とする後者によると，デバイスのインターネット広告は，自己申告による年齢確認で20歳以上が確認されれば表示できる。そのため年齢入力を設けているABEMAやTVerなどのインターネット・テレビでは，加熱式たばこのデバイスの広告が可能となっている。

4 現代社会と広告規制

企業から消費者への情報伝達のあり方は，その時代の情報通信環境によって変化する。新しいメディアや情報サービスが普及すると，それらを用いた広告活動をめぐって，想定されなかった問題が起こる場合がある。したがって広告規制の対象範囲や内容は，時代に応じて改定したり更新したりする必要がある。

インターネットを介した情報収集や購買行動は，氏名や生年月日，住所といった個人情報のほか，端末識別IDに基づいた行動履歴，位置情報などの多様な個人関連情報の送受信を伴う。広告事業者がこれらの情報を適切に活用すれば，インターネット広告などを最適化できる可能性がある。一方でこうした情報の入手方法や管理方法，活用方法に適切なルールがなければ，消費者の**プライバシー**が脅かされるおそれがある（第9章も参照）。

こうした状況に鑑み，日本インタラクティブ広告協会（JIAA）は会員社が遵守すべき事項を「プライバシーポリシーガイドライン」にまとめている。このガイドラインは，たとえば**個人情報**や**個人関連情報**を取得する場合には，その目的を「サービス向上のため」などと曖昧にせず，プライバシー・ポリシーとして明記して公表するように定めている。また事業者が取得した個人情報や個人関連情報を第三者に提供する場合には，あらかじめ利用者本人の同意を得なければならないとしている。

また SNS や動画共有サービスを介した広告コミュニケーションのなかには，消費者に対して不誠実なものも含まれる。たとえばインフルエンサーへの謝金の支払いを明示せずに商品やサービスの好意的投稿を依頼する**ステルス・マーケティング**のほか，対価と引き換えにクチコミ・サイトで自社に高評価をつける，競合他社に低い評価をつけるといった行為が挙げられる（第13章を参照）。こうした新しい問題に対応するべく，消費者庁は2023年から「一般消費者が事業者の表示であることを判別することが困難である表示」を景品表示法の不当表示（誤認されるおそれがある表示）に加えた。

なお景品のあり方も多様化しており，その不当性の考え方も見直していく必要がある。たとえばソーシャル・ゲームにおいて金銭と引き換えにアイテムがランダムで手に入る，いわゆる「ガチャ」という仕組みの導入が広がり，ガチャですべてのアイテムを揃えると特殊なアイテム（景品）が手に入るという販売促進を行う事業者が出てきた（いわゆる「コンプガチャ」）。しかしコンプガチャは，景品表示法が禁止する「二以上の種類の文字，絵，符号等を表示した符票のうち，異なる種類の符票の特定の組合せを提示させる方法を用いた懸賞による景品類の提供」に該当すると結論づけられ，現在では全面禁止となっている（この文は告示の文言であり景表法の条文にはない）。

以下，本章の内容を整理してみよう。広告は不特定多数に向けられることが多く，社会への影響力が大きいため，広告活動に完全な自由は認められない。また自由競争の原則を維持するため，消費者を保護するためにも広告規制が必要とされる。

広告規制は法規制と自主規制に分けられる。広告規制に関わる法律や条例は，包括的なものが 1 つ存在するわけではなく，さまざまな行政組織が所管する法律や条例のなかに広告を制限する内容が含まれる。したがって事業者は，関連する個々の法規に目を配りながら広告活動を進めなければならない。

自主規制の強制力は弱いが，業界固有の慣習や倫理など幅広い領域を対象にできる。業界団体が設けた自主規制は，消費者庁と公正取引員会の承認によって公正競争規約として運用できるようになる。

景品表示法は不正表示の具体的な内容を定めている。実際の製品サービスよりも著しく優良，または有利であると誤認される表示は不正表示に該当する。またおとり広告など，そのほかに誤認されるおそれのある不正表示は内閣総理大臣が個別に指定する。

医薬品，アルコール類，たばこなど，一部の製品サービスは安全に消費するために十分な配慮が求められる。こうした製品サービスを扱う事業者は業界全体で自主規制を定め，健全な広告活動を行うように努めている。

インターネット利用が，情報探索行動，消費行動の中心となりつつある。こうしたなかで，消費者の個人情報の扱いに関するルールの検討，ステルス・マーケティングや不正レビューの違法性の判断など，情報通信環境の変化に応じて広告規制も見直していく必要がある。

Bibliography 引用・参考文献

不動産公正取引協議会連合会（2024）「公正競争規約の紹介」https://www.rftc.jp/koseikyosokiyaku/

波光巖・横田直和・小畑徳彦・高橋省三（2020）『Q&A 広告宣伝・景品表示に関する法律と実務――景品表示法及び消費者関係法を踏まえた広告表現と販促活動・キャンペーンに関する実務解説』日本加除出版株式会社。

原田大樹（2007）『自主規制の公法学的研究』有斐閣。

一般社団法人日本インタラクティブ広告協会（2024）「プライバシーポリシーガイドライン」https://www.jiaa.org/wp-content/uploads/2022/10/JIAA_PPguideline.pdf

一般社団法人日本たばこ協会（2024a）「加熱式たばこ製品の製造たばこ部分に係る広告，販売促進活動及び包装に関する自主規準」https://www.tioj.or.jp/activity/pdf/230401-self-standards-02.pdf

一般社団法人日本たばこ協会（2024b）「加熱式たばこ製品の製造たばこ以外の部分に係る広告及び販売促進活動に関する自主規準」https://www.tioj.or.jp/activity/pdf/230401-self-standards-03.pdf

一般社団法人日本たばこ協会（2024c）「製造たばこに係る広告，販売促進活動及び包装に関する自主規準」https://www.tioj.or.jp/activity/pdf/200713_01.pdf

厚生労働省（2024）「酒類の広告・宣伝及び酒類容器の表示に関する自主基準」https://www.mhlw.go.jp/file/05-Shingikai-12205250-Shakaiengokyokushougaihokenfukushibu-Kokoronokenkoushienshitsu/s_1_18.pdf

公正取引委員会（2024）ホームページ https://www.jftc.go.jp/

日本一般用医薬品連合会（2019）「OTC 医薬品等の適正広告ガイドライン」https://www.jfsmi.jp/ad_guideline/item/guideline_2019.pdf

嶋村和恵（2024）「広告関連の法規と規制」岸志津江・田中洋・嶋村和恵・丸岡吉人『現代広告論』［第 4 版］有斐閣，351–376 ページ。

消費者庁（2023）ホームページ https://www.caa.go.jp/
浦部法穂（1997）「第21条〔集会・結社・表現の自由，通信の秘密〕」樋口陽一・佐藤幸治・中村睦夫・浦部法穂『注解法律学全集 2 憲法Ⅱ〔第21条～第40条〕』青林書院，5ページ。
八巻俊雄・梶山皓（1983）『広告読本』東洋経済新報社。
全国公正取引協議会連合会（2024）「コーヒー飲料等の表示に関する公正競争規約及び施行規則」https://www.jfftc.org/rule_kiyaku/pdf_kiyaku_hyouji/coffee_beverage.pdf

第13章 Chapter

社会的・倫理的・経済的側面

よりよい世界のための広告

Quiz クイズ

Q ステルス・マーケティング（ステマ）の「ステルス」とはどのような意味だろうか。

a. 隠れる
b. だます
c. 販売する
d. 人に頼む

健康への影響が報告されているたばこの広告を作ってもよいのだろうか。
（©S. kawamura / PIXTA）

Chapter structure　本章の位置づけ

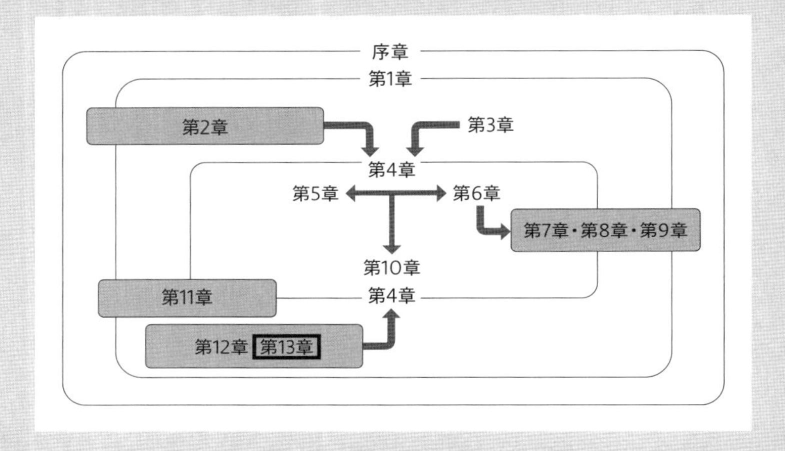

Summary　本章の概要

広告は私たちの生活に深く根ざし，社会や経済にさまざまな影響を与えている。しかし，その影響は必ずしも肯定的であるとは限らない。また，デジタル時代における広告の新たな形態から，今までになかった倫理的懸念も生じている。広告の進化は便利さをもたらす一方で，新たな問題を引き起こす。

本章の目的は，広告のもつ力とその影響を深く理解し，これからの広告が直面する課題について考えることにある。そして，広告が個人の価値観，社会の構造，経済活動にどのような影響を与えているのかを探求する。

クイズの答え：a

広告は，企業などの組織から生活者に向けて行われるコミュニケーション活動の１つである。広告は対外的な情報発信の代表的手段として位置づけられており，単なる商活動としてではなく，企業姿勢を伝え，ステークホルダーとの良好なリレーションシップを構築する手段として捉えることができる。

近年，**SDGs**（sustainable development goals；持続可能な開発目標）に関心が高まっており，企業もその取り組みを進めている。広告は，SDGs に関する取り組みを対外的に示す重要な手段であり，消費者は広告を通じて示される企業姿勢から，企業に対する態度を形成し，これがさまざまな企業活動に影響を与えている。

「より良い世界のためのより良いマーケティング」（BMBW：better marketing for a better world）という考え方が，マーケティング分野で提唱されるようになった。BMBW とは，「マーケティングの活動やアイディアを活用し，企業の財務業績にのみ良い結果をもたらすのではなく，他のステークホルダーや組織，世界全体の幸福を実現する」という考え方である。この概念は，2021 年にマーケティング研究において最も権威のある学術誌である *Journal of Marketing* 誌で特集され，BMBW という組織までもが発足した。多くのステークホルダーや社会にとって，長期的に良い結果をもたらすマーケティングが求められている。

マーケティングは世界にある社会課題を解決する力があるという正の側面をもちつつも，企業が利益を追求するあまりに消費者を欺きうるという負の側面も含んでいる。マーケティングのプロセスの一環である広告もまた，社会に多大な影響を与える。広告本来の目的は，消費者に有益な情報を提供し，賢い消費選択を支援することである。新商品の発売や商品の詳細情報など，消費者が商品を選択するうえで必要な情報を正確に伝えることで，より適切な購買行動への助けとなる。

また，広告は購買選択だけでなく，社会的価値観や嗜好，ライフスタイルの形成にも影響を与える。とくに，公共広告のような広告は，社会における消費者の**価値観**を形成する重要な役割を果たす。広告を正しく利用すれば，社会問題の啓発やマナー向上など，社会問題の解決に貢献する力がある。

一方，広告が社会に与える負の影響も無視できない。企業が広告する目的は，商業活動の一環として消費者に自社商品の購入を促すことであり，企業の利益追求のためである。この構造により，企業が広告を使って消費者に不必要なものを購入するように仕向けたり，商品を実際以上に良く見せたりする行為につながる。これらは，企業倫理に関連する社会問題を引き起こす可能性がある。本章では，これら広告の功罪を経済，社会，倫理の側面から検討していく。

1 広告が経済に与える影響

広告活動は経済活動にも重要な役割を果たしている。電通の「日本の広告費」によれば，日本の広告費がGDP（国内総生産）に占める割合は毎年1%強で推移しており，この規模からも広告が経済活動に与える影響力は明らかである。

広告は社会全体の経済活動に対して有益な影響を与えている。企業は広告をすることによって，ビジネスを円滑に進めることが可能になる。広告は企業が消費者に情報提供する手段として，非常に低コストで効率的だとされる。これにより新しく生み出された製品に関わる仕事が生まれ，新しい雇用を生み出す。また，新規参入企業や新しい製品カテゴリーが市場にスムーズに参入する際の助けになる。こうした経済活動を促進する正の影響が広告にはある。

一方で，経済活動の障壁になっているという指摘もある。インターネット広告は比較的低コストでの出稿が可能であるが，従来の主流であったマス媒体の広告費は非常に高額である。そのため，主に大企業だけが主要媒体の広告主となっている現状があり，大企業のみがブランド認知やブランド・エクイティを構築する一方で，新規参入企業との間で大きな差別化がなされてしまう。これが中小企業にとっての**参入障壁**となり，結果として，大企業が市場を独占しやすい環境を広告が助長しているともいわれる。参入障壁はほかにもさまざまな要因が複雑に絡み合っているため，広告のみが参入障壁を形成しているわけではないという主張もあるが，このような負の側面が指摘されていることも事実である。

広告が商品の価格を引き上げるという議論

「この製品はたくさん広告費をかけているせいで，製品自体の価格が高く設定されている」。このようなことを考えたことはないだろうか。多額の広告費がコストとなり，商品価格に転嫁されているという議論である。たとえば，広告があまり利用されない**プライベート・ブランド**（PB）や**ストア・ブランド**（SB）と呼ばれる流通業者が独自で開発している製品は，メーカーの名前を冠して販売される**ナショナル・ブランド**（NB）と比べて安価であることが多い。一方で，広告によって良い商品であると認識させることが可能であり，プライベート・ブランドがナショナル・ブランドよりも安いのにもかかわらず，広告でよく見知ったブランドの商品を消費者は安心感を求めて購入する。企業側もその分，プレミアム価格を設定し，高価格での販売が可能となる。

とくに新たに市場投入される新製品の場合，消費者の認知を高めるために，多くの広告をマス媒体に出稿することがある。消費者は広告を多く目にすることで，その企業は多額の広告費を当該製品に費やしており，その広告費を売上げで回収するために消費者の負担が増加していると考えるかもしれない。

広告が商品の価格を引き下げるという議論

企業が広告出稿にかける費用によって，消費者が負担を強いられているという考え方は正しいのであろうか。広告出稿にかかる費用は，広告宣伝費・販促費として企業のコストに計上される。そのコストを製品価格に上乗せして，当該製品の売上げから回収することは事実である。一方で，広告があることで価格が引き下げられているという主張も存在する。

消費者は広告を通じて商品の存在を知り，購入意欲が刺激される。このように，広告は消費を刺激し，経済活動を活発にするため，大量消費を前提とした大量生産が可能となる。これにより，企業は生産の効率化が実現でき，**規模の経済性**のメリットを享受することで，商品の単位コストが下げられる。さらに，市場の競争が促進されることで企業間競争が生まれ，製品の**イノベーション**が促される。また，価格競争が起きることで，さらに価格が下がるという側面もある。どちらの影響が強いかを判断することは困難であるが，相反する効果が作用して現在の価格が保たれている。

広告の経済的側面に対する批判

広告が経済に与える影響に対して，批判的な立場をとる者もいる。広告は人々に新しい製品やサービスの情報を提供し，豊かな消費生活を支える一方で，新たなニーズを作り出すこともある。これは，潜在的に存在するニーズを認識させるだけでなく，本来存在していなかったニーズを作り出すことにもつながる。

たとえば，消費者に自身の欠点を認識させ，その欠点を解消するための商品を購入するよう促す広告がある。「痩せた体こそが理想である」という価値観を植えつけ，ダイエット関連商品の購買を促すことが例として挙げられる（後述のコンプレックス広告も参照）。また，女性に対して特定の**ステレオタイプ**を押しつけ，美容関連サービスや化粧品を購入させる広告や，体毛を「ムダ毛」と認識させて，脱毛サービスの利用を促す広告がある。これらの広告は，個人の生活を送るうえで必要となるもの以上のものを購入させ，消費者の浪費を促しているという批判がある。この点で，ビジネスの観点と倫理的な観点から広告の役割に矛盾が生じる可能性がある。

広告が購買を促進し，製品やサービスの購買によって生活を豊かにするという考え方は，**物質主義**（materialism）を助長しているともいわれる。物質主義とは，「消費者が世俗的な所有物を重視することや，対象物の獲得と所有を相対的に重視する消費者の価値観」と定義され，モノを所有することで豊かな生活が実現すると考えるものである。広告はときに，モノを買うことで社会とつながることができる，異性からの関心を引けるかのようにイメージさせ，必要以上に消費を促すという批判がある。

また，売上げを伸ばすことを優先し，環境問題など社会的な課題を無視して製品やサービスを提供することや，物事の判断ができない未成年に対して酒類やたばこが欲しくなるような広告を打つことが問題視される。これらの広告は，倫理的な問題を引き起こしていると批判される。

しかし，最終的に商品を選ぶのは消費者であり，選択権は消費者側にある。商品を購入させ，消費を活発にさせるのは，経済発展にとって必要不可欠である。広告の影響力を過大評価し，消費者側の能力を過小評価しているという意見もあり，広告に関するこういった議論は尽きることがない。

2　広告が与える社会的影響と倫理的問題

広告は消費者の社会的価値観，嗜好，ライフスタイルの形成にも影響を及ぼす。広告主は商品情報を提供すると同時に，特定の価値観を提示する場合がある。消費者はこれらのメッセージから無意識に価値観を形成し，それが文化として社会に定着することがある。たとえば，環境に配慮した商品の広告を通じて，消費者は環境保護の重要性を認識し，エコに配慮したライフスタイルを心がけるようになる。このように，広告はメディアを通じて価値観を強調し，文化の形成に寄与する機能がある。

AC ジャパン（公共広告機構）は**公共広告**を通じて，社会問題の啓発やマナー教育に取り組んでいる。公共広告とは，「一般の商業広告と違い，商品の宣伝や企業イメージ向上などを主たる目的とせず，広告の持つ力を公共に役立て，社会啓発させようとする理念を持つ広告」（AC ジャパン，n.d.）である。飲酒運転の撲滅やたばこの分煙活動の推奨から，最近ではダイバーシティの受容など多岐にわたるテーマを扱い，生活者の意識改革を促している。

このように，広告は適切に利用されれば，社会全体の利益に貢献する力がある。一方で，広告表現が悪影響を及ぼす可能性も指摘されている。商活動の一環として実施される広告は，商品やサービスを販売することが主な目的である。たとえば，発熱したときに休むことを勧めず，解熱作用のある薬を飲んでもうひと頑張りすることを勧めたり，胃もたれ時に，胃を休める代わりに胃薬を飲んで食事を続けることを推奨したりする。このようなライフスタイルを提唱する広告は，消費者にとって必ずしも良い選択ではなく，広告主の製品消費を促すためのライフスタイル形成を誘導しているといえる。この広告活動の是非については議論が分かれる。

ほかにも，広告の影響力の強さから，広告が社会に与える影響に関する倫理的懸念について頻繁に議論されている。以下で，これらの倫理的懸念についてさらに詳しく述べる。

広告内容に関する倫理的問題

広告は，主に製品やサービスを消費者に購入させる目的で出稿されるものである。このプロセスにおいて，広告主は商品の利点を強調し，時には実際以上に良く見せたり，消費者の公平な商品選択に必要な商品の欠点を隠したりすることがある。これは，相手を説得し，購買に結びつけようとする営利を目的とした広告主側の思惑である商業的意図によるものである。広告では，客観的な情報のみを提供する必要はなく，自社に有利な情報のみを提供することがある程度認められている。その一方で，企業の**倫理観**が問われる場面もある。

広告活動が商業的意図を含む場合，消費者に購買させることを目的とするあまり，企業が自社の商品がもつ実際のベネフィットを誇張して訴求することがある。このような誤った情報で消費者を欺くような欺瞞を含む広告は，**虚偽・誇大広告**などと呼ばれる。「商品やサービスについて事実に反する誇張した表現により，消費者に誤認させ，事業者の公正な競争を阻害する恐れがある広告」（『電通広告辞典』）と定義される虚偽・誇大広告は，消費者の正しい商品選択を阻害するおそれがあり，消費者保護の観点から規制されている（第12章も参照）。

Column 13

コラム13　酒類メーカーのマーケティングと倫理問題　アサヒビールが「スマドリでええねん！」というキャッチコピーを掲げ，「スマドリ」を推奨する広告が話題を呼んでいる。「スマドリ」とは，スマートドリンキングの略で，健康を害せず，社会的な問題を引き起こさないようにお酒を楽しむことを意味し，個々人に合わせた飲酒スタイルの多様性を尊重する考え方である。「ストロング系」と呼ばれる高アルコール飲料の販売に力を入れていた酒類メーカーが，続々と方針の転換を表明している。

酒類のマーケティングは，常に倫理的な問題と隣り合わせである。アルコール飲料の積極的な販売は，妊婦や未成年の飲酒が与える身体への悪影響，過度な飲酒による健康被害，さらには酩酊状態での犯罪行為といった社会的な問題を引き起こすリスクがある。そのため，酒類メーカーはアルコール飲料を多く販売したいというビジネス上の目的と，過度な飲酒を推奨してはいけないという社会的責任の間でバランスを取る必要がある。

厚生労働省は2024年2月19日，考慮すべき飲酒量（純アルコール量）や配慮のある飲酒の仕方，飲酒の際に留意すべき事項（避けるべき飲酒等）を示す「健康に配慮した飲酒に関するガイドライン」（厚生労働省，2024）を公表した。また，SDGsの「目標3. すべての人に健康と福祉を」では，アルコールの有害な使用の低減が世界戦略として掲げられている。このように，世界的にアルコールの過剰摂取を問題視する動きがある。

この世の中の流れに対応するため，有力酒類メーカー各社は「適正飲酒」を新たなキーワードとして掲げている。アサヒビールは，「適正飲酒」を「健康を害せず，社会的な問題を引き起こすことなくお酒を楽しむこと」と定義し，グループ理念 “Asahi Group Philosophy” の実現のために「責任ある飲酒」を推進し，「スマートドリンキング」の考え方を提唱している。そして，同社は2022年1月5日，電通デジタルとの協同出資で合弁会社「スマドリ株式会社」を設立し，スマートドリンキングの理解浸透と関連商品のコミュニケーション支援に力を入れている。「スマートカテゴリー商品」として，アルコール3.5％以下の低アルコール飲料やノンアルコール飲料の販売を奨励することで，アルコールが引き起こす健康被害や社会問題に配慮しながら，アルコール系飲料の消費促進にビジネスの活路を見出し，酒類メーカーの持続可能性を模索している。

企業のマーケティングが直面する倫理問題との両立は，広告表現などの広告戦略に少なからず影響を及ぼす。アサヒビールの「スマドリでええねん！」キャンペーンは，このような時代のニーズに応えた戦略といえるだろう。

広告表現における倫理問題

広告も例外ではなく，日本国憲法によって「**表現の自由**」が認められている。すなわち，広告主や広告クリエイターたちは思想・意見・主張・感情などを規制されることなく自由に表現し，製品やサービスが優れている点をアピールすることができる。

しかし，広告表現が消費者を不快にさせるなど，消費者に悪影響を及ぼすと考えられる場合は，広告主が果たす社会的責任，公正な企業間競争，消費者保護の観点から一定の規制が課されることがある。これらの規制は，社会全体の倫理的価値観を反映して設定される。ジェンダー観やダイバーシティ観など，生活者の社会的価値観の変化に伴い，以前は問題視されていなかった表現が近年になって問題視されるようになったケースも増加している。

広告の性的表現

広告における性的表現が問題となることがしばしばある。広告の性的表現は，**性的モノ化**（sexual objectification；性的客体化・物象化）しているという指摘があり，たびたび批判の対象となる。性的モノ化とは，「性的身体や性的機能がそのひとの人格全体から切り離され，単なる道具に還元されてしまう，あるいは，そのひとを代表するものとして扱われてしまうこと」（江口 2006，136ページ）であり，広告や製品への興味を引きつけるための道具として，性を利用している点が批判される。

こうした議論が頻繁に生じるが，その広告戦略上の有効性から性的表現はいまだに根強いクリエイティブ戦略である。研究によると，広告内の性的表現は消費者の興味・関心を引き，広告そのものや広告されているブランドの評価を高めるといわれている。とくに，香水や化粧品，アパレルなどの快楽的製品に対して有効であるとされているため，こうした製品カテゴリーの広告によく用いられる。

一方，過度で露骨な性的表現は消費者の倫理的な懸念を高めるとされ，広告や広告製品に対する評価への負の影響も指摘されている。表現の自由という観点から反論もあるが，炎上事案が後を絶たない。日本においては，とくに二次元キャラクター広告における性的表現が炎上する事例が相次いでいる。二次元キャラクターは性的な身体的特徴が過度に強調されている場合や露出が多い服装である場合が多く，それらのキャラクターの広告への使用が問題視されるケースも多い。漫画やアニメなどの個人の視聴は自由であるが，公共の場での広告は不特定多数の消費者が視聴の選択の自由がなく露出されるため，社会的価値観や青少年育成への悪影響が問題視されることがある。

広告表現におけるステレオタイピング

広告内の描写における倫理的問題として，**ステレオタイピング**（stereotyping）もたびたび問題視される。ステレオタイプとは「頭のなかにある像」（picture in the head；Lippmann, 1922）のことであり，特定のグループに対して抱くイメージのようなものである。そして，ステレオタイピングとは，ある特定のグループについて，そのグループに属するすべての人が同じ性格・特徴・行動をもつという仮定に基づいて一般化することである。広告描写でのステレオタイピングは差別を助長するとして，しばしば問題視される。

広告内でステレオタイピングが行われる原因は，マーケティング戦略におけるセグメンテーションやターゲティングの結果によって引き起こされると考えられる。広告表現戦略では，広告メッセージを伝達するターゲットを定め，商品の潜在的なニーズに気づかせなければならない。広告の限られた短い時間のなかで商品の魅力をわかりやすく簡潔に伝えるために，ターゲットが共通でもつとされる認識を利用し，ターゲットの特徴を強調して伝える場合がある。また，広告製品に望ましい文化的価値観を作り出す必要があるため，広告表現戦略にステレオタイピングが頻繁に用いられる。

ステレオタイピングの対象は，性別や年齢，人種や宗教など多岐にわたる。代表的なものが，**ジェンダー**（性役割）**・ステレオタイピング**である。たとえば，女性は家庭に入り，男性は仕事に打ち込むといった伝統的価値観を反映した広告描写である。広告内で女性は主婦として炊事・洗濯をし，男性は会社で働くという描写がなされるケースが多く，これは性別間の社会的役割を固定化し，女性の社会進出を妨げる要因となりうる。

近年，このような広告表現が問題視されるようになってきており，広告表現の内容にも徐々に変化が現れている。たとえば，食品や生活用品のテレビCMのなかで調理や掃除，洗濯をする役割を男性が果たすようになり，共働き家庭の増加で家事する男性が増えている現状を広告が映し出している（高重，2018）。

ほかにも，人種に関連する見た目や趣味嗜好を決めつけて広告で描写する人種的ステレオタイプ広告も問題になりやすい。たとえば，航空会社の広告に登場する外国人と思われるキャラクターに，高い鼻を強調した作り物の鼻をつけて表現した広告が問題視されたことがあった。何が良いとされるかは，文化的価値観によって大きく異なるため，たとえ，日本人にとって高い鼻が美的にポジティブな意味をもっていたとしても，それは西洋人に対するステレオタイプの形成であり，文化的問題となりうる。

これらのステレオタイピングは対象となるグループのネガティブな見方を植えつけることで，これが文化的な偏見や差別を助長する可能性がある。広告主は広告が批判されることで，倫理的配慮を欠く企業だと見なされ，企業のブランド・イメージや製品やサービスの評判に悪影響を与える危険性がある。

3 インターネット広告時代の倫理問題

インターネット広告は日本の広告費において，最も多くの割合を占めるメディアとなっている。インターネット広告は消費者のデータを使った高度なターゲティングが可能である点が従来のメディアと比べて優れている。また，精度の高い広告効果測定が可能である点も，広告主に重宝される要因となっている。

しかし，インターネット広告は，比較的新しいメディアであり，規制が追いつかず，十分に整備されていないのが現状である。インターネット広告の出稿は，マス媒体と比べて複雑な仕組みをもち，日々新しい技術が登場し続けるため，常に発展途上にある。

コンプレックス広告

インターネット広告の一環として，YouTube などの動画配信サイトに動画形式の広告が増えている。性的表現もたびたび問題となる一方で，**コンプレックス広告**と呼ばれる広告表現が問題視されている。コンプレックス広告とは，肥満体型や毛深さなど，消費者の外見的コンプレックスを過剰に刺激し，関連する商材を販売しようとする広告のことである。多くが漫画形式でストーリー仕立てに展開され，通常の広告よりも目に留まりやすい傾向がある。

こうした広告が増えた背景には，インターネット広告ならではの特徴が影響している。インターネット広告は従来のマスメディアと比べ，広告出稿にかかる費用が安く，比較的小規模な企業でも広告主になれる。また，信頼性の高いマスメディアと比べて，媒体主も小さい企業が多く，広告のチェック体制が不十分である。そのため，従来のメディアでは排除されるような過激な表現が，そのまま出稿される事態につながっている。

さらに，インターネット広告は，消費者の自発的な行動による指標が広告効果の重要な要素となる。たとえば，どれだけその広告がクリックされたか（**クリック率**）や，どれだけ資料請求や商品の購入などにつながったか（**コンバージョン率**）が広告効果の指標として用いられる。その結果，いかに消費者の目を引き，興味をもたせるかに特化した広告表現につながり，クリックさせるための過激な表現が多くなる傾向がある。

近年問題視されている**ルッキズム**（外見至上主義）を助長することもあり，コンプレックス広告は倫理的観点で批判されている。動画配信サイトの主な視聴者である青少年は，自らの価値観などが十分に形成されていないことが多く，こうした視聴者層への悪影響も懸念されている。

インターネット利用とプライバシー問題

インターネット広告は消費者のデモグラフィックや閲覧履歴などの個人情報を基に，配信・表示される広告内容を適宜変えることができるため，広告主にとっても消費者にとっても利便性が高い広告である。広告主にとって高度なターゲティングを利用した広告出稿（**ターゲティング広告**）を可能にし，費用対効果を高めることができる。また，消費者も自らに関係ない情報に接するよりも，関係ある情報を表示されたほうがストレスを感じにくく，効率的に情報を得ることができる。

消費者個人の趣味嗜好に合わせて必要とする情報を提供することを**パーソナライゼーション**と呼ぶ。パーソナライゼーションは，広告主（情報提供者）側が消費者（情報受容者）側に合わせて情報を提供することである。一見，両者にメリットがあるように見えるが，パーソナライゼーションには消費者個人のプライバシー侵害の問題を抱えている。ウェブサイトの閲覧時にユーザーのパソコンやスマートフォンに**Cookie**（クッキー）と呼ばれる情報が蓄積される（第9章参照）。また，設定によってはGPSの位置情報などがサイトから外部送信される。広告配信側はそれらの情報を利用して，消費者が欲しがっているとされる広告を提供できる一方で，プライバシー侵害の懸念が高まっている。

こうしたCookieのプライバシー侵害に関する問題は，海外でも規制の声が高まっている。EU（欧州連合）では，2018年に**一般データ保護規則**（GDPR：general data protection regulation）が施行され，ウェブサイトの閲覧時にCookieの使用に対するユーザーの同意が必要となった。また，日本でも，2022年4月に改正個人情報保護法が施行され，Cookieの使い方によってはユーザーの許可を得るように変更された。この動きは，インターネット・ブラウザ（ウェブ閲覧ソフト）にも広がっており，ブラウザ開発最大手のGoogleもCookieの使用を制限しようとしている。

消費者は個人情報を使用されるようなターゲティング広告が表示

されることについて，**プライバシー**が侵害されていると感じ，抵抗感を示す一方，自身の興味・関心に合っていると見なすと，抵抗感が低減し，回避行動が抑制されるとの研究もある。インターネット広告業界は，広告の利便性と消費者保護のバランスを考えた施策の必要性に迫られている。

ステルス・マーケティングの倫理問題

SNS の流行によって，企業は**インフルエンサー**を利用したマーケティングを積極的に利用している。消費者が企業から発信される広告に対して不信感を抱いていることから，利害関係のない第三者と見なされるインフルエンサーが発信する情報を通常の広告よりも信頼する傾向がある。

インフルエンサーは本来，自らで購入・使用して価値を認めたものを他者に推奨する存在である。企業がその影響力の強さに注目し，フォロワーが多く，発言の影響力が強いインフルエンサーに商品の推奨を依頼するようになった。しかし，消費者からはインフルエンサーが自発的な意思に基づいて商品やサービスを推奨しているか，企業に依頼されて推奨しているかを区別することが難しく，これにより倫理的な問題が生じる。

企業がインフルエンサーへ金品の提供をしているにもかかわらず，その関係性を明示せず，あたかもインフルエンサー自身が自発的にメッセージを発信しているかのように錯覚させる手法を，**ステルス・マーケティング**（stealth marketing）と呼ぶ（第 11・12 章も参照)。「マーケティング・メッセージを制作または後援する企業との真の関係を開示または明らかにしない，不正なマーケティング手法を使用すること」（Martin & Smith, 2008）と定義される。ステルス（stealth）とは，「見つからないように，気づかれないように隠れて行動すること」を意味している。

広告のようにあらかじめ消費者が商業的意図をもった情報として認識していた場合，商品の利点が誇張されていたり，欠点について隠されていたりしても，消費者は割り引いて受け取ることができる。しかし，それが完全に第三者の情報として認識されていた場合は異なる。日本では従来，日本インタラクティブ広告協会や WOMJ（クチコミ・マーケティング協会）などの業界団体が業界の自主規制という形でステルス・マーケティングに対応してきたが，法律による規制の動きが始まっている。**景品表示法**ではステルス・マーケティングを「一般消費者による自主的かつ合理的な選択を阻害するおそれのある行為」（不当景品類及び不当表示防止法第 1 条）とし，不当表示として依頼した広告主に罰則を与え，法律でこれを規制するようになった。

これらの問題は新しく出てきたばかりであるため，十分な対応ができているとはいえない。そして，インターネット技術の発展により，今後もさらに新たな問題が発生してくると予想される。インターネット広告業界は今後もこうした問題に引き続き対応が求められる。

Bibliography 引用・参考文献

AC ジャパン（公共広告機構）（n.d.）https://www.ad-c.or.jp/

有馬明恵（2001）「テレビ広告におけるジェンダー描写に対する受け手の期待類型と受け手のジェンダー属性との関係」『広告科学』第 42 巻，71–85 ページ。

アサヒビール（2022）「アサヒビールと電通デジタルが合弁会社『スマドリ株式会社』を設立──デジタルを活用して，飲み方の多様性を推進する『スマートドリンキング』を加速」2024 年 3 月ニュースリリース。

朝日新聞（2020）「(Media Times) 外見を揶揄，YouTube 広告批判　配信停止求める署名，3万筆超」『朝日新聞』2020年8月6日付朝刊，25面。

Baek, T. H., & M. Morimoto (2012) Stay Away from Me. *Journal of Advertising*, 41, pp. 59-76.

Belch, G. E., & M. A. Belch (2021) *Advertising and Promotion: An Integrated Marketing Communications Perspective*, 12th ed. McGraw-Hill.

BMBW (n.d.) https://www.bmbw.org/

Chandy, R. K., G. V. Johar, C. Moorman, & J. H. Roberts (2021) Better Marketing for a Better World. *Journal of Marketing*, 85, pp. 1-9.

Choi, H., K. Yoo, T. Reichert, & T. Northup (2020) Feminism and Advertising: Responses to Sexual Ads Featuring Women: How the Differential Influence of Feminist Perspectives Can Inform Targeting Strategies. *Journal of Advertising Research*, 60, pp. 163-178.

電通（n.d.）「日本の広告費」https://www.dentsu.co.jp/knowledge/ad_cost/

電通広告事典プロジェクトチーム編（2008）『電通広告事典』電通。

江口聡（2006）「性的モノ化と性の倫理学」『現代社会研究』第9号，135-150ページ。

厚生労働省（2024）「健康に配慮した飲酒に関するガイドライン」https://www.mhlw.go.jp/content/12200000/001211974.pdf

Lippmann, W. (1922) *Public Opinion*, Free Press.

毎日新聞（2021）「わなに落ちないために〔みんなの広場日曜版〕」『毎日新聞』東京版2021年9月19日付朝刊，2面。

Martin, K. D., & N. C. Smith (2008) Commercializing Social Interaction: The Ethics of Stealth Marketing. *Journal of Public Policy & Marketing*, 27, pp. 45-56.

三ツ村崇志（2024）「相次ぐ『ストロング系』の新規販売終了は撤退か戦略か。サントリー，キリンの対応は？」https://www.businessinsider.jp/post-282558

日本経済新聞（2023）「クッキーに同意，どんな意味？　サイト閲覧者の情報保護――親子スクール・ニュースイチから」日経速報ニュースアーカイブ。
西山守（2022）「JR 大阪駅『性的広告』に見る日本で炎上が続く真因――女性含め『複数チェック』しても防げていない」東洋経済 ONLINE https://toyokeizai.net/articles/-/636895?display=b
野村拓也（2023）「近年における消費環境の変化を背景とする物質主義に関する議論の整理」『マーケティングジャーナル』第 42 巻，67–74 ページ。
SDGsBOOK（n.d.）https://www.sdgsbook.jp/
消費者庁（n.d.）「事例でわかる景品表示法　不当景品類及び不当表示防止法ガイドブック」https://www.caa.go.jp/policies/policy/representation/fair_labeling/pdf/fair_labeling_160801_0002.pdf
消費者庁（n.d.）「景品表示法の主な違反事例及び運用に係る主なガイドライン等について」https://www.cao.go.jp/consumer/history/03/kabusoshiki/kachoukin/doc/140318_shiryou3.pdf
スマドリ（n.d.）https://www.asahibeer.co.jp/smartdrinking/company/
高重治香（2018）「(Dear Girls) CM，家事する主役は男性に　料理，14 年に女性を逆転」『朝日新聞』2018 年 10 月 11 日付夕刊，12 面。
矢崎日子（2023）「ビール 4 社『適正飲酒』探る」『日経産業新聞』2023 年 8 月 25 日付 1 面。

索　引

事項索引

■ 数字・アルファベット

■ あ　行

■ か　行

■ さ 行

■ た　行

■ な　行

■ は　行

■ ま　行

■ や　行

■ ら・わ行

企業・ブランド名索引

■ アルファベット

人名索引

【y-knot】
これからの広告コミュニケーション
Introduction to Marketing Communication: An Integrated Approach

---

2024年12月25日 初版第1刷発行

著　者　広瀬盛一（ひろせもりかず）・岸谷和広（きしやかずひろ）・田部渓哉（たべけいや）・峯尾圭（みねおけい）
発行者　江草貞治
発行所　株式会社有斐閣
〒101-0051 東京都千代田区神田神保町2-17
https://www.yuhikaku.co.jp/
装　丁　高野美緒子
印　刷　株式会社精興社
製　本　大口製本印刷株式会社
装丁印刷　株式会社亨有堂印刷所

落丁・乱丁本はお取替えいたします。定価はカバーに表示してあります。
©2024, Morikazu Hirose, Kazuhiro Kishiya, Keiya Tabe, Kei Mineo.
Printed in Japan. ISBN 978-4-641-20010-4

本書のコピー，スキャン，デジタル化等の無断複製は著作権法上での例外を除き禁じられています。本書を代行業者等の第三者に依頼してスキャンやデジタル化することは，たとえ個人や家庭内の利用でも著作権法違反です。

JCOPY 本書の無断複写（コピー）は，著作権法上での例外を除き，禁じられています。複写される場合は，そのつど事前に，（一社）出版者著作権管理機構（電話 03-5244-5088，FAX 03-5244-5089，e-mail:info@jcopy.or.jp）の許諾を得てください。